브랜드 경험을 디자인하라

고객 경험 브랜딩의 이해와 전략

브랜드 경험을 디자인하라

고객 경험 브랜딩의 이해와 전략

초판발행 2019년 2월 20일 **| 1판 1쇄** 2019년 2월 25일
발행처 유엑스리뷰 **| 발행인** 현명기 **| 지은이** 토마스 가드 **| 옮긴이** 최경남
주소 부산시 해운대구 센텀동로 25, 104동 804호 **| 팩스** 070.8224.4322
등록번호 제333-2015-000017호 **| 이메일** uxreviewkorea@gmail.com

본서의 무단전재 또는 복제행위는 저작권법 제136조에 의하여
5년 이하의 징역 또는 5천만 원 이하의 벌금에 처하게 됩니다.
낙장 및 파본은 구매처에서 교환해 드립니다.
구입 철회는 구매처 규정에 따라 교환 및 환불처리가 됩니다.

ISBN 979-11-88314-12-6 (93320)

Customer Experience Branding

The translation of Customer Experience Branding is published by arrangement with Kogan Page.
© Thomas Gad, 2016

브랜드 경험을 디자인하라

고객 경험 브랜딩의 이해와 전략

토마스 가드 지음

최경남 옮김

현호영 감수

 UX REVIEW

토마스 가드

토마스 가드Thomas Gad는 노키아Nokia, BMW, 버진Virgin, SAS, 도이치은행Deutsche Bank, 스포티파이Spotify 등 많은 유명 브랜드와 함께 30년 이상을 활동해 온 노련하고 경험이 풍부한 국제적인 브랜딩 권위자다.

그는 2001년 1월에 출판사 파이낸셜타임즈/프렌티스 홀Financial Times/Prentice Hall을 통해 버진 그룹 회장 리처드 브랜슨Richard Branson이 서문을 작성한 책《비즈니스 DNA의 발견, 4D 브랜딩4D Branding》을 출간하면서 찬사를 받기도 했다.

토마스 가드는 또한 아네트 로젠크로이츠Annette Rosencreutz와 함께 퍼스널 브랜딩personal branding에 관한 책인《브랜드 미 관리하기 Managing Brand Me》(2002)를 공동 집필하는 등 다수의 저서를 출간한 바 있으며, 니콜라스 인드Nicholas Ind가 편집자로 참여한《브랜딩을 넘어서Beyond Branding》(2003),《양심적 브랜드Brands with A Conscience》(2016) 등의 저술에도 참여했다.

그는 스톡홀름, 함부르크, 캘리포니아의 팔로 알토Palo Alto 등에 기반을 두고 활동하고 있으며, 스칸디나비아, 독일, 미국, 러시아, 미국 등지에서의 비즈니스 실행도 겸하는 국제적인 컨설팅 기업을 직접 운영하고 있다.

차 례

서론

고객 경험 브랜딩:
놀라게 하고 또 놀라게 하라! _ 37

1장

브랜딩의 이해:
브랜딩은 고객의 머릿속 인식을 관리하는 것이다 _ 55

도표 목록

버진그룹 회장 리처드 브랜슨의 서문

우리의 브랜드, 혹은 우리의 이름은 간단히 말해 우리에 대한 평판이다. 이는 우리의 전부라고 할 수 있기에 일생동안 이를 보호하기 위해 싸워야 한다. 이보다 더 중요한 것은 없다.

나는 사람들이 버진Virgin이라는 브랜드를 너무 심각하게 받아들이지는 않는다고 생각한다. 버진은 재미있고 모험적인 브랜드다. 대체적으로 버진은 좋은 가격으로 좋은 품질을 제공하는 브랜드다. 버진은 사람들의 브랜드다. 단일 브랜드 아래 400개 이상의 기업이 있다는 사실만으로도 버진이라는 브랜드가 압도적인 힘을 가진 것처럼 보일 수 있지만 외관과는 달리 버진은 집중을 중시한다. 버진의 고객들과 투자자들은 우리를 기업이라기보다는 하나의 사고방식이나 철학으로 생각한다. 우리는 버진식 경험을 제공하며 모든 부문에서 반드시 이러한 경험이 일관적으로 적용될 수 있도록 힘쓴다. 고객 경험 브랜딩이 최우선인 것이다.

기업을 운영하는 데 있어 가장 중요한 것은 기업이 무엇인지를 항상 기억하는 것이다. 기업이란 단순하게는 사람들로 이루어진 하나의 그룹이다. 당신이 이러한 그룹의 리더라면 그들의 말에 경청해야 하고 동기를 부여할 수 있어야 하며 칭찬에 능하고 사람들에게 있는 최고의 것을 보는 능력을 갖추어야 한다. 사람들은 꽃이나 다름없다. 꽃에 물을 주면 꽃은 잘 자란다. 사람들을 칭찬하면 그들은 잘 성장한다. 이것은 리더에게 매우 중요한 속성이다.

브랜드 리더로서 나는 상당 부분 분명한 비전과 방향, 미션을 가지고, 타깃이 관심을 보이는 의미있는 일들을 하는 것이 우리 브랜드와 타깃 사이의 관계를 구축한다는 사실을 이해하는 데 성공이 달려있다는 것을 안다.

우리는 자사의 조직을 경쟁사와 어떻게 차별화할

수 있는지, 또는 어떻게 더 나은 조직으로 만들 수 있는지 이해하고 있는가? 우리는 핵심적인 미션을 가지고 있고 기업 가치를 설정해두고 있는가? 고객들에 대해 잘 알고 그들에게 무엇이 중요한지를 알고 있는가? 이를 모르고 있다면 우리 조직에 속한 모든 사람들은 아마도 각기 다른 생각을 하고 있을지도 모르며, 적극적으로 브랜드 신뢰도를 구축하고 있다고 할 수 없다.

약 15년 전, 토마스 가드가 그의 책을 통해 4D 브랜딩을 소개했을 때, 나는 21세기에는 브랜딩이 정서와 상상력을 요구할 것이라고 생각했기에 그 책의 서문을 작성했다. 지금도 그때와 같은 생각이다. 1차원적인 브랜딩은 확실히 4차원4D 브랜딩으로 대체되어 왔다. 수년의 시간이 흐른 지금, 성숙한 온라인 미디어와 소셜 미디어는 도처에 있는 사람들을 연결시켜주는 브랜드를 통해 세계를 지배하며 브랜드에게 더 많은 것을 요구한다.

훌륭한 브랜드는 무언가를 상징하는 브랜드며 사람들이 믿음을 보내는 브랜드며 그들에게 중요한 브랜드다. 가치와 브랜드는 불가분한 연결고리를 가지고 있으며, 강력하고 설득력 있으며 오래 지속되는 가치를 가진 브랜드를 구축하는 것은 결코 쉽지 않다.

모든 성공한 브랜딩에는 상당한 실패가 따랐다. 관계는 신속하거나 쉽게 구축되는 것이 아니다. 관계는 위조할 수 있는 것도 아니다. 불편하거나 상업적인 편의성이 떨어진다고 하여 가치가 급속하게 잊힐 수는 없다. 가치에는 의미와 지속되는 생명력이 있어야 한다. 그렇지 않으면 가치가 없어진다. 어떤 지점 정도까지만 혹은 필요할 때만 혁신을 받아들일 수는 없다. 이러한 '관계 브랜드relation brand'는 오늘날 상업적인 성공의 핵심이며 굳건한 약속을 요구한다. 즉 끊임없이 발명하겠다는 약속, 사람들의 정서를 불러 일으키기 위해 그들의 심금을 울리겠다는 약속, 그리고 상상력을 위한 약속이 그것이다. 이런 것들을 냉소적으로 보기 쉬운데 그럴 경우 성공은 훨씬 힘들어진다.

토마스 가드는 이 새로운 책을 통해 고객 경험이라는 측면에 초점을 맞추고 있는데 관계 브랜드는 그중 일부다. 이 책에서 내가 정말로 좋아하고 동의하는 생각 중 하나는 훌륭한 브랜드를 창조하고 유지하기 위한 하나의 요소로 놀라움^{surprise}의 중요성을 강조한다는 점이다. 나는 내가 할 수 있는 한 최대로 이를 실천하고 있다. 놀라움은 재미와 마찬가지로 사람들에게 우리가 그들에 대해 어떻게 느끼고 있는지를 알려주는 대단히 중요한 일이다. 누군가에게 작은 선물과 놀라움을 제공하는 것은 사랑을 전달하는 아주 훌륭한 방법이다.

토마스 가드는 이 책을 통해 관계 브랜드가 실제로 어떻게 작동하는지를 이해할 수 있는 기초적인 토대를 마련하고, 비즈니스 리더를 위한 쉽게 이해할 수 있고 효과적인 도구들을 제시한다. 토마스 가드가 전하는 메시지, 그리고 점차 커지는 브랜딩 파워는 우리의 인식을 촉구한다. 우리가 어떤 비즈니스를 하든 말이다.

리처드 브랜슨$^{Richard\ Brandson}$

고객과 브랜드의 관계를 재정립하는
브랜드 경험 디자인

이 책은 브랜드 경험을 구축하기 위한 방법과 관련 개념들을 다룬 책으로, 이 분야에서는 세계적으로 아직 드문 이론서이자 국내에서도 최초로 출간되는 것이다. 브랜드 경험이란 용어가 학계에서 회자된 지 꽤 오래되었으나 그동안 한국의 디자인업계에서는 그 개념적 취지에 적합한 결과물들이 많지 않았다. 브랜드 경험을 모토로 내세워도 뚜껑을 열어보면 브랜드 아이덴티티 디자인에 그치는 경우도 많다. 그렇다면 브랜드 경험이란 무엇일까? 고객 경험이나 사용자 경험은 익숙하지만 브랜드 경험은 생소하다. 하지만 말 그대로 브랜드의 경험에 관한 것이다. 이 책의 본문에서 브랜드 경험의 정의에 대해 자세히 다루고 있지는 않으므로 여기서 짚고 넘어가는 것이 좋겠다.

브랜드 경험은 고객 경험의 중요성이 대두되며 마케팅의 영역에서 처음 등장한 용어이다. 영국 리즈대학교 교수인 브라커스*Josko Brakus*는 이 영역을 탐구한 1세대 학자인데, 그는 브랜드 경험이 패키징, 커뮤니케이션, 환경 등 브랜드 디자인과 관련된 자극에 의해 유발되는 감각, 감정, 인지, 행동의 반응으로 형성된다고 보았다. 다시 말해, 브랜드 경험이란 고객이 디자인을 통해 브랜드와 상호작용하며 얻게 되는 총체적 반응을 의미하는 것이다. 이는 곧 브랜드 경험이 매뉴얼로 고정되어 리뉴얼이 있기 전까지 변하지 않는 브랜드 아이덴티티와는 다른 개념이고 기업과 상품의 대명사인 브랜드에서 일어나는 고객들의 경험이라는 점에서 제품이나 서비스에 국한되는 사용자 경험보다 더넓은 개념이다.

고객들은 브랜드와 마주하는 모든 접점에서 브랜드를 느끼고 인식하고 기억한다. 브랜드 경험은 온라인과 오프라인 모두에서 일어나는 고객과 브랜드의 상호작용을 기반으로 하며, 반드시 어떤 물리적 결과물로 나타나지 않는다. 애플과 삼성은 스마트폰을 만들고 판매하지만 그것을 판매하는 매장에서는 서비스도 함께 제공한다. 또한 그 스마트폰에는 사용자의 편의성을 위해 각종 디지털 서비스가 내장된다. 온라인과 오프라인의 경계가 흐릿해지고 통합되고 있는 것이다. 그래서 중요해진 것이 고객의 맥락context이다. 분명 물리적 속성이 다른 제품과 서비스 사에서 고객들이 브랜드와 상호작용하는 흐름이 존재한다는 말이다. 그러한 상호작용을 브랜드 가치의 향상으로 이어지게 하는 것이 브랜드 경험 디자인이다. 이 책이 디자이너, 마케터, 그리고 경영자들에게 제공할 수 있는 가장 큰 가치는 브랜드와 고객 간의 맥락적 관계를 인식하고 거기서 일어나는 상호작용들을 개선할 수 있는 방안들에 있다.

이 책은 고객 경험을 브랜딩하는 실질적 방법들에 대해 논하고 있다. 제품이나 기업을 브랜딩하는 것이 아니라 고객들이 제품 또는 기업에 대해 느끼고 기억하고 소통하는 경험을 브랜드에 반영하는 것에 관한 내용이다. 지금은 고객 경험 자체가 곧 상품이자 마케팅이 되는 시대이다. 사람들이 경험을 위해 무언가를 구매하는 경향이 뚜렷해졌으며 긍정적인 경험은 온라인을 통한 공유와 확산을 거치며 효과적인 마케팅이 되기도 한다. 그러나 그동안 고객 경험은 관리 대상으로만 여겨져 왔을 뿐 그것을 브랜드로 만들어내는 프로세스는 널리 알려지지 않았다. 고객 경험도 상품의 일종이 된 만큼 브랜딩이 필요하다.

브랜드 경험 디자인은, 기업들이 디자인을 통해 제공하는 경험이 상품과 전략을 차별화하는 데 있어 결정적인 역할을 하게 됨에 따라 디자인 경영의 핵심 방안으로 활용된다. 특히 최근에는 IT 산업을 중심으로 사용자 경험*user experience, UX*이 중요해지면서 브랜딩에서도 통합적 의미의 고객 경험 구축에 대해 고려하게 되었다. 경험이라는 무형의 가치를 일관성 있게 감각적으로 전달하려는 것이다. 사용자 경험이 주로 개별 제품이나 특정 서비스의 편의성과 관련된 것이라면 브랜드 경험은 브랜드 전반에 걸쳐 공통적 맥락으로 존재하는 경험의 총체를 의미한다. 사용자들이 사용하는 제품과 서비스 역시 브랜드에 포함되는 개념이므로 사용자 경험보다 브랜드 경험의 범주가 더 넓다고 할 수 있겠다. 또 사용자 경험이 제품이나 서비스의 개발 과정에서 다루어지는 데 반하여 브랜드 경험은 브랜딩과 마케팅 과정에서 다루어진다.

디자인에 대한 고객의 반응을 긍정적으로 만들기 위해서는 사용자 경험을 디자인하는 것이 우선순위이 겠으나 기업과 상품 특유의 경험을 브랜드로 만들어 차별화하기 위해서는 브랜드 경험 디자인이 필요하다. 기존의 브랜드 디자인이 시각적 아이덴티티를 만드는 데 초점을 맞춘 것에서 나아가 고객들의 경험 창출을 유도할 수 있는 브랜드 전략을 수립하는 것이다. 브랜드 디자이너의 역할인 아이덴티티 개발 및 관리에 독창적인 브랜드 경험의 개발이 더해지는 것이다.

구글, 넷플릭스, 아마존 등 온라인 서비스 중심의 기업들은 패키지와 제품이 잘 디자인된 상품을 판매하지 않는다. 그들은 잘 디자인된 경험을 판매하고 있다. 무형의 서비스, 물리적 제품이 없는 온라인 브랜드의 대안적 브랜딩이 바로 브랜드 경험 디자인이다. 스타벅스는 좀처럼 브랜드 아이덴티티를 바꾸지 않지만 계속해서 새로운 매장 경험을 창조해내고 있다. 지점이 하나뿐인 작은 카페도 그곳에서만 느낄 수 있는 브랜드 경험을 이용해 커피의 맛보다 더 강력한 입소문을 이끌어내어 스타벅스와 같은 대형 카페와 경쟁할 수 있다. 이처럼 브랜드 경험은 종종 마케팅과 디자인의 궁극적 목적이자 경영전략이 되기도 한다.

이 책은 고객 경험과 브랜드의 관계를 규명하면서 이 새로운 분야에 뛰어들어야 하는 독자들에게 구체적인 경험 설계 방법과 생각의 프레임을 제공한다. 브랜드 경험 개발의 시작은 브랜드를 고객 경험의 관점에서 재해석하는 것이다. 시각적 커뮤니케이션과 기초적인 시장조사에만 익숙한 디자이너들에게는 생소한 일일 것이다. 고객 경험에 대한 지식이 충분하지 않은 마케터들에게도 막연하게 느껴질 것이다. 이제 어디서부터 무엇을 어떻게 시작해야 하는지 차근차근 알려주는 이 책을 길잡이 삼아 브랜드 경험 디자인이라는 새로운 분야를 개척해나가자.

현호영

놀라움과 혁신을 통해 고객의 참여 유도하기

이 책을 읽기로 결심한 이유로는 고객 경험 브랜딩이 가진 가능성을 받아들이거나 여기에서 이익을 취하는 본인의 역량을 높이고자 함이 가장 클 것이다. 이러한 통찰력의 힘은 강력하고 빠르다.

이 책을 제대로 읽고 이 내용을 동료들이나 최고 실무진과 공유한다면 비즈니스에 큰 이익을 낼 가능성이 상당히 증가할 것이다.

지난 2000년에 《비즈니스 DNA의 발견, 4D 브랜딩4-D Branding: Cracking the Corporate Code of the Network Economy》을 집필했을 때 나는, 당시 내가 느꼈던 비즈니스의 변화가 임박했거나 어쩌면 이미 시작되었다는 점에 영감을 받았다. 나는 이러한 새로운 상황에 대응하기 위해 비즈니스 리더들에게 새로운 전략과 모델이 필요하다고 느꼈다. 노키아*Nokia*를 글로벌 국민 브랜드로 소개하는 등 지난 15년 정도 동안 나의 접근법과 브랜딩 모델은 커뮤니케이션과 마케팅 경험에 기반을 두어왔다.

이제 이 모든 직감은 현실이 되고 있고 유감스럽게도 내가 예상했던 것보다 더 인상적인 변화의 동인이 되고 있기도 하다. 나는 지금이 곧 우리에게 다가올 것을 새롭게 바라볼 수 있는 적절한 시점이라고 느낀다. 새로운 관점은 지난 5년에서 15년 동안 이미 일어난 일들에 기반을 둔다. 이제는 이 기간 동안 몇몇 성공적인 기업과 브랜드들이 한 것을 통해 무엇을 배울 수 있을지를 살펴볼 시간이다.

나는 또한 비즈니스 리더들이 믿는 바와 같이 앞으로 몇 년간 가장 중요한 경쟁 시험대가 될 고객 경험에 있어 (콘셉트로서의) 브랜딩이 어떻게 가장 좋은 도구가 되는지를 분석해 보고자 한다.

우리는 분명 인간 커뮤니케이션의 역사뿐만 아니라 전 세계적으로 인간 문화라는 면에서도 이미 어마어마한 변화를 경험해왔다. 인터넷과 모바일 애플리케이션은 과거에 있었던 그 어떤 것보다도 개인들에게 더 크고 더 강력한 권한을 제공한다. 게임의 판도를 바꾸는 이러한 거대 요소가 가진 힘은 여전히 이해하거나 받아들이기가 쉽지 않다. 이제는 인터넷의 영향이 충분히 드러났다고 해도 이를 쉽게 이해할 수 있기 위해 필요한 관점은 아직 결여되어 있다. 물론 큰 변화들이 생길 때마다 항상 따르는 현상이다.

우리는 개인적인 차원에서, 심지어는 엄청나게 더 광범위한 차원에서 이러한 테크놀로지가 삶에 미치는 영향을 경험해왔다. 세계 곳곳에서 일어난 극적인 정치적 변화와 진정한 의미에서 국제적인 여파를 미친 금융 위기 등은 부분적으로는 지나치게 통합되고 투명한 세계 경제 때문에 생겨난 것이기도 했다.

그때와 지금의 충격적일 정도로 놀라운 차이는 개인의 새로운 역할이다. 대중 속에서 이름 없이 하나의 숫자로 머무르는 대신 이제 개인은 매우 광범위한 차원에서 다른 개인들과 연결되어 있다. 따라서 한 개인이 다른 평균적인 인간만큼 강력한 힘을 지니는 것이 가능하게 됐다. 이러한 맥락에서 나는 항상 더바디샵

*the Body Shop*의 설립자이자 시대를 앞서가는 기업가인 애니타 로딕*Anita Roddick*이 한 말을 생각한다. '자신이 영향을 주기에 너무 작은 존재라는 생각이 든다면 모기와 한 방에서 잠을 자보라.' 오늘날 이 말은 그 어느 때보다 진정성 있게 들린다.

나는 이러한 맥락을 바탕에 두고 이 책을 저술했다. 현업에 종사하는 동안 나는 오늘날과 같이 극단적 커뮤니케이션 환경에서 고객 경험을 관리하는 데 큰 어려움을 겪고 있는 수많은 비즈니스 리더들을 만나왔다. 거의 모든 사람들이 인터넷에 접속하여 정보에 거의 무제한으로, 즉각적으로 접근할 수 있을 때는 정보의 자유로운 흐름을 제한하거나 통제하는 것은 힘들거나 불가능하다. 이는 거의 전면적이라 할 수 있는 투명성을 만들고 있고, 이러한 투명성은 미디어 전문가인 마샬 맥루한*Marshall McLuhan*이 '미디어는 메시지다*The media is the message*'라는 말을 만들었던 1980년대 당시 상상할 수 있었던 것보다도 훨씬 큰 영향력을 가진다.

결과적으로 말해, 사람들의 태도와 반응을 신뢰한다면 개인들 간에 일어나는 이러한 대대적인 상호작용을 고려하고 자신의 리더십 전략을 바꾸어야 한다. 즉 위기를 기회로 바꾸어야 한다.

이 모든 것 외에도 기존 방식에 있어 큰 변화를 요구하며 영향을 미치는 다른 측면들도 고려해야 한다. '유사화*similarization*'를 불러오는 세계화가 그 예가 될 수 있다. 이 때문에 비록 미미한 수준이라고 하더라도 차별화를 하려고 노력하는 것이 극도로 중요해진다.

마지막이지만 앞서 말한 것 못지 않게 중요한 것이 있다. 확실하게 기반을 닦은 많은 기업들로서는 '호랑이 경제*tiger economies*'로부터의 도전, 그리고 가격대가 다른 동종의 상품들 간에 기술적 차별점과 특장점이 점차 사라지고 있다는 사실을 인식하는 것이 중요하다.

결론적으로 말하면, 최고의 자리에 머무르기 위해서는 새로운 접근법이 필요한가라는 질문을 제기해야 한다. 반드시 필요할 것이다. 새로운 차별화를 만들어야 한다. 장기적으로 상황을 관리할 수 있는 새로운 리더십 마인드를 확립하고 새로운 경영 시스템을 구축해야 한다.

이는 스포츠와 비슷하다. 승자와 차점자를 가를 수

있는 차이, 즉 선수들 간의 차이 혹은 장비, 생리학, 훈련에 있어 확연히 실재하는 차이는 점점 줄어들고 있다. 정신 훈련, 심리적인 준비, 어떻게 이길 것인지에 대한 통찰력 등이 과거 어느 때보다 스포츠에서 중요해지고 있다. 브랜딩도 마찬가지다. 가시적인 차이는 점점 더 적어지고 심지어는 존재하지 않을 수도 있다. 브랜딩과 고객 경험은 과거 그 어느 때보다 멘탈 게임이 되어 가고 있다.

이 책을 쓰게 된 이러한 배경에 또 한 가지를 덧붙이자면, 이 책은 민영 기업, 정부 조직, 상업 조직, 문화 조직, 산업 단체, 심지어는 개인들까지 포함한 모든 종류의 조직들을 돕기 위해 이들에게 바치는 것이기도 하다. 이들이 네트워크 테크놀로지의 영향력이 주도하고 있는 이러한 새로운 상황에 대처할 수 있는 새롭고 효과적인 전략과 도구를 개발하는 데 있어 도움을 주고자 하는 것이다.

결국 가장 중요한 사실은, 인간의 삶과 문화는 항상 사람들 사이의 상호작용에 관한 문제였다는 사실이다. 오늘날은 이러한 사람들 사이의 상호작용이 테크놀로지의 도움으로 더욱 그 규모가 확대되었다. 지금 우리에게 필요한 것은 우리의 직원들, 고객들과 사용자들, 대중과 경쟁자들을 이해할 수 있는 자신만의 경영전략을 찾는 것이다. 이를 제대로 한다면 제품을 팔든, 서비스나 아이디어를 팔든 제공하는 것의 인지된 가치와 매력에 큰 영향을 미칠 것이다. 반대로 그렇게 하지 못한다면 다른 사람들이 우리를 앞질러 가서 결국은 비즈니스가 파국을 맞거나 최소한 심각한 어려움에 봉착할 것이다.

약간의 시간과 노력이라도 들일 의지가 있다면 이 책을 활용하여 우리의 경영 스타일과 리더십 모델을 바꿀 수 있는 아이디어를 만들어보자. 다른 기업들보다 훨씬 큰 성공을 기대할 수 있을 것이다. 우리는 이 새로운 시대의 승자들 중 하나가 될 것이다.

지난 몇 년 동안 사람들이 나에게 오늘날 브랜딩에서 가장 중요한 것을 설명하는 단어 하나만 꼽아보라고 할 때 나는 항상 '놀라게 하라*surprise!*'라고 대답해왔다. 물론 긍정적인 놀라움이다. 사람들이 브랜딩의 결과나 효과에 대해 물을 때면 나는 항상 '소비자 경험'이라고 대답한다. 나에게 있어 고객 경험과 브랜딩은 거의 같은 것이다. 둘 모두 비즈니스 성공에 있어서 매우, 매우 중요하다. 그 성공을 소유주를 위한 이윤이라는 면에서 측정하건 가치 창조라는 측면에서 측정하건 그 어떤 측정 방법을 선택하더라도 말이다.

그리고 이 때문에 큰 인기를 거두었던 《비즈니스 DNA의 발견, 4D 브랜딩》의 뒤를 잇는 이 새로운 책의 주제로 브랜드 경험 개발을 선택한 것이다.

나는 전작과 마찬가지로 가능한 한 실용적이고 실천적인 책을 집필하기 위해 노력했다. 즉 새로운 세대의 비즈니스 리더들과 기업가들을 위한 책을 쓰고자 한 것이다.

이 책을 읽고 도약하라! 깨달음을 얻고 격려를 받으며 영감을 얻는 좋은 독서가 되기를 바란다.

브랜드 경험을 이해하고 개발하는 데 있어 지난 수년
간 나에게 영감을 주며, 이 책에 나오는 모든 이야기를
말해주기 위해 자료까지 제공해준 내 모든 고객들과
의뢰인들에게 이 책을 바친다. 그중 많은 이들은 함께
일하는 과정에서 개인적으로도 가까운 친구가 되었고,
이는 내가 매우 소중히 여기게 된 개인적인 경험과 관
계들로 이어졌다.

또 나의 삶에서 충실한 파트너인 아네트 로젠크로
이츠Annette Rosencreutz에게도 그녀의 격려와 아이디어에
대해 감사를 표하고 싶다. 그녀의 열정으로 나는 이 책
을 집필하는 데 필요한 시간과 노력을 투자할 수 있게
되었다.

'우리는 고객 경험에서부터 시작해서 테크놀로지로

가야 한다. 거꾸로 해서는 안 된다.'

스티브 잡스*Steve Jobs*, 1997년

고객 경험 브랜딩
놀라게 하고 또 놀라게 하라!

오늘날 비즈니스 리더들에게는 고객 경험이 가장 중요하다. 가트너Gartner가 조사한 바에 따르면, 비즈니스 리더들 중 89%가 2016년부터는 고객 경험이 경쟁에 있어 가장 주된 기준이 될 것이라고 믿는다.

지난 10~15년 동안 고객 경험과 관련하여 어떤 일이 일어났는지를 이해하는 가장 좋은 방법은 과거를 되돌아 보면서 브랜딩에 어떤 일이 일어났는지를 살펴보는 것이다. 간단히 말해, 내가 '관계 브랜드relation brand'라고 부르는 브랜드의 수가 늘어나고 있는 오늘날의 세계에서 '놀라움'은 가장 중요하고 차별화된 성공 요소가 되고 있다.

브랜드에 대한 고전적인 관념은 예측 가능성이었

다. 1세대 브랜드들은 산업주의industrialism의 일부로 탄생했다. 브랜드는 언제나 자체적이고 기계적으로 반복되는 것이었다. 브랜드는 고객이나 사용자들이 자신들이 기대했던 바로 그것을 얻었다는 느낌을 받을 수 있도록 브랜드 네임과 상표를 통해 제품이나 서비스 또는 경험의 정확성을 제공하는 의도로 만들어졌다. 매 순간이 지난 마지막과 같아야 했다. 제품이나 서비스에 대한 이러한 예측 가능성이 주된 고객 경험이 되었다.

맥도날드McDonalds는 이에 대한 좋은 사례다. 우리가 어디에 가든, 무엇을 주문을 주문하든 빅맥Big Mac은 같아야 한다. 언제나, 세계 어디서나 이러한 정확함을 제공한다는 사실 때문에 〈이코노미스트The Economist〉가 빅맥지수Big Mac Index라고 불리는 국제 구매력 평가 지수를 개발할 수 있었던 것이다. 이는 재료비와 생산비를 혼합한 비용으로 국가별로 동일하게 표준화된 제품을 비교한 지수다.

이 모든 것은 물론 대부분을 수공으로 제작하던 사회에서 산업화로 변해가던 사회에서는 대단히 중요했다. 절대적인 예측 가능성과 신뢰성은 고객들이 상표를 기억해야 할 핵심적인 이유가 되었고, 결과적으로 예측 가능성은 모든 제품이나 서비스 브랜드의 가장 중요한 특성으로 자리잡았다.

성숙한 온라인 문화의 시대에 이제 예측 가능성은 확실히 자리매김한 브랜드의 기본적인 속성으로 인식되고 있으며 거의 그저 주어지는 것으로 인식된다. 예측 가능성의 가치를 인정하긴 하지만 우리를 그렇게 흥분시키는 것은 아니라고 생각하는 것이다. 또한 우리는 대부분의 제품 및 서비스 카테고리에서 벌어지는 치열한 경쟁으로 말미암아 신뢰할 수 없는 제품이나 서비스가 부정적으로 부각되고 시장의 패배자가 되는 것을 보아왔다. 인터렉티브 한 사용자들이 남긴 리뷰 등과 같이 인터넷의 투명성은, 품질을 지속적으로 유지하지 못하는 것은 대부분의 소비자들에게 즉각적으로 알려질 것이라는 생각에 대해 더욱 확신을 더해준다.

현대의 브랜드들은 단순히 기능적인 차원에서뿐만 아니라 관계적, 개인적, 자아적, 정신적 차원 같이 더욱 다양한 차원에서 인지되는, 다차원적이고 목적지향적인 브랜드가 되어가고 있다(6장을 참조하라).

긍정적인 놀라움이 우리를 흥분하게 한다

100여 년 전 산업화와 함께 체계화가 된 브랜드가 처음 도입된 이래로 브랜드는 사회 안에서 그 본질과 역할을 바꾸어왔다. 이제 브랜드는 '관계 브랜드'가 되어가고 있다. 즉 기능적, 제품 중심의 예측 가능한 유형의 혜택과 특징들을 제공하는 것을 넘어 사람들에게 더 큰 영향을 미치는 브랜드가 되어가고 있는 것이다.

브랜드는 인식과 경험을 기반으로 구축되고 브랜딩은 사람들 마음 속의 이러한 인식과 경험을 조정하는 것으로 정의할 수 있다. 우리는 이전에 생각했던 것과는 다른 관점에서 브랜드를 보고 있다. 우리는 새로운 것을 소개해주는 브랜드를 좋아한다. 브랜드는 미래를 (또는 과거 향수를) 대변해야 하고 시대를 잘 따라가는 요령 있는 사람이라는 느낌을 주어야 한다. 우리는 친구들에게 자랑스럽게 과시할 수 있는 어떤 것, 즉 새로운 기호가 될 수 있는 무언가를 제공하는 브랜드를 원한다.

브랜드는 해당 카테고리의 리더로 인지되어야 한

다. 이는 그 브랜드의 제품이나 서비스가 항상 리더가 되지 못할 때에도 그 브랜드에 대한 확신을 준다. 강력한 혁신으로 인식되는 브랜드들 중 어떤 브랜드들은 테크놀로지라는 면에서 항상 가장 앞서는 것은 아니지만 새로운 사용자 경험을 이용하는 데는 가장 앞선다. (애플Apple이나 고프로GoPro처럼) 우리를 그 브랜드와 동일시하고 그 브랜드가 '항상 나의 생각을 읽고 있다'라고 느끼거나, 나보다 항상 한 발짝 앞서 가며 고객인 나를 특별하고 중요한 존재로 만들어준다고 느낀다면 더욱 좋다. 이는 단순히 우리가 찾고 있는 색다르고 새로운 경험이 될 뿐만 아니라 그 브랜드의 개성이 되기도 한다. 다시 말하지만, 그 브랜드가 고전적인 것으로 인식될 때 이는 향수의 감정을 통해 표현될 수 있고, 또는 새로운 트렌드를 좇아 카테고리의 바리케이드에 서 있는 선동가가 되는 것을 통해 표현될 수도 있다.

고객들은 이미 톱브랜드로 인식된 브랜드들은 유형의 제공 요소 면에서나 개성이라는 면에서나 모두 예측 가능할 것이라는 높은 기대를 가지고 있다. 나는 대체로 브랜딩을 우정과 매우 유사하다고 생각하며,

긍정적인 놀라움은 항상 친구들 사이에서 흥미를 유지하는 데 좋은 방법이 되어왔다고 생각한다. 사실 모든 종류의 관계에서도 같은 원칙이 적용된다.

이는 강력한 브랜드들에게 있어 가장 어려운 점이 되고 있다. 사람들은 자신이 좋아하는 브랜드를 통해 긍정적인 놀라움을 느끼는 것을 좋아하므로 놀라움은 충성도를 더욱 높이는 효과를 발휘한다. 그리고 우리가 어떤 브랜드에 더욱 충성하게 되면 친구들이나 가족도 이를 알아차리고 영향을 받게 된다. 대화에서 실제로 그 브랜드들을 언급하는 일이 없을 때조차도 그저 그 브랜드를 사용하는 것만으로도 그 브랜드를 옹호하는 사람이 된다. 우리는 때때로 이 점을 잊는다.

선호하는 브랜드들이 놀라움을 줌으로써 원래 가지고 있던 기대를 넘어설 때 우리는 더욱 흥분하게 되고 그 브랜드에 대한 관심과 충성도가 증가한다. 한 브랜드에 꾸준히 충성하도록 만드는 것들 중 하나는 기대하지 않았던 긍정적인 어떤 것을 경험하게 하는 것이다. 어떤 브랜드가 (그리고 기업이) 성공하지 못하고 시장과 고객의 마음 속에서 사라지는 것은 대부분 오랜 기간동안 긍정적인 놀라움을 충분히 제공하지 못했기 때문이다. 놀라움은 거의 마약이나 다름없다. 없으면 견디지 못할 듯한 새롭고 색다른 것이 주는 강한 쾌감인 것이다. 놀라움이 주는 쾌감의 간격이 길어지면 길어질수록 우리는 관심을 잃는다. 이것이 바로 쾌감을 제공하지 못한 브랜드들이 어려움을 겪는 이유이다. 과거에는 고객들에게 놀라운 혁신을 기대할만한 이유를 제공해왔던 브랜드라면 더욱 그렇다.

이를 이해하려면 구글*Google*의 경우를 살펴보면 된다. 구글이라는 브랜드는, 구글 글래스*Google Glasses*나 무인자동차, 레이 커즈와일*Ray Kurzweil*의 특이점*singularity*에 대한 연구와 사고 리더십과 같이 항상 새로운 놀라움과 독창적인 아이디어들을 내어 놓으며 지속적으로 상승세를 타고 있다. 구글의 가장 핵심적인 경영전략과 디지털 세계, 인터넷, 모바일 비즈니스를 발전시키는 데 있어 선두적인 역할과 무관하게 심지어 구글은 그들이 발굴한 모든 스타트업 기업들을 통해서도 놀라움을 창조한다. 안드로이드*Android*, 우버*Uber*, 웨이즈*Waze*, 네스트*Nest* 등을 통해 구글은 지속적으로 놀라움을 준다. 심지어 구글의 로고도 가끔 바뀌는데 이는 고전적인 브랜드라면 절대 하지 않을 일이다.

이와는 대조적으로 애플Apple의 경우를 볼 수도 있다. 스티브 잡스Steve Jobs가 작고한 이래로 이 기업이 주던 놀라움의 밀물은 서서히 멈추었다. 현재 상태에 의문을 제기하고 다른 방식으로 세상을 바라보던 혁신적인 기업으로 인식되던 애플의 이미지는 빛이 바래기 시작했다. 그 결과 많은 애플의 팬 및 브랜드 지지자들과의 관계에서 빛바랜 결혼 생활을 연상시키는 징후가 나타났다. 그러나 스티브 잡스가 죽은 지 약 2년째 되던 해, 애플이 매우 중요한 한 런칭쇼를 통해 몇몇 신제품들과 콘셉트들을 발표함으로써 이 상황은 역전이 되었다.

애플의 사례는 실패한 브랜드는 다시 회복할 힘을 가지고 있지만 장기간에 걸친 실망과 놀라움의 부재는 한 브랜드의 가장 충성적인 고객층을 잃는 결과로 이어질 수도 있다는 것을 보여준다. 일시적으로 따분하게 인식되는 상황을 맞았던 강력한 브랜드들이 모두 그 이전에 보여주었던 역동적 파워를 회복한 것은 아니었다.

개인적인 놀라움

가장 중요한 놀라움은 개인적인 방식으로 주어지는 놀라움이다. 7장에서 이 부분을 좀 더 깊게 들여다 볼 예정인데, 이는 내가 '부활절 달걀의 놀라움'이라고 부르는 것이다. 이는 우리가 바라고 기대하지만 얻을 수 있을지 확신은 없는 놀라움이다. 우리는 최소한 기대가 사실로 확정되기를 원하게 되는데 이 자체가 놀라움의 감정을 만들어낸다(7장을 참조하라).

우리는 새로운 놀라움, 즉 애플의 1세대 노트북 컴퓨터를 닫을 때 나타나는 광파장과 같은, 브랜드를 더욱 인간적이고 개인적인 것으로 만들어주는 그러한 놀라움을 좋아한다. 그래서 스티브 잡스는 사람의 심장 박동을 모방한 불빛을 만들고자 했던 것이다.

관계 브랜드가 개인적인 브랜드로 인식되는 것은 매우 중요하다. 한 브랜드가 오늘날 사용하는 어조는 놀라울 정도로 인간적이어야 한다. 브랜드의 본질에 대한 직관적이고 주도적인 인지는 순수하게 인간적인 것으로 보여야 한다. 우리는 이에 점점 더 적응하고 있다. 이제 상황은 충분히 만들어졌다. 인간적인 목소리를 내지 못하는 브랜드들은 그 어느 때보다도 냉정하고 불친절하게 인식되며 개인들과의 관계를 구축하기가 어려워진다.

놀라움의 또 다른 측면

긍정적이고 혁신적이며 새로운 경험들은, 이러한 새로운 디지털 시대에 성공을 거두고 있는 브랜드들, 즉 관계 브랜드들에게 있어 놀라움을 중요한 요소로 만들어 주는 두 가지 측면 중 하나를 구성한다.

또 하나의 측면은 이러한 브랜드의 이변성으로, 즉 처음에 기대하지 않았던 어떤 것으로 바뀌게 되는 가능성이다. 브랜드 매니저가 브랜드를 재정의함에 따라 그 브랜드가 새로운 무언가를 상징하게 될 때 이러한 변화는 내부적으로 일어날 수 있다. 그러다가 이러한 새로운 인식은 점차 조직 외부 사람들의 마음 속에서도 자라나게 된다.

스타트업 기업들에게 있어 이러한 비즈니스나 브랜드 아이디어의 변화는 피보팅*pivoting*이라고 불린다. 이 피보팅은 대개 사용자들이 스타트업 기업들의 제품이나 서비스를 어떻게 인지하는지에 대한, 그리고 그들의 선호가 무엇인지에 대한 새로운 발견에 의해 발생된다. 어떤 제품의 최초 버전에 대한 베타 테스트를 통해 대개 소비자로부터 많은 피드백을 얻게 되고 이러한 피드백은 종종 제품 변화로 이어진다. 이러한 피드백들을 통해 고객들이 스타트업 설립자들이 만들어 낸 제품들과는 매우 다른 어떤 것을 원한다는 사실을 깨닫게 되는 것과 같이 때때로 이러한 변화들은 엄청나고 근본적이다.

브랜드 전략에 있어서 변화는 더 극적일 수도, 덜 극적일 수도 있다. 이는 완전히 다른 브랜드를 탄생시키는 정도의 변화가 될 수도 있고 그저 약간의 변화만 의미할 수도 있다. 이는 제품이나 서비스의 변화에 의해 발생되거나 다른 카테고리나 시장 세그먼트에서 도입된 제품이나 서비스에 의해 발생될 수도 있다. 이는 또 큰 실질적인 변화는 없으나 사람들이 마음가짐을 바꾸는 것과 같은 요소들에 의해 유발되는 일반적인 인식의 변화일 수도 있다.

브랜드 인지에 있어 가장 흥미로운 변화는 브랜드 오너나 매니저의 도움없이 회사 외부 사람들의 마음 속에서 일어나는 변화다. 이럴 때 브랜드 오너는 그저 접근법이나 제품 범위, 또는 사람들 마음 속의 브랜드 인지에 있어서 일어난 변화에 대한 후속 조치를 취하면 된다.

아디다스*Adidas*는 이를 보여주는 좋은 사례다. 아디다스 브랜드가 경쟁사 대비 하락의 길로 들어서며 전통적인 스포츠 사용자들과 고객들의 마음 속에서 급격히 힘을 잃기 직전, 아디다스 브랜드와 이들의 시그너처 스트라이프가 들어간 스포츠웨어를 입는 것이 뉴욕의 십대들이 자신을 표현하는 전혀 뜻밖의 완전히 멋진 방식으로 자리잡기 시작했다.

아디다스는 영리하게 이 기회를 이용하여 아디다

스라는 브랜드를 최신 유행을 선도하는 브랜드로 바꾸면서 고전적인 브랜드를 확장시켰다. 이는 아디다스의 전통적이고 핵심적인 스포츠 타깃들 사이에서도 아디다스에 대한 새로운 인식으로 이어졌다. 다행히도 아디다스의 브랜드 오너들은 이러한 긍정적인 변화를 지나치게 이용하는 실수를 범하지 않았다. 그 대신 이들은 이 과정에 협조하고 1차 핵심 시장 내에서의 브랜드 지위를 회복하기 위해 이를 점진적으로 이용하면서 지나치게 개입하는 것을 자제하고 부드럽게 이 과정을 지원했다.

21세기가 시작되고 첫 15년 동안 가장 성공적인 브랜드들, 즉 페이스북, 구글, 애플, 스타벅스 등과 같은 브랜드들을 살펴보면(16장을 참조하라) 브랜딩의 관점에서 볼 때 이러한 브랜드들은 처음부터 예상치 못한 것들을 하는 브랜드들이었다. 아마도 이는 새로운 브랜드를 내놓는 기업들에게 일반적으로 해당하는 사항이지만, 어떤 새 브랜드들은 그저 이미 존재하는 트렌드들을 따르는 정도만 한다. 어쨌든 브랜딩에 있어 가장 큰 성공은 예상치 않았던 것이라는 점은 확실한 진리다.

많은 브랜드들은 처음 만들어질 때, 특정 목표 타깃이나 특정 용도 또는 인기 있는 특정 속성이나 기능을 보유하는 것과 같이 특정한 것들을 기대한다. 그러나 결국에는 기대하지 않았던 고객이나 사용자들의 행동이 종종 가장 중요한 요소가 되기도 한다. 사람들이 제품이나 서비스를 이용하는 방식이 기대했던 것과 다를 수도 있고 브랜드에 대해 선호하고 좋아하고 지지하는 면들이 처음에 기대했던 것과는 다를 수도 있다. 많은 사례들 중에 이를 보여주는 한 가지 예는 포드 머스탱Ford Mustang이다. 포드 머스탱은 처음에는 젊은 대학생들을 위해 만들어졌지만 젊고 섹시한 느낌을 좋아하는 성인 남성들을 사로잡았다. 포드 머스탱의 생산비는 대부분의 다른 자동차들의 생산비보다 낮게 관리되었지만 대학생들에게는 여전히 너무 높은 가격대였다.

많은 브랜드들이 특정 방식으로 사용될 것을 감안하여 제품과 서비스들을 만들지만 이와는 달리 예상치 못했던 방식으로 사용되고 이것이 그 브랜드의 진짜 성공이 되는 경우가 있다. 비아그라Viagra, 혹은 제약 산업 내에서 공식적으로는 실데나필sildenafil로 알려진 브랜드가 이에 대한 한 예가 된다. 비아그라는 원래 고혈압, 협심증, 그리고 기타 심장 질환 증상에 대한 치료제로 개발되었다. 그러나 1단계 임상 시험을 통해 이 약이 목표로 삼은 증상을 치료하는 데는 큰 역할을 하지 못하는 한편 남성 피험자들의 경우 오히려 예상치 못한 부작용을 경험했다. 몇 년 후인 1998년, 이 약은 발기부전 치료제로 단번에 시장을 사로잡으며 벼락 성공을 거두었다. 2009년에서 2013년의 기간 동안 화이자Pfizer의 재무보고서에는 연간 약 19억의 수익을 거둔 것으로 기록되어 있다.

성공을 거둘 것이라고 기대되었던 속성이나 기능이 성공하지 못했던 또 다른 브랜드 및 제품으로는 코카콜라가 있다. 소통하는 브랜딩의 아이콘인 코카콜라는 원래는 모르핀 중독에 대한 대안으로, 그리고 두통을 치료하고 불안을 완화해주기 위한 제품으로 발명되었다. 코카콜라의 발명자인 존 펨버튼John Pemberton은 남북전쟁 참전시 입었던 부상으로 모르핀 중독이 되어 고통을 받고 있었다. 그는 코카 나무의 잎을 우린 달

콤한 알코올 음료로 펨버튼 프렌치 와인 코카*Pemberton's French Wine Coca*를 발명했다. 20년이 지난 후에야 이 레시피에서 알코올을 없애고 정제하여 탄산을 넣어 마침내 세계에서 여전히 가장 인기 있는 소다 음료인 오늘날의 모습으로 시장에 나왔다.

스타트업 세계에서 계획된 대로 사용되지 않으나 더욱 성공적인 다른 무언가가 되는 것을 설계하는 현상을 피봇*pivot*(역진)이라고 부른다. 피봇은 오늘날 제법 흔하고 멋진 것으로 인식된다. 심지어 노련한 벤처 투자가*VC*들은 스타트업팀들이 '플랜 B'를 확보하는 것의 중요성에 대해 이야기하기도 하는데, 플랜 A는 좀처럼 성공에 이르지 못하지만 대안으로 가지고 있었던 플랜 B가 성공하는 경우를 경험했기 때문이다. 그러나 나는 피봇이 그렇게 멋진 것으로 인식되어서는 안 된다는 의견을 가지고 있다. 이는 사실상 첫째, 고객의 니즈가 무엇인지를 파악하고 둘째, 무엇이 매력적이고 사랑받을 수 있을지를 파악하는 데 있어 실패했다는 것을 의미한다. 이 책의 3장에서 이 점을 다루게 될 것이다.

브랜딩의 이해
브랜딩은 고객의 머릿속 인식을 관리하는 것이다

'브랜딩*branding*'이라는 단어는 더 이상 오늘날 실제 브랜딩 업무를 하는 현장 전문가들이 의미하는 바를 적절하게 묘사하고 있지는 못하다. 그렇다고 이 단어가 이러한 전문가들이 원하는 의미를 표현하는 것도 아니다.

이러한 잘못된 인지를 야기하는 것은 브랜딩이라는 단어의 어원이다. 브랜딩이라는 말은 나의 선조들이라 할 수 있는 스웨덴, 노르웨이, 덴마크, 아이슬란드의 바이킹들이 사용하던 단어에서 왔다. 고대 스칸디나비아의 단어인 'brandr'('불태우다'를 의미)는 가축이나 노예, 목재, 그릇 등에 소유주의 인식표나 상징(브랜드)을 새기기 위해 뜨겁게 달군 쇠막대를 사용하던 관행을 일컬었다. 이러한 관행은 적어도 멀리 고대 이집트까지 거슬러 올라간다.

가축 소유주의 심벌이자 자신들의 물건을 훔치지 말라는 도둑에 대한 경고로 시작했던 이것은 시간이 흐르면서 사회적, 정치적, 상업적 의미를 지닌 상징으로 진화했다. 이 단어는 단지 소유주나 생산자들에게 머무르는 것이 아니라 사람들 사이의 관계를 나타내는 표시가 되기도 했다. 전후 맥락에 따라 브랜드는 관례나 지위, 명성, 경험 등을 나타낼 수도 있다. 브랜드는 생산자, 고객, 소비자, 그리고 여론 주도자들 사이의 관계를 보여줄 수도 있다. 그리고 모든 정치적, 사회적, 상업적 혹은 문화적 조직의 정책, 인격, 가치, 신념 또는 일반적인 매력은 물론이고 품질과 재고 여부, 가격 및 서비스 등의 정보를 담을 수도 있다. 또한 브랜딩은 소셜 미디어를 비롯하여 생산, 서비스 관리, 매체 선정, 콘텐츠 제작, PR, 물류 정보 기술 등의 혼합에 의해 작동될 수도 있다.

지난 2000년에 나는 브랜딩 분야에 있어 세계적인 혁신가들 몇몇과 함께 싱크탱크 조직인 메딩지그룹

*Medinge Group*을 설립했다. 우리가 맨 처음으로 착수한 일 가운데 하나는 브랜딩이라는 단어에 이의를 제기해보는 것이었는데, 몇 번의 회의 끝에 결국 그 모든 그릇된 의미들에도 불구하고 현 시대에서 브랜딩이 상징하는 바를 묘사할 수 있을 만한 더 나은 단어는 사실상 찾을 수 없다는 결론에 이르렀다. 다행한 것은 우리의 뇌가 브랜딩이라는 단어를 패턴 인식(4장 참조)을 통해 인지하고 있다는 사실이다. 한 단어에 깃든 역사가 우리가 그 단어에 부여한 의미보다 더 중요하지는 않다. 이러한 의미에서 본다면 이는 사람들이 어떻게 생각하느냐에 따라 모든 브랜드의 가치가 확보되는 것과 마찬가지다.

이 장에서는 사람들이 미처 고려하지 못했던 브랜딩의 몇 가지 측면들을 부각시킴으로써 독자들의 비즈니스 경영에 도움을 제공하고자 한다.

머릿속의 인식을 관리하는 것

현장에서 일했던 모든 시간 동안 브랜딩에 대해 내가 사용한 단연 최고의 정의는 '사람들 머릿속의 인식을 관리하는 것'이다. 이는 브랜딩의 효과가 발생하는 곳, 즉 '사람들의 머릿속'을 말해준다. 또한 그 효과는 인식의 관리임을 말해주기도 한다.

브랜딩이 무엇을 하는지를 이해하는 좋은 방법은 그 반대를 생각해보는 것이다. 즉 브랜딩을 전혀 하지 않는다면 어떤 일이 일어날까? 놀라운 사실은 어떤 식으로든 결국은 브랜딩이 작동할 것이라는 사실이다. 그러나 브랜드의 소유주나 관리자의 의도에 따라 사람들을 이끄는 대신 사람들이 이 정보의 공백 상태에 각자의 생각이나 환상에 따라 자신들의 상상력을 채워 넣는 일이 발생한다.

이는 이용 가능한 정보가 부재할 때 항상 일어나는 일로, 이러한 빈 공간은 추측과 이러한 추측들에 기반한 생각들로 채워진다. 사람들이 추측을 하기 시작하고 자신들의 추측을 다른 사람들과 함께 나눈다. 때때로 정확한 정보나 의사 결정자들의 생각에 대한 실질적인 이해에는 여전히 접근하지 못한 채 외부 논평가들이 논평이나 성명 등을 제공하면서 도움을 주려고 시도 하기도 한다.

나는 계획된 브랜딩 활동 없이 제품을 출시하면서 올바른 브랜딩을 구축했다는 브랜드 개발자들을 만난 적도, 들어본 적도 없다. 오히려 이와는 반대되는 사람들, 즉 자신들의 브랜드가 의도된 대로 인지되지 못하고 있다거나 생각만큼이나 사람들 머릿속에 최우선으로 인지되지 못하고 있다는 사실에 불평하는 사람들을 만나왔다. 시간 낭비, 돈 낭비라는 이유로 브랜딩 전략에 대한 도움을 거절하는 거만한 브랜드 오너들에게 이런 일은 종종 일어난다.

'관리'는 브랜딩에 관한 모든 것을 설명하는 핵심 단어이다. 대부분의 기업에는 인사 관리, 재정 관리, 생산 관리, 조달 관리 등과 같이 다양한 관리 기능들이 있다. 브랜딩은 자산이라는 측면과 경영 실적(이윤)이라는 측면 모두에 있어 가치를 창출하는 가장 중요한 과정들 중 하나로, 이는 절대적으로 주요 핵심 관리 기능으로 고려되어야 한다. 안타깝게도 대부분의 기업에서 이렇게 되고 있지는 않다.

때때로 이는 전통적인 시각이 낳은 결과라고도 할 수 있다. 브랜딩은 마케팅 기능의 일부로 간주되고 있고 물론 실제 마케팅의 필수 요소이기도 하다. 그러나 브랜딩은 마케팅보다 훨씬 더 많은 것들을 담고 있다. 브랜딩은 전통적으로 기업 문화의 근간이다. 브랜딩에는 통상 그 기업의 비전, 미션, 가치 등이 명시되어 있다. 브랜딩은 단순히 상업 조직뿐만 아니라 모든 종류의 조직에 있어 관리 전략의 집합이기도 하다. 브랜딩을 대체하여 즐겨 사용되는 말에는 '기업 DNA' 또는 심지어 '기업의 영혼' 등도 있다.

사례: '해적 브랜딩'

사람들 머릿속의 공포감을 관리하는 법

해적 시대로 대변되는 1650년대부터 1720년대에 사냥감을 찾아 돌아 다니는 캐러비안의 해적들은 사람들 머리 속의 인식을 효과적으로 관리한, 매우 극적이고 구체적인 예시가 된다. 이는 해적의 '로고'로부터 시작된다. 가장 악명 높았던 해적 선장 중 하나였던 헨리 에이버리*Henry Avery*와 주로 연결지어지는 고전적인 해적 깃발이 그것이다. 붉은 색 또는 검은 색 배경에 스카프를 두른 하얀 해골 아래에 뼈를 교차시켜 놓은 이미지가 담긴 이 깃발은 해적에게 항복하기를 거부하는 선원들의 운명을 매우 뚜렷하게 묘사한다.

브랜드 인지를 관리하는 데 있어 중요한 부분 중 하나는 브랜드 오너들을 움직이는 것이 무엇인지, 즉 그 브랜드의 '왜'와 목적, 미션에 대해 분명히 알아야 한다. 널리 알려진 신화에 따르면, 해적들은 오로지 약탈에만 관심이 있었지 사람을 죽이는 것은 하지 않았다고 한다. 이 때문에 금이나 다른 귀중품들을 포함하여 물품으로 가득 채운 많은 배들이 싸움을 거의 하지 않고 상대적으로 쉽게 항복했다. 야심에 찬 해군 장교 때문에 싸울 수밖에 없었던 선원들도 해적들은 잃을 것이 거의 없는 무법자들이며 따라서 극도로 위험하고 잔인한 싸움꾼들이라는 것을 매우 잘 알고 있었다. 많은 선원들은 해적단에 차출되려고 항복하기도 했는데 이렇게 함으로써 자신의 생명을 유지할 수 있었을 뿐만 아니라 금전적인 보상도 제공받았다. 해적 한 사람은 약탈물의 1~2에 해당하는 지분을 받았지만, 상선을 타는 선원한 사람의 한 달 급여는 말하자면 19~24실링 수준에 불과했다.

경영전략과 브랜드 전략 중
무엇이 먼저인가?

경영전략과 브랜딩 전략이 어떤 상관 관계를 가지고 있는가라는 일반적인 질문에 대한 나의 대답은 몇 년 전까지만 해도 경영전략이 우선이라는 것이었다. 경영전략은 '특정한 목표나 일련의 목표들 또는 목적들을 성취하기 위해 계획된 장기적인 실행 계획'이기 때문이다. 돈을 버는 것이 대개는 가장 핵심적인 목표다. 경영전략은 비즈니스 모델을 만들고 주요 고객 타깃층을 식별하는 것을 포함하여 기업의 성과를 강화하기 위한 경영진의 작전이다. 브랜드 어드바이저의 역할을 하는 나로서는 그저 비즈니스의 다른 영역들에 대한 상당한 존경심을 표하고 싶었다.

그러나 지난 몇 년간 무엇이 먼저인지에 관한 내 생각을 바꾸었다. 나는 이제 브랜드 전략이 먼저고 실행 목표나 비즈니스 모델 등을 포함한 경영전략이나 계획은 두 번째라는 내 생각을 전파한다. 이러한 생각의 변화가 일어난 이유는, 너무나 많은 기업들이 실패하는 것을 현장에서 직접 경험하고 보아왔기 때문이다. 이들은 돈을 벌 수 있는 훌륭한 비즈니스 모델이나 전략을 내놓지 못했기 때문이 아니라 고객 니즈와 고객의 인식에 충분히 신경을 쓰지 않았기 때문이다.

다시 말해. 기업은 이러한 광범위하고 근본적인 고객 니즈를 다룰 줄 알아야 하고, 고객들에게 큰 인정을 받을 수 있는 아이디어나 콘셉트, 고객 경험을 제공할 수 있어야 한다. 고객과 기업의 브랜드가 장기적인 관계를 구축하도록 하는 것은 이러한 인정, 열정, 충성심 등이다.

오늘날 브랜드가 의미하는 것은 고객과 기업 브랜드의 장기적인 관계 구축이다. 이 모든 것을 할 수 있는 비즈니스를 연구, 개발, 출시한다면 성공은 보장된 것이나 다름없다. 비즈니스를 구축하고 영리한 비즈니스 모델을 가지고 돈을 벌기 위해 노력하는 것이 그 자체로 중요하다는 생각에는 위험이 있다. 고객 경험을 철저하게 연구하는 것과는 대조적으로 테크놀로지와 개발은 만들어진 고객의 흔적을 바탕에 두고 결과적으로 생겨난 것이다.

이렇게 하는 대신 진정한 고객 경험을 이해하는 데서부터 시작하라. 누가 고객이고 사용자인가? 그들의 더욱 심층적인 니즈는 무엇인가? 우리가 고객들에게 제공하는 경험이 기존의 대안들과 비교했을 때 저항은 적고 더욱 재미있다는 것을 어떻게 보장할 수 있을 것인가? 그리고 이것이 어떻게 차별화된 형태로 보일 것인가? 고객 경험을 이해하고 난 다음에야 테크놀로지를 고려할 수 있고 마지막으로 혹은 동시적으로 훌륭하고 현명한 비즈니스 모델을 통해 이 모든 것을 비즈니스에 통합하는 방법을 살펴볼 수 있다.

브랜딩은 다양한 이해관계자들의 이해를 다룬다

오늘날 경영진은 점차 더 큰 목소리를 내고 항상 까다롭게 구는 많은 다양한 이해관계자들로부터 압박을 받는다. 이들 모두는 그들에게 주목해주기를 원한다. 그리고 이들 모두는 정보, 전략, 그리고 비즈니스의 모든 것에 대한 질문에 대한 해답들을 찾기 위해 기업의 리더십에 접근할 수 있어야 한다고 생각한다. 리더라면 이 모든 사람들에게 해답을 제공해야 한다고 느끼는 경향이 있다. 이들은 고객이기도 하고 직원, 주주, 공동 소유자, 소매 거래처, 대행사, 공급자, 여론 주도자, 애널리스트, 그리고 경쟁사이기도 하다.

통상 경쟁자들은 이해관계자에 포함되지 않지만 나는 이들도 이해관계자라는 별난 생각을 견지한다. 우리 기업의 경쟁사들은 대개 우리보다도 자사의 비즈니스를 설명하는 데 더 능숙하다. 이들은 또 자신들의 제품이나 서비스와 비교함으로써 비즈니스나 제품 또는 서비스를 더욱 잘 판매할 수 있는 사람들이기도 하다. 그리고 때때로 이들은 나와 영업 사원들이 하는 것

표 1.1 B2B 제품이나 서비스에서 왜 브랜딩이 더욱 중요해지고 있는가?

주: B2C-기업 대 고객 간의 거래, B2B-기업 대 기업 간의 거래

보다 더 흥미로운 방식으로 자사의 제품이나 서비스를 팔아주기도 한다. 왜 그런 것일까?

자신들의 비즈니스와 독특한 장점을 이해하기 위해 자신들의 장점 대비 우리가 가진 강점을 살펴보는 데 정말로 많은 시간과 노력을 들이기 때문이다. 이들은 우리의 강점에 대해 솔직한 견해를 가지고 있으며 심지어 때로는 감동을 받기도 한다. 이들은 우리가 자신의 메시지 속에서 길을 잃었을 때 우리보다 한층 요령 있고 신속하게 우리가 누구이고 왜 다른지에 대해 매우 효과적으로 설명할 수 있는 사람들이다. 우리는 자사가 제공할 수 있는 모든 세부 사항과 주장들을 잊지 않으려고 지나치게 걱정한 나머지 복잡하게 구는 반면 이들은 우리의 비즈니스가 그들과 어떻게 다른지 본질에만 집중할 수 있다.

경쟁자들을 포함해 자사의 모든 이해관계자들에게 매우 잘 정리된 인식을 제공할 수 있다면 이들은 그것을 마음에 담고 기억하고 그에 따라 행동할 수 있게 될 것이다. 이로써 우리는 승리로 가는 길에 오르게 된다. 이렇게 할 수 있는 기업들이 극히 드물기 때문에 그저 우리의 인식을 잘 관리하는 것만으로도 경쟁의 상당 부분을 제거할 수 있다. 이를 정확히 수행하는 데 필요한 핵심 요소는 이 장의 후반부에서 살펴보게 될 것이다.

브랜딩은 시장으로 가는
더 현명한 출입구를 제공한다

시장으로 진입하기 위한 더욱 현명한 출입구를 확보하면 적은 비용으로도 높은 성장을 거둘 수 있다. 이 말이 꿈같은 시나리오처럼 들릴 수도 있고 그럴 수도 있지만, 이는 단지 작은 스타트업 기업들 뿐만 아니라 모든 규모의 모든 기업들을 위한 핵심 요소다. 이는 생산이나 물류, 혁신을 통한 출시 시점 등과 관련하여 더욱 효율성을 확보하는 것에 관한 문제이기도 하지만 또한 사람들의 머리 속에 도달하는 방법에 관한 것이기도 하다. 마케팅의 영역에서는 낭비가 많다.

좋은 제품이나 서비스를 가지고 있는 많은 기업들은 사람들이 그들의 제품이나 서비스에 대해 더욱 많은 것을 알아내고자 흥미와 의욕을 가지게 만드는 것은 고사하고 그들의 목소리에 귀를 기울이도록 설득하는 것조차 못하고 있다. 반대로 별다른 노력을 기울이지 않고도 사람들의 관심을 끌고 이들을 진정으로 참여시키는 데 매우 능숙한 기업들도 있다. 거의 아무 비용을 들이지 않고도 이들은 자신들의 비즈니스를 구축하는 방법을 찾은 것이다.

성공적인 기업이 고객 경험 브랜딩과 효과적인 브랜드 관계를 어떻게 이용하는지를 보여주는 한 흥미로운 사례로는 모바일 네트워크 기업인 기프가프 GiffGaff 가 있다. 이 브랜드 네임은 '상호 이익'을 의미하는 스코틀랜드 단어에서 비롯된 것이다. 이 기업은 현재는 홍콩의 글로벌 텔레콤 대기업인 허치슨 왐포아 Hutchinson Whampoa 의 일부가 된 영국의 이동 통신 사업자 O2가 100% 출자한 크라우드 펀딩 벤처기업이다.

기프가프는 이동 통신 시장에 최근에 진입한 가상 이동망 통신 사업자들 중 하나로 현재는 이 카테고리에서 세 번째로 큰 사업자로 급속히 성장했다. 2009년, 실험의 일환으로 시장에 진출한 이 기업은 저렴한 가격, 무약정, 고객들에 대한 공평한 대우 등을 약속했다. 기프가프는 보통 매달 회원들에게 기프가프 패키지로 돈을 절약할 방법을 알려주는 문자를 보낸다. 고객 주도 조직으로서 기프가프는 기업이라기보다는 회원 활동의 형태처럼 운영된다. 예를 들어, 다른 회원들을 돕는 회원들은 보상으로 무료 통화시간을 획득한다. 16장에서 기프가프에 대한 더 많은 내용을 읽어볼 수 있다.

브랜딩의 핵심 요소들과
고객 머리 속의 인식을 관리하는 법

아래는 사람들의 머리 속 인식을 관리하는 역량을 극대화하기 위해 우리가 취할 수 있는 실제 행동 요령을 요약한 것이다. 각각의 핵심 요소들은 이 책의 다른 장에서 더욱 상세히 설명할 것이다. 그 부분을 지금 미리 읽어도 좋고 순서대로 읽어가면서 세부 사항들을 파악해도 좋다.

1. **고도의 목적을 가지고 시작하라.** 성취하고 싶은 것이 무엇인지 최대한 상세하게 묘사해 보자. 전체적인 상황 또는 더 높은 목표를 생각해 보고 자신의 '왜' (3장) 또는 자신의 정신적인 차원 *spiritual dimension*을 생각해 보라. (6장)

2. **사람들이 이미 알고 있는 것과 관련지어라.** 의사 결정을 하는 뇌의 특정 부분이 어떻게 작동을 하는지 (4장) 고려해 보고 이것이 뇌의 비언어적인 일부임을 기억하자. 간단히 말해 뇌는 결정을 내리기 전에 이 두 가지 질문을 묻는다.
   - 예전에 이것을 본 적이 있는가? 예/아니오
   - 그것은 좋은/나쁜 경험이었나?

   뇌의 의사 결정 영역은 비언어적이기 때문에 이에 도달하기 위해서는 패턴을 사용해야 한다.

3. **자신의 인지를 통해 패턴을 만들어라.** 뇌의 의사 결정 영역은 비언어적이기 때문에 언어적인 커뮤니케이션이나 논쟁은 과거에 믿었던 것만

큼 의사 결정에 큰 영향을 미치지는 않는다. 시각 자료, 활동(추천인과 영업 조직이 될 수 있는 기존 고객의 참여를 포함), 프로세스, 인과 관계, 유사한 접근법 등이 더 효과적으로 작용한다. (4장)

4. **개인과 연결하라.** 개인의 삶과 일에 연결하는 것은 사람들의 머릿속에 우리가 원하는 인지를 만드는 데 70% 더 효과적으로 작용한다.

5. **기대를 설계하고 놀라움을 준비하라.** '최초 공개', '완전히 독특한', '다른 접근' 등과 같은 표현을 사용하라. 브랜딩을 보는 예상치 못한 방법을 알려주고 고객들에게는 그들이 놀라게 될 것이라고 말하라. 그런 다음 '부활절 달걀' 상자를 열고 공개하라. (7장)

결론: 비즈니스 리더에게 브랜딩은
겉으로 보이는 것이 전부가 아니다

사실 브랜딩은 전략이라기보다는 전술에 더 가깝다. 이 장에서 나는 그 반대의 생각을 가지고 이러한 기존 관념을 흔들어 보고자 했다. 즉 브랜딩은 성공적인 비즈니스를 운영하는 데 필요한 최고 경영 시스템의 하나로 이해되어야 한다. 브랜딩은 비즈니스 리더들이나 오너들이 기업 내외부에 있는 다른 사람들이 그들을 바라보는 방식을 관리할 수 있도록 도와야 한다. 브랜딩은, 이해관계자들의 정보에 대한 관심을 관리하고, 사람들의 머리 속에 우리 기업의 제품이나 서비스에 대한 인식을 확립시키며, 경쟁사에서 이를 모방하거나 사용하지 않도록 보호하는 방법을 포함해야 한다. 브랜딩은 또 마케팅의 속도를 높이고, 출시 계획을 향상시키며, 시장 진입 시간을 단축시킬 수 있는 자연스러운 방법이기도 하다.

브랜드 인지는 성공적인 브랜드를 구축하기 위한 열쇠며, 성공적인 브랜드는 기업이 더 큰 성공을 성취하기 위한 열쇠다. 인지는 기대를 설정하고 이를 충족시킨다. 기대가 충족되지 않으면 긍정적인 고객 경험도 없다. 이렇게 브랜드는 자사가 원하는 대로 고객들이 보고 경험하도록 인도한다.

이 때문에 나는 항상 기업이 경영전략을 구축하기에 앞서 오히려 브랜드로부터 출발하거나 최소한 동시에 해야 한다고 주장한다. 브랜드는 경영전략의 가장 중요한 부분, 즉 고객들과의 관계를 설정하는 데 있어 필수적이다. 나의 모든 경험에 따르면 뒤에서부터 시작할 때, 즉 비즈니스 여정에 있어 고객 방향에서 시작하면 경영전략에서 시작하는 것보다 긍정적인 결과를 만들어낼 가능성이 훨씬 더 크다. 그러므로 이 책 전반에 걸쳐 몇 번이고 고객으로, 그리고 고객 경험으로 다시 돌아갈 것이다.

2장

관계 브랜드

인터넷은 어떻게 놀라움의 브랜딩을 도입했는가?

1990년대 초부터 인터넷의 접근성이 점차 좋아짐에 따라 인터넷은 최소한 산업주의가 그랬던 것만큼 브랜딩을 바꾸어 왔다. 산업주의에 따른 대량 생산과 대량 판매는 브랜딩을 완전히 바꾸기도 했다. 산업주의 시대에 증기 기관이 기여했던 방식과 거의 동일한 방식으로 인터넷은 획기적인 테크놀로지가 되어왔다. 여러 가지 면에서 이러한 새로운 변화는 그저 커뮤니케이션 채널에서의 변화보다도 더 극적인 것으로 판명되어 왔다. 인터넷이 그 자체로 미디어에 속한다는 사실은 인터넷이 다른 테크놀로지들보다 사회와 우리의 사고 방식에 더 큰 영향을 미친다는 점을 말해준다.

가장 흥미로운 부분은 이러한 변화는 뚜렷한 나선

형의 특성을 보여준다는 점이다. 이러한 나선형식 발전에서 인터넷은 브랜딩을 산업주의 이전에 전통적으로 위치했던 수평면의 어떤 지점, 즉 제품 및 서비스의 제조자와 구매자 또는 사용자 사이의 관계로 다시 가져다 놓았다. 그러나 수직적인 차원에서도 브랜딩을 더 높은 차원으로 올려놓기도 했다. 대인관계의 물리적인 한계는 산업주의가 생산이라는 면에서 규모의 경제를 창출한 것과 같이 관계라는 면에서 규모의 경제를 창출한 인터넷 테크놀로지를 통해 제거되었다.

새로운 관계 브랜딩이 낳은 이러한 변화는 아무리 강조해도 지나치지 않다. 이러한 변화는 마케팅에서 나타날뿐만 아니라 현대의 비즈니스가 운영되는 방식에서도 나타난다. 이는 무엇이 일어나고 있는지에 대한 우리의 인식과, 변화에 대한 대응 방식에 있어서 근본적인 변화라 할 수 있다. 비즈니스 어드바이저로서 내 경험에 비추어 보면, 나는 상당히 많은 기업들이 이러한 패러다임의 변화를 이해하고 이에 대응하는 데 있어 여전히 어려움을 겪고 있는 것을 목격하고 있다. 이러한 변화가 이제는 비즈니스 생활에 충분히 자리잡은 부분이라고 해도 말이다.

이러한 어려움은 이 책이 필요한 이유가 된다. 즉 새로운 관점, 새로운 접근법, 새로운 도구들을 소개함으로써 이러한 것들이 전반적인 비즈니스 프로세스에 스며들게 하고 거의 모든 기업의 세부 사항들을 다룰 수 있게 하기 위함이다. 여러 가지 측면에서 관계 브랜딩은 대부분의 기업들이 운영되는 방식을 큰 폭으로 바꾸고 있다. 그러므로 이로 인한 영향들도 간략하게 살펴보자. 이 책 전반에 걸쳐 우리는 기업 구조 및 비즈니스 프로세스 내에서 관계 브랜딩의 영향을 어떻게 관리할 것인지에 대해 배우게 될 것이다. 지금부터는 관계 브랜딩의 가장 중요한 특징들 몇 가지를 살펴보기로 하자.

의미는 관계 브랜드의 본질이다

뒤에 나올 '노트'에서 언급하겠지만 트랜잭션 브랜드는 산업주의와 이로 인한 상업적인 소비자 문화에서 탄생했다. 초점은 소비자와 사용자들을 위한 물질적 혜택에 맞추어져 있었다. 산업계는 규모의 경제를 이용하여 신제품을 생산했다. 이러한 제품들을 대량으로 판매하는 것이 중요한 것 중 하나였고 광고는 새로운 소비자 모델을 창출하는 방법이 되었다. 광고 메시지는 상당히 제품 지향적이고 제품이나 서비스의 기능에 대한 실용적인 접근을 취하거나, 세련되고 상식적인 소비자의 지위를 가진 사람들이 보증한다는 측면을 강조함으로써 물질적 만족과 사회적 만족을 혼합한 형태를 띠었다. 때때로 슈퍼컨슈머*super-consumer*의 역할을 하는 유명인들을 통해 이러한 메시지를 강화하기도 했다.

그러나 우리는 관계 브랜드를 통해 다른 측면을 볼 수 있게 되었다. 즉 소비에 있어서 더 심층적인 의미를 찾는 측면이다. 우리는 신생 기업들이 소비자들을 위해 창조한 의미의 토대 위에서 얼마나 성공적으로 구축되었는지를 볼 수 있게 되었다. 가이 가와사키Guy Kawasaki(전 애플 매킨토시Apple Macintosh의 중역이자 스타트업 투자자)가 기업가들을 대상으로 한 한 강연을 통해 의미를 창조하라고 그들에게 요구했다.

기업가 정신의 핵심이자 본질은 의미를 만드는 것에 관한 문제다. 근본적으로 세상을 바꾸기 위해, 세상을 더 나은 곳으로 만들기 위해, 의미를 만들기 위해 설립된 기업들이야말로 차이를 만드는 기업들이다. 이러한 기업들은 성공한다. 의미를 만들면 틀림없이 돈도 벌게 될 것이다. 그러나 돈을 벌기 위해 시작한다면 틀림없이 의미도 만들지 못하고 돈도 벌지 못할 것이다.

가이 가와사키는 그의 책과 강연을 통해 의미를 만드는 세 가지 방법을 설명한다. 첫째, 삶의 질을 향상시키는 방법이다. 둘째, 잘못을 바로잡는 방법이 있다. 잘못된 무언가를 찾아 고치는 것이다. 셋째, 좋은 것이 사라지는 것을 막는 방법이 있다. 아름다운 어떤 것을 보면 이것이 바뀌거나 사라진다는 사실을 용납하지 않는 것이다.

관계 브랜드는 분명히 관계를 구축하는 것에 관한 문제다. 곧 살펴보게 되겠지만 이는 기본적으로 우정을 구축하는 것과 동일하다. 우정 안에서 우리는 같이 나눌 어떤 것, 겉으로 드러난 것 이면의 어떤 것, 의미를 가진 어떤 것을 찾아야 한다.

규모의 경제와 함께 인터넷이 불러온 광범위한 개인주의는 상호 약속에 대한 필요를 증대시키는 관계와 우정을 필요로 하게 만들었다. 즉 '내가 당신이 가진 양질의 제품이나 서비스를 구매하고 이에 충성심을 가진다면, 나는 당신이 기능적인 니즈뿐만 아니라 이에 덧붙여 의미있는 무언가를 줄 것이라 기대한다.'는 의미다. 이는 오늘날 소비자들이 말로는 표현하지 않는 논리지만, 우리의 무자비한 소비와 이산화탄소 오염의 증가가 불러온 기후 변화로 인한 삶의 질에 대한 대대적인 위협과 더불어, 오늘날 세계가 원하는 생태학적, 윤리적, 사회적 책임에 대한 요구들을 통해 더욱 극적인 모습을 띤다.

오늘날 브랜드에 있어 의미는 타협할 수 없는 어떤 것이다. 문제는 어떻게 이 상황을 관리하느냐 하는 것과, 어떻게 편리함과 품질에 초점을 맞추었던 예전의 시각에서 벗어나 우리를 둘러싼 복잡한 세계를 받아들이고 이 복잡성을 수익성 있는 비즈니스를 위한 기초로 만드느냐 하는 것이다. 이것이 오늘날 각 기업의 경영진이 맞이한 도전 과제다. 이 점에서 현대의 브랜딩은 좋은 도구가 된다. 관계 브랜드의 본질을 이해함으로써 오늘날 우리가 맞이한 일반적인 경영상 난관들을 다루는 모델, 혹은 그 이상을 가질 수 있다.

나는 소비자 사회학자이자 《문화와 소비 II*Culture and Consumption II: Markets, meaning and brand management*》(2005)의 저자인 그랜트 맥크래켄*Grant McCracken*에게 목적과 의미라는 면에서 오늘날 경영진이 직면한 브랜딩 관련 도전 과제들에 대한 그의 생각을 물은 바 있다. 그의 대답은 다음과 같았다.

내 생각에 브랜딩에서 가장 큰 이슈들은 다음과 같다.

1. **브랜딩을 통해 의미 관리에 대한 고전적인 메커니즘 배우기:** 브랜드에 대한 의미, 소비자의 니즈에 있어서 의미, 소비자들이 자신의 삶에 부여하는 의미들을 어떻게 만들 것인가?

2. **뉴 미디어에 적합한 브랜드 만들기:** 새로운 미디어(인터넷, 모바일폰 등)를 활용하고, 더 많은 소비자 참여(공동 창작 등)를 이끌어 낼 수 있는 상황에서 브랜딩을 통해 새로운 의미 관리법을 익힌다.

3. **복잡성 관리법 익히기:** 새 브랜드는 더 많은 사람들에게 더 많은 것이 되어야 한다. 이 말은 매니저들이 훨씬 더 크고 훨씬 더 복잡한 브랜드 의미들을 관리하는 법을 알아야 한다는 것을 의미한다.

우정 브랜딩

우정*friendship*은 관계 브랜드를 이해하고 마스터 하는 데 있어 핵심이다. 모든 사람들은 각자의 삶에 있어 친구라고 여길 수 있는 사람들을 가지고 있다. 따라서 친구들을 생각하면서 친구들을 향해 행동했던 것과 같은 방식으로 브랜드에 대해 행동하는 것으로 이해하면 한결 더 수월하다. 우정은 고도의 사회적 기대다. 친구의 생일에 축하 인사 하는 것을 잊으면 우리는 곤란한 상황에 처한다. 관계 브랜딩도 마찬가지다. 기대치가 높다. 고객들과 브랜드 커뮤니티에 주의를 기울이지 않는다면 그 브랜드는 끝인 것이다.

관계 브랜딩은 트랜잭션 브랜딩에 비해 여러가지 면에서 더욱 부담이 크고 어렵다. 그러나 관계 브랜딩을 비즈니스 시각보다는 개인적인 우정의 관점에서 바라보면 훨씬 더 자연스럽게 다가온다.

친구와 잡담을 하기 위해 가끔씩은 통화를 해야 한다. 관계 브랜딩도 마찬가지다. 이메일을 보내고 트위터를 날리고 블로그나 페이스북 업데이트를 하는 것

등은 많은 개인들에게 대단히 중요하다.

　또 놀라움도 필요로 한다. 우리는 놀라움이 우정에 미치는 영향을 알고 있다. 이는 모든 종류의 관계에 있어서 동일하다. 한 친구가 예상치도 않았던 경기나 쇼의 티켓을 주면서 우리를 놀라게 한다고 생각해 보라. 심지어는 두 사람 모두 가고 싶어했던 낚시나 여행 등을 함께 가자는 제안을 한다고 상상해 보자. 함께 무언가를 하는 것, 같은 관심사나 목적을 가지는 것은 우정을 향상시키는 것과 똑같은 방식으로 관계 브랜드를 향상시키는, 대단한 브랜드 강화 계획이 된다.

스토리텔링과 고객 관여

마케팅 콘셉트가 관계 브랜딩과 함께 어떻게 변화해 왔는지, 그리고 새로운 미디어 테크놀로지의 활용 가능성과 함께 어떻게 변화되어 왔는지 살펴보기 시작하면, 여기서 말하는 변화란 매우 극적인 변화라는 사실을 알게 된다. 마케팅은 비용 효율성 위주의 산업체들이 생산하는 거대한 물량의 신제품을 흡수할 수 있는 시장을 만드는 방법, 즉 산업주의의 대량생산 문제를 해결하기 위한 방법으로 고안되었다. 산업화 이전에는 존재하지 않았던, 혹은 대부분의 사람들에게 접근할 수 없었던 제품들은 시장을 필요로 했다. 철저히 경제적이고 거래적인 관점에서 해당 제품에 딱 맞는 소비자들을 찾아내기 위해 세그멘테이션*segmentation*이나 타깃 그룹 정의와 같이 소비자들을 목록화하여 분류하는 새로운 기법이 개발되었다.

USP*unique selling proposition*와 같은 용어를 비롯하여 새로운 커뮤니케이션 기법들이 마케팅의 한 방법으로 개발되기도 했다. USP라는 아이디어는, 모든 제품과 서비스는 존재 이유를 확보해야 하며 고객이나 사용자들에게 이를 커뮤니케이션 해야 한다는 것이다. 이러한 초기 마케팅 시대에는 초점이 기능적, 이성적, 관련성 요소에 정확하게 맞추어져 있었다. 어떤 제품들의 경우 진정한 발명품들이었기에 소비자들이 처음에는 기능에 끌리기도 한다. 그러나 시간이 흐르면서 점점 제품의 간적접인 효과들이 커뮤니케이션 되기 시작한다.

그리고 순수한 트랜잭션 브랜딩의 가장 최신 단계에서
는 제품과 관련된 실제 삶의 상황이나 라이프스타일이
두각을 드러냈다.

1970년대까지 대부분의 제품 광고는 제품 그 자체
의 효율성에 관한 것이라기보다는 외면적인 라이프 스
타일이나 이미지, 지위 등에 관한 것이었다. 어떤 제품
들은 직접적이고 유형적인 혜택을 커뮤니케이션하면
서 여전히 이 첫 번째 단계에 머무르기도 했는데 많은
경우 이러한 제품들은 아직도 이를 지속하고 있다. 이
역시 여전히 중요하다. 트랜잭션 브랜드와 이러한 브
랜드의 제품이나 서비스는 관계 브랜드와 나란히 공존
한다.

오늘날, 제품들 중 어떤 것들은 사회적 지위에 초점
을 둔 이러한 후기 트랜잭션 브랜드의 경향을 견지하
면서도 여전히 이미지 커뮤니케이션과 연결이 되어 있
다는 사실은 때때로 혼란스러울 수 있다. 그러나 이제
는 이러한 이미지 커뮤니케이션의 초점을 훨씬 더 심
층적이고 개인적이며 통합적인 관점으로 옮겨놓았다.
이는 복잡한 소셜 컨텍스트에서 상징적인 신호 장치가

되고 있다. 어떤 브랜드들은 우리 주변 사람들이 칭송하는 홀로 독립된 제품이 되는 것을 넘어서, 마치 영화에서 소품이 그러한 것처럼 고객들이나 사용자들이 그들의 개성을 드러내 보이기 위한 중요한 소품의 기능을 하고 있다.

미래의 관계 브랜드 마케팅은 상당 부분 유튜브YouTube, 인스타그램Instagram, 핀터레스트Pinterest, 구글 플러스Google+, 페이스북Facebook, 링크드인LinkedIn과 같은 인터넷, 모바일 디바이스로 구축된 소셜 네트워크를 어떻게 활용하느냐의 문제다. 이러한 소셜 미디어 플랫폼의 발전을 연구하다 보면 현대의 관계 브랜드들이 고도의 사용자 참여를 통해 어떻게 관리되어야 하는지를 파악하기가 더 쉬울 것이다.

관계 브랜딩에서 가장 중요한 부분은 스토리다. 이는 제품의 브랜드 스토리뿐만 아니라 설립자의 퍼스널 브랜드 스토리도 포함한다. 이러한 스토리들은 물론 매우 다양하지만 스토리 재료 중 공통된 한 가지는 그 브랜드와 비즈니스에 대한 설립자의 열정이다. 오늘날 스스로를 차별화하는 미션, 추구, 의미, 목적 등은 과거 그 어느 때보다 중요하다.

스포티파이Spotify의 설립자 겸 CEO인 대니얼 Ek Daniel Ek는 이에 대한 전형적인 예를 보여준다. 다른 많은 기업가들과 마찬가지로 대니얼의 퍼스널 브랜드는 그가 설립한 기업의 브랜드와 통합된다. 자신의 성공 스토리를 포함해 그의 개성, 열정, 추진력, 목적, 크게는 그의 인생 전체가 대중에게 공개되고 그 기업 브랜드의 일부가 되는 것이다.

관계 브랜드 마케팅에 있어 또 하나 중요한 측면은 소비자들이 진정으로 기업의 비즈니스에 관여하는 것이다. 일부 트랜잭션 브랜드들도 자신들의 타깃을 참여시키는 것을 좋아해왔다. 그러나 이러한 참여의 대부분은 마케팅에서만 이루어졌고 소비자들은 비즈니스로부터 일정 거리를 유지하고 있다. 그러나 관계 브랜딩에서 소비자의 관여는 이보다 훨씬 깊다.

공동 제작 또는 공동 평가에서 출발하여 콘텐츠 제작 참여까지 이어지기도 하는데, 고프로GoPro의 사용자들이 이에 대한 예가 된다. 소셜 지향적인 다른 많은 서비스나 애플리케이션과 마찬가지로 페이스북은 개인들에게 훨씬 깊은 제품 제작 관여 기회를 제공한다. 브랜드와 제품 구매자 및 사용자들 간에 상당한 통합을 요구하는 또 다른 예는 크라우드펀딩crowdfunding으로 이는 투자자가 곧 고객이 되는 통합이다.

성공적인 크라우드 펀딩 프로젝트들 중 하나는 포노Pono다. 아이팟iPod처럼 생긴 이 뮤직 플레이어는 녹음된 사운드트랙 그 자체를 제외하고는 현존하는 그 어떤 것보다도 훨씬 더 좋은 음질을 제공한다. 1세대 크라우드 소싱 플랫폼 중 하나인 킥스타터KickStarter에서 포노의 펀드 조성은 전례가 없는 수준이었고, 상당수의 열정적인 최초 고객들은 이제 '자신의' 제품을 공급하는 투자자로 활동하고 있다.

자동차 산업과 같이 한층 전통적인 기업들도 공동 제작을 위한 재미있는 기회를 제공하고 있다. 미니 쿠퍼Mini Cooper의 팬들인 '미니 피플mini people'은 자신들의 차에 페인트를 칠하고 개성을 더하는가 하면 정기적으로 모여 만난 지점에서부터 길을 따라 퍼레이드를 벌이며 브랜드에 대한 관심을 만들어낸다. 고객들은 새로 출시된 신제품에 대한 최신 정보와 소문을 커뮤니케이션하면서 브랜드 홍보 대사로 활동할 수 있다.

　때때로 이러한 상호작용과 관여는 은밀하게 이루어지는 관계로 누가 이 과정을 주도하고 있는지를 이해하기가 어려울 수도 있다. 관계 브랜드를 관리하고자 하는 포부를 가진 사람에게는 이 점이 문제가 될 수 있다. 이는 기계적으로 영감을 받는 트랜잭션 브랜딩처럼 단순히 버튼을 누르는 식과는 확연히 다르다. 이를 완전히 마스터 하려면 인간의 상호작용, 관계, 커뮤니케이션에 대한 직감과 인내를 필요로 한다. 상업적인 측면에서 그 결과는 매우 인상적일 수 있다. 그러나 이러한 마스터의 과정에서는 손재주와 직관력, 겸손 그리고 '팔지 않음으로써 팔기' 등의 감각이 필요하다. 사람들의 관심을 끌고 놀라움을 창조하며 장기적인 관계를 구축하기 위해서는 강요하지 않는 무료 크리에이티브 콘텐츠 제작을 목표로 해야 한다. 강요를 하지 않는 이런 종류의 관리는 단기 이익을 필요로 하는 대기업 구조에서는 특히 엄청나게 큰 스트레스가 될 수 있다.

열정적인 브랜드 홍보 대사

이들은 관계 브랜드의 영업 조직에서 중추적인 역할을 한다. 이러한 홍보 대사들은, 소속 당을 옹호하는 정치인들과 같은 방식으로 소비자들에게 자신이 파는 제품의 가치를 납득시켜야 하는 임무를 부여받은 고용된 영업 조직에 의존하는 트랜잭션 브랜드에게서 전형적으로 나타나는 '강요하고 언쟁을 벌이는 제품 정치인'과는 완전히 대척점에 있다. 관계 브랜드 홍보대사는 그 브랜드의 스토리를 사랑하고 기회가 될 때마다 이를 사람들에게 기꺼이 알리고자 하는 사람들이다. 그리고 이들은 연단에 서서 연설을 하는 것이 아니라 친구들과 대화를 나누듯 이러한 활동을 한다.

이 브랜드 홍보대사들은 대부분의 관계 브랜드가 성공하는 데 있어 중요한 원인이 된다. 이들은 또 이러한 새로운 유형의 브랜드들이 적은 광고로도, 심지어는 광고를 전혀 하지 않고도 그토록 많은 것을 할 수 있는 이유 중 하나가 되기도 한다. 따라서 관계 브랜드에 있어 핵심적인 마케팅은 자신들의 브랜드를 강요하는 강매*hard sell*가 아니라 새로운 방식으로 고객을 이해하고 이들과 동일화 되는 것이다. 팔지 않는 것이 판매의 기술이 되는 것이다. 즉 더 부드럽고 더 많이 상호 작용을 하는 소셜 네트워킹식의 대화가 판매의 기술이다. 판매 프로세스에 대해 살펴볼 10장에서는, 현대의 관계 브랜딩 기업이 이를 어떻게 예술적인 형태로, 그리고 비즈니스 프로세스 자체로 변형시킬 수 있는지에 대해 살펴볼 것이다.

작은 아이디어의 결합과 지속적인 향상

혁신의 과정은 관계 브랜드가 트랜잭션 브랜드와 어떻게 다른지를 보여주는 또 하나의 예가 된다. 트랜잭션 브랜드는 제품에 초점을 맞춘 채 조용히 연구를 하며 항상 그 제품에 도전을 제기하려고 노력한다.

반면 관계 브랜드는, 혁신의 과정이 스토리텔링의 일부이고, 그 스토리의 생명력을 유지하기 위해 작동하며, 브랜드 홍보 대사들에게 새로운 정보를 공급한다는 점을 이해한다. 전혀 새로운 제품을 출시할 때 관계 브랜드는 기존에 있는 많은 작은 아이디어들과 테크놀로지들을 활용하여 고객 니즈에 부응하는 새롭고 흥미로우며 독특하게 인식되는 제품을 만들어낼 수 있다. 여기서 디자인은 열정적인 기업가의 혁신 정신을 담은 스토리를 지원하는 동시에 시각적인 차별화를 주기 위한 중요한 재료가 된다.

관계 브랜드는 자신들의 기존 제품에 도전하기보다는 소비자들과의 대화를 유지하고 새로운 기능과 지속적인 향상으로 고객들의 니즈에 반응하는 것을 더욱 중요하게 여긴다. 트랜잭션 브랜드에 있어 혁신은 항상 전통적으로 대표로 인식되는 제품들에 도전하기 위해 노력하는, 즉 다소간 편집증적인 것이라면, 관계 브랜드에 있어 혁신의 과정은 이러한 스트레스를 동반하지 않는다.

관계 브랜드에 있어서 신제품의 지속적인 도입이나 기존 제품의 발전은 매우 중요하다. 관계에는 지속적으로 새로운 것들이 채워져야 한다. 브랜드 팬 네트워크 내에서 대화는 절대 줄어서는 안 되며, 항상 새로운 것과 색다른 대화 재료들로 대화의 연료를 공급받아야 한다. 브랜드 스토리는 항상 활기를 띠어야 한다. 이것이 관계 브랜드에 가해진 압박이라면 압박이다. 다행한 것은 혁신은 혁명적이라기보다는 점진적이다. (스토리텔링에서 때로는 혁명적인 것으로 각색이 된다고 해도 말이다.)

개인 대 개인: 참여와 민주주의

관계 브랜드의 행동 양식은 타깃과 깊은 소셜 커넥션을 가진다는 면에서 트랜잭션 브랜드와 차별화된다고 결론지을 수 있다. 이러한 타깃들이 일반적으로 항상 고객이어야 하는 것은 아니고 브랜드를 창조하는 데 도움을 줄 수 있다면 누구라도 타깃으로 포함될 수 있다. 이해관계자에는 여론 주도자, 비평가, 블로거, 공급자, 그리고 앞에서 살펴보았듯이 그 브랜드의 경쟁사들까지도 포함된다. 분명 자신의 브랜드를 알리고 이해시키는 것보다 경쟁사를 더 잘 이해시키는 터무니

없는 상황을 경험한 적이 있을 것이다. 브랜딩에 관한 시각을 이렇게 확장하는 과정에서 깨닫게 되는 중요한 측면은, 관계 브랜드는 경쟁사나 공급업자들로부터 그들의 신규 직원들을 모집할 수 있다는 사실이다.

이미 언급한 바와 같이 관계 브랜드의 어조는 트랜잭션 브랜드의 어조와는 다르다. 태도 역시 다르다. 대부분의 관계 브랜드에 있어 우정은 관계를 이루는 공식이 된다. 우리의 고객이나 모든 이해관계자들을 친구나 파트너처럼 대하라. 이들과의 관계를 발전시키는 것은 그 브랜드를 더욱 신뢰할 수 있고, 더욱 친구 같고, 더욱 민주적이고 참여적인 것으로 만든다. 이 모든 것은 현대 브랜드에 있어 매우 중요하다.

브랜드는 더 깊고 더 활발히 교류하는 관계를 구축하는 하나의 방법으로 환경 친화, 지속가능성, 책임감을 강조하며 성장해왔고, 이는 관여를 더욱 활발하게 하는 결과로 이어졌다. 최근 지속가능성은 점점 더 정치적인 정당성을 확보하며 대부분의 브랜드에 있어 하나의 표준이나 기대 요소가 되고 있다. 우리는 이러한 기대 요소들, 즉 예측 가능성, 품질, 지속가능성 등이 어떻게 당연히 주어진 것으로 인식되는지 그 과정을 보아왔고, 따라서 이러한 요소들은 브랜드 차별화와 브랜드 성공에 있어 상대적으로 덜 중요한 요소들이 되고 있다.

대부분의 트랜잭션 브랜드에 있어 이는 매우 거북한 이슈이자 제품이나 서비스의 핵심과 상관없는, 방해가 되는 것이다. 스위스 쵸코릿 브랜드인 벨리시모 Bellissimo가 좋은 예다. '공정무역fair trade'이 거대 담론이 되고 있는 세계에서 벨리시모는 2007년, 네덜란드의 작은 '노예 착취 없는' 초콜릿 제조업체인 토니스 쇼콜로니Tony's Chocolonely를 고소했는데, 이들의 주장이 다른 초콜릿 기업들은 노예를 활용한 생산을 한다는 암시를 주고 있다는 이유였다. 토니스 쇼콜로니를 시작한 저널리스트가 그들의 주장을 뒷받침할 수 있는 충분한 증거를 댈 수 있었기에 벨리시모는 소송에서 패소했고 이뿐만 아니라 네거티브 PR로 말미암아 시장점유율을 부분적으로 잃기도 했다. 전통적인 트랜잭션 브랜드인 벨리시모로서는 제품과 사람들 머릿속에 있는 더 중요한 이슈들 사이의 결정적인 상관 관계를 계산하지 못했던 것이다.

훌륭한 관계 브랜드는 자신의 브랜드를 더 나은 세계를 만들고자 하는 목적을 달성하는 수단으로 만듦으로써 이해관계자들 간에 파트너십을 구축한다. 브랜드 팬 그룹의 관심을 불러 일으키기 위해 브랜드가 주장하는 대의는 최소한 어느 정도 예상치 못한 것이거나 흔치 않은 것이어야 한다. 소비자로서 우리는 자신의 것으로 만들 수 있는 의미와 목적을 가진 브랜드를 찾고 이렇게 함으로써 스스로를 차별화시킨다. 소비자를 움직이는 가장 큰 동력 중 하나는 사회적인 맥락에서 흥미로운 어떤 것의 일부가 되면서 동시에 차별화되는 것이다.

결론: 새로운 유형의 브랜드와
브랜드 전략이 필요하다

인터넷과 디지털 커뮤니케이션은 지난 100년 동안의 그 어떤 테크노로지보다도 더 크게 우리가 사는 세계와 인간의 행동을 바꾸어왔다. 브랜딩에 대한 새로운 접근법이 필요한 동시에 경영을 위해서는 이러한 새로운 패러다임을 다루기 위한 새로운 도구 세트들이 필요하다. 사실 내가 관계 브랜드라고 부르는 것이 새롭게 등장한 브랜드 유형이다. 관계의 패턴을 기반으로 구축된 관계 브랜드는 2000년경부터 등장하기 시작했는데, 제품이나 서비스 그 자체에 집중했던 전통적인 트랜잭션 브랜드와 비교할 때 매우 다른 유형의 브랜드다.

차별화를 위해 지금 우리에게 필요한 전략 도구 중 하나는 의미meaning다. 즉 브랜드는 이제 그저 더 많은 구매를 부추기기보다는 우리를 위해 더 나은 세계를 구축하는 데 도움을 주어야 한다. 관계 브랜드에서도 여전히 상업적인 측면은 존재하지만 여기서 말하는 브랜드는 단순한 제품이나 서비스보다 훨씬 큰 어떤 것이다. 이는 또 의미, 지속성, 휴머니즘, 삶의 질, 관용, 혁신, 변화와 같은 삶의 여러 다른 측면들과 관련이 있거나 이를 포함한다. 이 책은 이러한 가치들과 새로운 유형의 브랜드가 만들어가는 새로운 세계를 위한 안내서가 될 것이다.

3장

예상하지 못한 것을 수용하라

새로운 유형의 경영전략

나심 니콜라스 탈레브*Nassim Nicholas Taleb*가 그의 책 《블랙스완*The Black Swan*》(2007)에서 우리에게 말한 바와 같이, 인간은 너무나 현실성이 없거나 드물게 발생하거나 예측할 수 없는 사건들에 대해 매우 단순화된 설명을 찾는 경향이 있다. 흑고니*black swan*는 실제로 흑고니 한 마리가 발견되기 전까지 불가능한 생명체였다. 브랜딩도 이와 마찬가지다. 제품이 어떻게 사용되는지, 어떤 기능과 속성이 가장 중요한지 등은 실제로 발생하기 전까지는 알아내기가 대체로 불가능하다. 이 때문에 기업가들이나 발명가, 마케터들은 곧잘 놀라게 되곤 한다. 때때로 이런 놀라움은 바람직하고 긍정적이며 번영을 알리는 놀라움이다. 그러나 안타깝게도 때로는 이런 놀라움들이 완전히 반대가 되기도 한다. 이런 놀라움들은 우리에게 별로 알려져 있지 않고 좀처럼 논의도 되지 않는다. 사물이 본질이 이러하다.

소크라테스Socrates는 '나는 내가 아무것도 모른다는 것을 안다I know one thing: that I know nothing'는 말로 유명하다. 소크라테스의 이 말은 '예상할 수 없는 것을 예상하는 것은 완전히 현대적인 지성인임을 보여준다'는 오스카 와일드Oscar Wilde의 말(이상적 남편An Ideal Husband, 1895)과 함께 새로운 유형의 경영전략을 개발하는 데 중요한 의미를 지닌다. 물론 예상치 않은 브랜딩에 대한 우리의 자세를 현대화할 필요도 있다. 하지만 강력한 브랜드를 만드는 가장 좋은 방법은 우리가 계획하거나 예견할 수 있는 어떤 것이 아니라는 사실을 인정하는 것이다. 예상치 못한 것들의 발생 가능성을 받아들여야만 진정으로 성공할 수 있다.

예상치 못한 것의 불리한 측면(탈레브의 흑고니의 경우가 대체로 그러하듯)에 대해서만 대비를 할 필요는 없다. 이렇게 위험을 최소화하는 것은 금융 투자자나 보험사 경영진에게나 가장 관심을 끌 이야기다. 브랜드 리더로서 예상치 못한 브랜드의 개발을 촉진시키기 위해 예상치 못한 것을 받아들이고 사랑하는 법을 배워야 한다. 새로운 아이디어와 예상치 못한 혁신을 더욱 개방적으로 받아들이고 이를 공유하는 자세는 대개 더 훌륭한 브랜딩으로 이어진다. 이는 고객 경험 브랜딩과 긍정적인 놀라움에서 우리가 바라는 포괄적인 긍정 요소다.

어쩌면 이것이 브랜드 전략에 완전히 쐐기를 박는 것이라고 생각할지도 모른다. 부분적으로는 이러한 생각이 맞다! 옛날식 브랜드 전략에 있어서 이는 완전히 쐐기를 박는 것이다. 이러한 유형의 전략은 제품이나 서비스 기반의 브랜딩에만 초점을 맞춘 기계론적이고 산업주의적이며 대량 판매적인 사고 방식이다. 노골적으로 의사를 표현하는 타깃 그룹의 집단적인 목소리와 뻔한 니즈에만 귀를 기울일 뿐, 개별 소비자들과 사용자들의 경험이나 이들의 마음에서 나오는 더 심오하면서도 잔잔한 신호는 무시한다.

관계 브랜드에 있어 이는 그저 시작에 지나지 않는다. 현대적인 브랜드 전략은 브랜드 자체와 그 브랜드의 제품이나 서비스의 고객, 소비자, 사용자들 간의 개인적인 관계를 기반으로 수립된다. 이러한 브랜딩은 더 고차원적인 목적과 의미의 추구하겠다는 포부를 가지고 아이디어를 나누고 검토하는 데 뿌리를 박고 있다.

제품이나 서비스는 이러한 아이디어의 전부가 아니라 그저 일부에 지나지 않는다. 이 말은 고객들과 사용자들도 이러한 브랜드 전략의 일부며, 자신들의 경험을 나누고 공동으로 창조하거나 적어도 공동으로 평가할 수 있는 장에 초대된다는 것을 의미한다. 이는 예상치 못한 것을 향해 브랜드를 완전히 개방하는 브랜드 전략이다.

고객 경험 중심의 비즈니스 및 브랜딩 전략

이는 고객 경험이 주도하는 새로운 유형의 비즈니스 및 브랜딩 전략의 출발점이다. 사실상 낡은 경영전략은 새 시나리오에는 적합하지 않다. 진행 과정에서 발

생할지도 모르는 것들을 배제하고 부정하기 위해 마련
된 전략과는 달리, 이러한 새 전략은 가능성을 열고 받
아들인다. 고전적인 경영전략은 불확실성 속에서 비즈
니스를 구축하면서 파악하게 되는 전략의 개념과는 어
긋나는 것처럼 느껴진다.

산업주의 패러다임에서 불확실성은 받아들일 수
없는 것이다. 경영전략에 대한 고전적인 접근방식은
우리의 모든 가정이 옳다고 생각하고 행동하는 것이
다. 오늘날 대부분의 산업에 속한 엔지니어들은 사용
자들이나 고객들이 현재 생산되어 나온 제품을 좋아하
지 않는다면 이를 바꾸어야 한다는 사실은 받아들이고
있지만, 고전적인 경영전략의 개념은 바뀌지 않았다.
즉 여전히 유연성이 아주 부족한 상태로, 고전적인 브
랜드 전략은 이렇게 유연성의 부족을 보여왔다.

경영전략을 살펴보는 새로운 방법은 린 경영*lean
management*의 아이디어를 따른다. 즉 이는 과학에서의
가설과 같이, 향후 반복될 것으로 예상되는 무언가로,
현재 진행 중이고 개발 단계에 있는 기록으로 설정되
어야 한다. 그런 후 이 전략은 진짜 고객이나 사용자들

에게 베타 버전을 사용해보도록 하는 것과 같이 실제
상황에서 실행된다.

새로운 경영전략의 역할

이러한 새로운 유형의 경영전략은 비즈니스를 구축하
는 데 있어 다음과 같은 몇 가지 중요한 역할을 한다.

1. 새로운 경영전략의 첫 번째 역할은 잠재 고객들
   이나 사용자들 중 소수 대표 그룹의 생각을 활용
   하는 것이다. 비즈니스 민족지학*ethnography* 또는
   비즈니스 인류학*anthropology*라고 불리는 이러한
   연구는 고객 경험에 기반을 두며 상대적으로 미
   약한 신호와 사용자 패턴을 읽는 것을 포함한다.
   이는 기업가로서 자신의 생각과 우리가 바라는
   고객 반응에 의해 여과되지 않은, 심층적인 고객
   및 사용자의 경험을 연구하고자 하는 것이다. 우
   리가 선호하는 현실보다는 실제로 존재하는 것

을 보고자 하는 이러한 연구는 예상치 않은, 그리고 놀라운 결과를 만든다.

2. 새로운 경영전략의 두 번째 역할은 전략 그 자체다. 즉 제품이나 서비스의 활용 유무를 떠나 어떻게 할 것인가에 대한 차별화 되고 흥미롭고 새롭지만 현실적인 아이디어를 창출하는 것이다. 여기서 아이디어는 분명 현재 존재하는 것보다 더 나은 어떤 것을 만들기 위해 어떻게 새로운 테크놀로지나 과학을 사용할 것인가에 관한 자신의 창의적인 아이디어에서 시작된다. 그러나 우리는 1단계 비즈니스 민속지학 연구로부터 얻은 기능성, 유용성, 커뮤니케이션 등에 있어서의 아이디어와 뉘앙스를 반드시 가져와야 한다. 이다음 질문은 필요한 자원과 요구되는 비용에 관한 것이다.

　　이러한 아이디어는 가설이자 조정되거나 변할 가능성이 있기 때문에 우리가 처음에 고려했던 것보다 더 대담하고 색다르며 놀라울 수 있다. 그러므로 우리는 처음부터 예상치 못한 어떤 것을 구축할 수 있는 기회를 가진 것이다. 이것이 고객이 보내는 신호나 사고 패턴의 상당 부분과 관련성을 유지하는 한. 그리고 확고하게 고객 경험에 기초하는 한 그렇다.

3. 새로운 경영전략의 세 번째 역할은 제품이나 서비스를 시험 출시하고, '이 제품을 당신의 친구에게 추천하시겠습니까?'와 같은 NPS*Net Promoter Score, 순추천고객지수*를 포함한, 구매와 사용에 대한 고객 경험에 대한 샘플 조사를 하는 것이다. (9장에서 라이켈트*Reichheld*의 순추천고객지수에 대해 더욱 상세히 다룰 것이다.)

여기서는 경영전략을 세밀하게 조정하거나 바꾸어서 가장 중요한 고객과 사용자 경험에 꼭 맞게 하는 것이 핵심이다. 이 과정을 통해 비주류의 이용 패턴이나 아이디어를 추가하기로 결정할 수도 있고 심지어는 여전히 고객의 니즈에는 부합하면서도 우리의 제품이나 서비스를 사용하는 특이하고 놀라운 방법을 수용할 수도 있다.

4. 새로운 경영전략의 네 번째 역할은 잠재 고객에게 접근하는 법 등을 다루는 부속 전략을 포함해 비즈니스 프로젝트를 지속하는 것이다. 이때는 우리가 예견하지 못했던 잠재 고객에 대한 설명을 바로잡아야 한다. 그리고 이 단계는 채널과 메시지, 제안 등에 대한 일반적인 테스트에 추가되는 것이다. 또한 놀라움 프로그램을 수립할 수도 있는데 이러한 프로그램에는 새로운 제품, 기능, 테크놀로지, 사용법, 시장, 응용법, 다른 비즈니스나 브랜드와의 혼합 등이 포함될 수 있다. 심지어는 놀라움 담당 최고 책임자, CSO*chief surprise officer*를 임명하는 것이 바람직할 수 있다 (11장을 참조하라).

브랜드 전략과 경영전략의 통합

이러한 새로운 접근법에서 브랜드 전략은 전체적인 경영전략에 통합된 한 부분으로, 브랜드 전략은 사람들 머리 속의 인식과 경험을 조정한다. 이 말은 브랜드는 항상 제품 개발과, 세일즈 및 마케팅 활동과, 고객 경험과 상호작용을 한다는 의미다. 사이먼 사이넥Simon Sinek은 2009년에 '위대한 지도자들은 어떻게 행동을 이끌어내는가How great leaders inspire action'이라는 주제의 테드 TED 강연에서 왜, 어떻게, 무엇을 등을 훌륭하게 설명한 바 있다.

이러한 새로운 브랜드 전략은 브랜딩을 사람들 머릿속의 인식을 관리하는 것이라고 정의한다. 이는 고객이나 사용자들의 머리 속에 무엇이 있는지를 발견하는 데서 시작하지만, 우리 제품이나 서비스 카테고리와 관련하여 세상에서 무슨 일이 일어나고 있는가 하는 컨텍스트도 필요로 한다. 이는 제품보다 앞서고, 콘텐츠보다 앞서며, 사용자 기반의 아이디어를 비즈니스로 성공시키는 방법에 대한 로드맵의 기능을 하는 경영전략보다 앞선다.

성공적인 기업가가 되려면 이제 '왜'에서 시작해야 한다. 즉 제품이나 서비스, 경험 등의 카테고리에 국한하여 세상에서 필요한 변화와 목적을 정의해야 한다. 2단계는 사람들이 이 카테고리와 관련하여 어떻게 생각하고 있는지를 파악하는 데서 시작해야 한다. 즉 그들에게 중요한 것은 무엇이며, 무엇이 필요하고, 바뀌거나 향상되어야 하는 것은 무엇인가를 파악해야 한다. 고객 니즈와 경험을 바탕에 두고 우리는 브랜드에 맞는 아이디어와 전략을 수립해야 한다. 이렇게 하면 사람들의 머리 속과 실생활 맥락에 부합하는 완벽한 결과를 도출할 수 있을 것이다. 이는 기존의 문제점들과 난관들이 해결되는 방법과 사용자들을 위한 더욱 훌륭하고 더욱 의미 있는 삶을 만드는 방법에 바탕을 두게 될 것이다.

세 번째 단계는 이와 관련하여 '무엇을' 할 것인지에 대해 접근할 수 있는 기반을 확보하는 단계다. 새로운 테크놀로지나 과학을 도입할 수도 있고, 한 비즈니스 카테고리의 경험을 다른 곳으로 전환해 볼 수도 있으며, 아니면 인간 삶의 다른 영역에서 일어났던 혁신에서 영감을 받을 수도 있는데, 어떤 방법을 선택하든 우리는 해결되지 않은 고객 및 사용자들의 니즈를 정확하게 충족시킬 수 있는 진정으로 새로운 제품이나 서비스, 해결책 등을 고안할 수 있어야 한다.

이 세상에서 '왜' 무언가가 바뀌어야 하는가라는 질문에서 출발하는 것의 큰 이점은 처음부터 고차원적인 의미를 가진 무언가에 초점을 맞출 수 있다는 것인다. 이를 통해 우리는 필수가 아닌 문제들을 해결하려고 노력하거나 자사의 제품이나 서비스를 경쟁사와 대비하여 충분히 차별화하지 않는 등의 우를 범하지 않을 수 있다.

'어떻게'를 살펴보면 고객들과 사용자들이 매우 좋아하게 되어 즉각적으로 다른 사람들에게 추천하는 제품을 만들 수 있다. 제품이나 서비스의 기반을 '왜'의 문제, 즉 더욱 고차원적인 목적과 의미에 둠으로써 우리 제품을 구매해 줄 고객들을 필사적으로 찾는 또 하나의 영업 사원이 되는 데 그치지 않고 더 나아갈 수 있다. 오히려 이미 차별화되어 있고 더욱 흥미로우며 고객들이 필요로 하고 그들의 꿈 속에서 그리고 상상하는 것에 보조를 맞출 수 있게 된다.

아주 젊은 기업가들은 기존 글로벌 기업들이 하지 못했던 것을 어떻게 해냈는가?

내가 처음 조지 에드워즈*George Edward*를 만났을 때 그는 19살에 불과했다. 우리는 런던에서 저녁을 먹으며 만났고 그는 자신의 이야기를 들려주며 나를 놀라게 만들었다. 조지는 가스통에 있는 내용물의 양을 측정하는 방법을 발명했다. 아가*AGA*, 린데*Linde*, 에어리퀴드*AirLiquide*와 같은 기업들, 상상할 수 있는 모든 기술적, 과학적인 자원을 가진 기존의 성공적인 산업 전체도 이를 측정하지 못했고, 공급자인 자신들은 물론이고 사용자들에게도 가스 탱크 안에 가스가 얼마나 남았는지를 말해주지 못했다. 이를 측정할 수 있는 유일한 방법은 탱크를 들어올려 얼마나 무거운지 무게를 느껴보거나 통을 흔들어서 얼마나 남았는지 추정하는 것이었다.

이곳 저곳의 고객들은 가스통 교체 타이밍을 파악하고자 하는 니즈를 똑같이 가지고 있었다. 이동식 주택이나 보트 등에서 선데이 로스트*Sunday roast*를 요리할 수 있을만큼 충분한 가스가 남아 있는지를 알고자 했던 것이다. 가스가 얼마나 남았는지 알 수가 없었던 사용자들로서는 불안함을 해소하기 위해 여분의 가스통을 바로 사용하거나 아니면 사용하던 게 끝날 때까지 지켜보며 기다리는 것밖에 선택의 여지가 없었다.

조지는 가스 고객들과 사용자들의 생각을 이해하고 이동식 주택 야영지나 보트 클럽에서 이들의 니즈를 연구하는 과정에서 또 다른 니즈를 발견했다. 조지에게 있어 이 미래 고객들은 가스 시스템의 누출 여부를 알 길이 없었다. 이는 물론 안전에 관한 이슈다.

조지는 기술적인 솔루션을 개발하기 시작했고 스마트폰을 통해 개별 소비자의 이용 패턴에 근거한 가스 소비를 계산하고 예측할 수 있는 알고리즘을 만들어냈다. 주방에 있는 가스레인지에 가스통을 사용하는 사람과 정원에서 사용하는 가스 그릴을 쓸 때 가스통을 가끔씩 사용하는 사람의 이용 패턴은 매우 다르다. 알고리즘에 기입된 입력값은 가스병 측면에 있는 마그네틱 띠로부터 블루투스를 통해 스마트폰으로 무선 송신이 되었다. 조지는 자신의 '가스-센스Gas-Sense' 제품을 출시할 준비가 됐을 때 초도 물량을 제작하기 위한 자금을 모으기 위해 킥스타터Kickstarter에서 크라우드 펀딩을 진행했다. 제품의 1차 물량을 받기 위해 미리 돈을 보낸 사람들의 리스트를 보니 사람들은 전 세계 곳곳에 퍼져 있었다. 여기서 얻은 확실한 결론은 글로벌 출시는 지극히 당연한 것이라는 깨달음이었다.

조지의 브랜드 전략을 개발하기 위해 우리가 함께 일하기 전에 그는 나에게 매우 중요한 것 한 가지를 말해주었다. 그는 네 가지 새로운 발명 아이템을 가지고 있다고 했다. 그리고 이러한 발명품들에 대한 아이디어를 얻기 위해 같은 방법론을 사용했다고 했다. 즉 처음에는 관찰하고 사람들의 머리 속을 들여다보고, 그런 후 다른 비즈니스 분야의 비즈니스 패턴을 적용하고 새로운 테크놀로지와 과학을 활용하여 새로운 방법으로 이러한 사람들의 니즈를 만족시키는 방법을 고려하는 방법을 사용했다. 스타트업 기업들이 브랜드 신참 훈련소에서 밟아야 하는 단계는 243쪽의 표 8.3에 나와 있다.

기업이 자신들을 파괴시키지 않는다면 실패하는가?

클레이튼 크리스텐슨Clayton Christensen이 1997년 그의 책 《이노베이터의 딜레마The Innovator's Dilemma》에서 언급한 이래로 스스로를 먼저 파괴하지 않는 기업은 실패한다 라는 생각이 사실로 받아들여졌다.

최근에는 비즈니스 혁신에 대한 이러한 단순한 공식에 대한 공격도 있었다. 첫 번째 공격은 크리스텐슨의 책과 혁신 컨설턴트 그룹 모두, 그리고 여기서 탄생한 컨퍼런스들에 이의를 제기한 하버드Harvard의 역사학자 질 레포르Jill Lepore의 반격이었다. 〈뉴요커The New Yorker〉에 기고한 글에서 그녀는 파괴적 혁신disruptive innovation을 '테러에 사로잡힌 시대를 위한 경쟁 전략'으로 묘사했다. 이후 다수의 학자들이 크리스텐슨이 칭찬했던 모든 파괴자들이 다 생존한 것은 아니며 파괴된 현 재임자들이 모두 다 사라진 것은 아니라는 점을 지적하면서 레포르의 주장을 이어 나갔다.

이 논쟁에서 얻을 수 있는 교훈은, 피터 디아만디스 Peter Diamandis가 보여준 대로, 혁신 전략에 대한 일반화된 규칙은 적용되지 않는다는 것이다. FT가 '디지털 파괴에 대한 자칭 제사장'이라고 묘사하기도 한 《볼드Bold》(2015)의 공동 저자인 디아만디스는, 대담한 기업 전략은 급격한 성장의 가능성에 기반하여 수립되어야 한다는 생각을 제시했다. 그의 논리를 따르면 '선형linear' 조직은 필멸의 운명을 가지고 있다. 그러나 그는 민간 자본 우주 여행을 장려하기 위해 1996년에 엑스프라이즈XPrise를 설립했지만 피터 디아만디스가 믿는 것이 무엇이든 아직 이 조직은 급격하게 도약하지는 못했다.

이와 동시에 대담한 재임자는 그들이 살아남기 위해 항상 핵심 비즈니스를 파괴해야 하는 것은 아니다. 신생이건 설립한지 꽤 오래되었건, 매우 대담한 기업들은 사용자들과 고객들이 보내는 미미한 신호와 조기 경고에 대한 진정한 관심에 기반을 두고 지속적인 혁신과 창의력이라는 미래 지향적인 정책을 펴는 기업들이다. 이는 그저 경쟁자들을 어깨 너머로 힐끔 쳐다보는 것이 아닌, 혁신에 이를 수 있는 전략이다.

결론: 예상치 못한 것을 비즈니스 우위 및 브랜딩 우위로 바꾸는 법

예상치 못한 것을 두려워하지 않고 받아들이기 위한 첫 번째 단계는 그것을 인식하는 것이다. 나심 니콜라스 탈레브가 그의 책에서 말한 예상하지 못한 흑고니에서 교훈을 얻을 수 있다. 대개 예상치 못한 것에는 부정적인 면 외에도 훨씬 많은 면들이 있다는 사실을 기억하는 것이 중요하다. 예상치 못한 것을 수용하는 태도가 지닌 긍정적인 면은, 예상치 못한 것을 위기가 아닌 긍정적인 경영 전략으로 바꾸도록 하는 것을 더 용이하게 해준다는 사실이다.

전략을 구축하는 새로운 방법은 브랜드적 사고와

고객 중심에서 출발한다. 비즈니스의 생존을 보장하려면 사용자들과 고객들이 보내는 조기 경고와 미미한 신호를 진정으로 이해하고 이러한 이해를 바탕으로 지속적인 혁신과 창의성을 추구해야 한다. 어깨너머로 경쟁자들을 관찰하며 필사적으로 비즈니스를 파괴하려고 노력하는 대신 이러한 신호들을 따라가는 것이 본질적으로 혁신으로 이어지는 길에 이를 수 있다. 위험을 감수하는 자세는 기업이 항상 승리할 수 있는 자리를 차지하는 방법이지만, 가치 있는 위험을 인식하고 불필요한 것은 취하지 않는 것이 성공에 이르는 열쇠다. 다음 장에서 우리는, 뇌의 작동 방식에 대한 새로운 연구가 무엇이 가치 있는 위험이고 무엇이 아닌지를 식별하는 데 어떻게 도움을 주는지에 대해 살펴볼 것이다.

4장

뇌에 의한, 뇌를 위한 브랜딩

뇌에 대한 새 연구가 놀라움을 창출하는 데 어떤 도움을 줄 수 있는가?

이 장의 제목인 '뇌에 의한, 뇌를 위한 브랜딩'은 노키아*Nokia*의 캠페인 '커넥팅 피플*Connecting people*'과 유사한 의미를 지닌다. 이 제목은 두 가지 의미를 가지고 있다. 하나는 (집합적으로) 뇌가 브랜딩을 하는 데 어떤 역할을 하는가를 말하며, 또 하나는 '퍼스널 브랜딩*personal branding*'과 같이 (개별적으로) 뇌를 브랜딩하는 것을 일컫는다. 이 책은 두 가지 의미 모두를 다룬다. 후자는 15장에서 논의할 것이며 여기서는 뇌가 브랜딩과 함께 어떻게 작동하는지를 논의할 것이다.

놀라움의 발견

약 2005년 이래로 신경과학자들은 정확히 뇌가 어떻게 작동하는지를 파악하기 위해 뇌를 모니터 해왔다. 현대의 스캐닝 테크놀로지는 시그널을 추적해서 우리 뇌 속에서 데이터가 어떻게 흐르는지를 보여주었다. 신경과학자들은 이제 뇌의 각기 다른 영역들이 어떻게 연결되어 있고 우리가 행동하고 생각할 때 이 영역들이 어떻게 상호작용 하는지를 명확하게 파악할 수 있다.

우리의 뇌가 어떻게 결정을 내리는지는 인기 있는 연구 영역이었다. 여기서 신경과학자들이 테크놀로지 기업의 하드웨어 전문가 역할을 한다면 심리학자들은 소프트웨어 및 사용자 경험 전문가들이라 할 수 있다. 오늘날에는 뇌가 실제로 어떻게 작동하는지에 대한 통합된 시각을 제공하기 위해 이들은 함께 일한다.

정교하게 뇌를 스캐닝 할 수 있기 전까지 한동안 우리는 의사 결정을 두 가지 유형의 결정으로 분류했다. 이성적 결정과 정서적 결정이 그 두 유형이다. 심리학자들이 사람의 마음을 연구하기 시작하던 초기에는 인간이 이상적인 존재로 가정되었다. 결과적으로 여러 해 동안 지각하는 뇌와 이성적인 결정의 중요성이 대단히 강조되어 왔다.

그러나 신경과학 연구가 브랜딩에 미친 영향을 이해하려면 여태 그래왔던 것처럼 언어적 커뮤니케이션에 크게 집중하는 것만으로는 우리 뇌 속에 있는 의사 결정자의 주의를 끌기에 충분치 않다는 것을 이해해야만 한다. 우리는 언어적 논쟁이 의사 결정에 상당한 영향을 미치고, 순수한 사실과 논리가 우리에게 필요한 주의를 끌고 사람들의 마음을 설득하고 바꿀 수 있다는 생각을 하면서 살아왔다. 하지만 이제 경험상 이것이 항상 성공적이지는 않다는 것을 안다. 그렇다면 우리는 어떻게 행동해야 하는가?

비의식적인 뇌가 행동을 주도한다

우리는 종종 자신이 왜 이것을 하는지, 왜 이렇게 결정했는지, 혹은 미래에는 어떻게 행동할 것인지를 설명할 수 없다. 이는 행동의 대부분이 우리가 접근할 수 없는 비의식적인 뇌에 의해 주도되었기 때문이다. 이는 조사 연구를 통해 파악한 것으로부터 소비자 행동과 관련하여 끌어낸 결과에 많은 의문을 불러 일으킨다.

우리는 패턴을 통해 세상을 경험한다. 각자의 독특한 경험들은 세상이 어떻게 작동하는지를 설명하는 패턴을 만들고 이러한 패턴들이 뇌 속의 신경망에 저장된다. 사람들의 경험은 저마다 모두 독특하기 때문에 다른 사람들과 같은 사건을 경험했다 하더라도 각자의 패턴은 다 다르다. 이러한 패턴들은 우리의 행동과, 의사 결정을 할 때 각기 다른 것들에 얼마만큼의 주의를 기울여야 하는지에 큰 영향을 미친다.

우리의 뇌는 지속적으로 환경을 스캔하고 인근에 생명을 위협하는 것이 없다는 점을 확실하게 하기 위해 진화했다. 이러한 이유로 예상된 패턴에 맞지 않는 새롭거나 예상치 않았던 것들이 우리의 관심을 잡아 끈다. 신경과학 연구들은 뇌가 예상치 못한 것들을 찾을 뿐만 아니라 심지어는 갈망한다는 것을 보여주었다. 뇌는 패턴을 찾고 이러한 패턴을 우리 기억 속에 이미 저장된 것들과 연결시키기 위해 노력한다. 패턴이 연결되면 신경망이 강화되고 우리의 관점은 더욱 견고해진다. 연결이 안 되면 뇌는 재측정을 해서 새로운 패턴을 저장한다. 뇌는 예측을 만들어내기 위해 구성되고 이러한 예측 능력은 문제 해결을 위한 기반이 된다.

신피질은 예측을 위해 기억을 활용하고 이러한 기억들을 배경으로 실제로 무엇이 일어났는지를 측정하고 차이를 기록한다. 우리가 문제를 해결할 때 뇌는 대답을 산출하는 것이 아니라 기억에서 해결책을 검색하며, 뇌가 하는 대다수의 예측은 의식 영역 밖에서 일어난다.

비의식적인 뇌가 의사 결정을 한다

인간의 뇌는 의식적인 정보를 취하고 이를 비의식적인 경험으로 치환하도록 설계되어 있다. 이에 대한 간단한 예는 차를 운전하는 데서 찾을 수 있다. 처음에 우리는 운전이 자연스레 몸에 밸 때까지 모든 단계를 스스로 상기시키며 의식적으로 운전하는 법을 배운다. 몸에 배는 시기가 되면 운전은 비의식적인 행위가 된다. 운전을 하는 동안에도 뇌가 다른 것들에 대해 의식적으로 생각을 할 수 있도록 해주는 것이다.

비의식적인 뇌는 의식적인 뇌에 비해 20만 배 이상의 처리 용량을 가지고 있다. 그렇다 해도 여전히 우리를 둘러싼 세계에서 주어지는 정보의 증가량을 다 다루지는 못한다. 따라서 뇌는 빠르게 처리할 방법을 만들어내는데 이러한 방법들 중 상당수는 우리를 잘못 유도한다. 비의식적인 뇌는 상당부분 경험에 의거한다. 즉 과거의 경험과 실수로부터 배운다. 브랜드 빌더들*brand builder*과 마케터들은 의사 결정을 내리는 과정에서 이러한 지배적이고 비의식적인 뇌를 고려할 필요가 있다.

우리가 의사 결정을 내려야 할 때 비의식적인 뇌는 대안들을 평가하고 그 평가 결과에 근거하여 긍정적 혹은 부정적 느낌을 만들어내며, 이러한 느낌을 의식적인 뇌로 보낸다. 자동차 구매와 같이 복잡한 구매 결정에서부터 아침에 무슨 시리얼을 먹을 것인지 선택하는 것과 같은 일상적인 결정에 이르기까지 모든 것에 대해, 비의식적인 뇌는 이미 상세한 분석을 완료하고 우리가 무엇을 해야 하는지 권고한다. 의식적인 뇌가 반응을 할 즈음에는 비의식적 뇌는 이미 무수한 변수들에 대한 분석을 마친 상태다. 즉 각각의 시리얼이 얼마나 비싼지, 얼마나 건강한지, 우리가 식별할 수 있는지, 전에 먹어본 적이 있는지, 먹어봤다면 그 시리얼에 대해 어떻게 생각했는지, 각 시리얼에 대한 광고를 본 적은 있는지, 그 광고들을 보면 어떤 메시지를 받았는지 등에 대한 분석을 끝낸 것이다.

의식이 더 나은 결정을 내릴 수 있는 때는 선택지가 소수이고 변수가 그렇게 많지 않을 때다. 그러나 우리가 사는 세계는 뇌가 경험하는 모든 것에 대한 모든 세부 사항을 다 저장하기에는 너무나 많은 변수와 선택지로 가득차 있다. 상황이 너무 복잡하면 비의식적인 뇌가 나서서 더 바람직하고 더 빠른 결정을 내린다.

관계가 세부사항보다 먼저 기억된다

수백만 년 이상 진화가 진행되는 동안 뇌는 기억 속에 있는 세부적인 사항들을 저장하기보다는 사건과 감정, 원인, 결과들 사이의 관계를 저장하는 데 더 중점을 두어왔다. 뇌는 정확도나 세부사항에 대해서는 신경을 쓰지 않는다. 뇌의 목적은 미래에 결정을 내릴 때 우리를 돕는 것이며, 기억력은 부정확한 것으로 악명이 높다. 뇌 속에는 수많은 기억과 경험들이 저장되어 있지만 한 번에 몇 가지씩만 기억할 수 있을 뿐이다. 그리고 뇌는 세부사항보다는 사물들 사이의 관계에 더 매달리기 때문에 뇌는 필요할 때만 세부사항들을 구성하는데, 이는 다른 기억들과 문화적 규범, 기대 등으로부터 구성되고 온전한 스토리를 만들기 위해 공백을 채우며 구성된다.

관계에 대한 이러한 집중은 우리가 알파벳이나 월과 같은 암기식 학습을 하는 데 도움을 준다. 이는 또 알파벳을 거꾸로 외거나 월을 12월부터 시작해 1월로 거꾸로 재빨리 읊는 것이 왜 그렇게 쉽지 않은지를 설명해주기도 한다. 브랜드 오너들은 이 점을 기억하고 세부사항보다는 사물들 간의 관계에 의존한 마케팅 콘텐츠를 제작하는 데 주력해야 한다. 순서에 따라 콘텐츠를 구성하는 것은 우리가 전달하고자 하는 메시지를 사람들이 잘 기억할 수 있도록 도와주는 몇 가지 효과적인 방법 중 하나다.

패턴을 깨고 새로운 것을 만들기

뇌에 관한 최근의 연구는 사람들이 위기의 상황을 맞을 때면 패턴을 깨고 새로운 정보를 도입한다는 아이디어를 지지해주고 있다. 신경 생리학 연구에 의하면, 공포 조건화*fear conditioning*과 같은 강력한 기억들조차도 기억을 검색하는 동안 신경 기제를 억제함으로써 바뀌거나 근절될 수 있다는 사실을 알 수 있다. 이는 기억의 검색 과정이 이전에 습득한 정보를 단순한 재현하는 것이라기보다는 적극적이고 역동적인 재학습 과정이라는 것을 시사한다.

의사 결정은 논리적인 것이 아니라 정서적인 것

교수 겸 신경과학자인 안토니오 다마지오*Antonio Damasio*가 뇌에서 감정이 생성되는 부분에 손상을 입은 사람들을 연구했을 때 이러한 사람들은 기대한 것만큼 감정을 느낄 수는 없지만 이들 역시 공통점 한 가지는 가지고 있다는 사실을 발견했다. 즉 이들도 의사 결정을 내리지 못했다.

이들은 논리적인 용어로는 무엇을 해야 하는지 설명할 수 있었지만 무엇을 먹어야 하는가와 같이 아주 간단한 의사 결정을 내리는 것은 매우 힘들어했다. 많은 의사 결정에는 찬부 양론의 여지가 담겨 있어 무엇이 더 나은가에 관한 합의적인 의사 결정은 어렵다. 그리고 의사 결정을 내리는 합리적인 방법이 없다면 이러한 테스트 주제는 결론에 이를 수가 없다. 다마지오는 그의 명저 《데카르트의 오류*Decartes' Error*》에서 머리만 가지고 생각을 한다는 믿음은 틀렸다고 주장한다. 그는 우리 몸과 마음 전체가 생각을 하고 의사 결정을 내리는 방식에 핵심적인 역할을 한다고 강조했다. '몸은…정상적인 정신이 작용하는 과정의 본질적인 부분인 콘텐츠를 만든다. [그러므로] 말 그대로의 의미로 정신은 머리에서 만들어지는 게 아니라 몸에서 만들어진다.'

다마지오의 이론은 우리가 인생 전반에 걸쳐 내리는 모든 개인적인 결정에 정서나 느낌이 하는 결정적인 역할을 강조한다. 그는 의사 결정을 내릴 때 우리를 이끄는 시그널에 '신체적 표지*somatic markers*'라는 용어를 붙였다. 이것이 바로 직감이다. 직감적인 반응에 귀를 기울임으로써 우리는 몇 가지 부정적인 대안들을 즉각적으로 제거하고 더 적은 옵션들을 놓고 선택을 할 수 있다. 의사 결정을 할 때 감정과 직감을 사용하는 것은 우리가 논리적이라고 믿는 의사 결정의 상황에까지도 확대된다. 의사 결정의 순간 뇌는 다음 두 가지 질문에 근거하여 핵심적인 의사 결정을 내린다.

1. 나는 이전에 이를 (혹은 이와 유사한 것을) 본 적이 있는가? ⇨ 패턴 찾기
2. 그것은 좋은 경험이었는가, 나쁜 경험이었는가? ⇨ 정서적인 기억의 평가

그것을 (혹은 유사한 어떤 것을) 과거에 본 적이 있고 그것이 좋은 경험이었다면 결과는 추진에 대한 강력한 찬성이 될 것이다. 인간으로서 우리는 이처럼 거의 즉각적인 프로세스를 직관력이라고 이해한다. 신체적 표지를 만들어내는 변연계의 도움으로 기본적인 직감에 의한 의사 결정이 내려지면 뇌의 다른 부분들이 이러한 의사 결정을 설명하고 커뮤니케이션하는 데 도움을 주고자 관여하게 된다. 여기에는 복내측 전전두엽 피질*ventromedial prefrontal cortex*, 좌측 안와전두피질*medial orbitofrontal cortex* 등이 포함되는데 이 부분들은 평가, 예측, 기대 가치들과 연결된다. (표 4.1)

표 4.1 브랜딩 패턴 인식

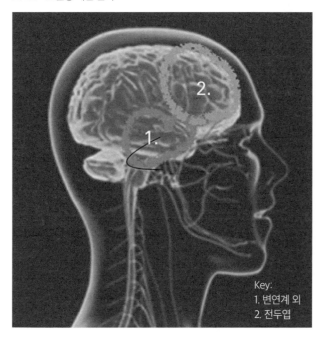

이러한 이마엽*frontal lobe*은 도덕, 가치 등과 같은 흥미로운 정보를 많이 저장하는데 의사 결정 그 자체에서 드러나는 순수한 개인의 가치도 포함된다. 이 부분은 또 미래 시나리오, 트렌드, 정확한 최신 용어 등을 보유하기도 한다. 이 모든 것은 우리가 결정이나 제안을 천명할 때 의사를 잘 표명하고 진지하고 박식하게 보이기 위해 필요하다.

거울 뉴런이 행동을 복제하고 마음을 읽는다

비언어적으로 다른 사람들의 행동을 따라하거나 그것에 영향을 받는 것은 관계 브랜드에 중요한 문제다. 이것과 관련하여 우리는 거울 뉴런의 연구를 활용할 수 있다. 이러한 거울 뉴런은 다른 사람들이 행동하는 것을 볼 때 스스로 움직일 때와 정확하게 같은 방식으로 반응한다.

거울뉴런은 1990년대 초에 처음 발견되었는데, 한 이탈리아 연구 그룹은 짧은 꼬리 원숭이들이 물체를 직접 잡을 때와 다른 영장류가 같은 물체를 잡는 것을 볼 때 동일하게 반응하는 짧은 꼬리 원숭이들의 뇌 속에 있는 개별 뉴런들을 발견했다. 파르마 대학*University of Parma*의 동료들과 함께 뉴런을 처음으로 발견한 신경과학자인 자코모 리촐라티*Giacomo Rizzolatti*는 이러한 뉴런이 우리가 어떻게 다른 사람들의 마음을 '읽고' 그들에게 감정이입을 하는지를 설명하는 데 도움을 준다고 믿었다.

보는 행위를 하는 행위로 전환하는 이러한 인간 고

유의 미러링*mirroring*은 새로운 브랜드나 비즈니스를 착수하는 데 있어 한 가지 방법이 지닌 중요성을 깨닫게 해준다. 그 한 가지 방법이란 기존 고객들을 추천인이나 판매원으로 이용하는 것이다. 드롭박스*Dropbox*의 마케팅은 매우 적은 비용으로 매우 신속하게 제품을 출시한 놀라운 사례를 보여주고 있다.

즉각적인 이익을 거둔 드롭박스 사례

2007년, MIT에 다니던 두 학생, 드류 휴스턴*Drew Houston*, 아라시 페드로시*Arash Ferdowsi*에 의해 설립된 드롭박스는 광고를 전혀 하지 않았다. 새로운 고객을 끌어들이기 위해 기존 고객에만 의존하면서도 드롭박스는 선두 클라우드 스토리지*cloud storage* 공급업체 중 하나가 되는 데 성공했다. 드롭박스와 동일한 서비스를 제공하는 다른 기업들도 있었지만 수년 간 비즈니스를 하고 있었던 이러한 기업들보다 드롭박스가 훨씬 더 크게 성공하게 되었던 이유는 무엇일까? 즉각적인 보상이라는 간단한 아이디어 때문이었다. 인간의 뇌에는 즉각적인 이득은 과대 평가하고 미래에 얻을 수도 있는 것은 간과하는 태도가 각인되어 있다.

이는 고객을 추천하는 사람들이 보상을 기다리도록 만드는 것이 왜 실패하는지를 설명해준다. 고객들을 추천인이나 판매원으로 활용하려고 하는 대부분의 기업들은 추천을 받은 잠재 고객들이 등록 고객이 될 때까지 추천인에 대한 보상을 지연하는 실수를 한다. 기업들은 보상을 제공하기 전에 이익을 달성하고 싶어 한다. 그러나 드롭박스는 신규 잠재 고객의 이름과 이메일 주소를 받자마자 즉각적으로 그들의 기존 고객들에게 보상을 제공했다.

엄청난 보상이 아니라 드롭박스가 제공하는 가장 소규모 서비스인 500Mb 용량의 스토리지를 제공하는 정도였지만, 즉각적인 보상을 줄 때 그 규모는 중요하지 않다. 물론 이렇게 한 결과로 신규 잠재 고객들의 이름을 많이 확보할 수 있다. 그리고 머지 않아 이 잠재 고객층으로부터 비즈니스를 따낼 수 있을 것이다. 이는 정확하게 드롭박스에게 일어난 일이다. 고객들을 후하게 대접함으로써 드롭박스는 더 많은 반응을 일으켰고 신속하게 그들의 비즈니스를 구축할 수 있었다. 일반적으로 사람들은 대부분의 기업들이 생각하는 것보다 다른 사람의 이름을 주는 것에 대해 더 신중하다. 이 때문에 다른 고객들이나 사용자들의 추천이 그토록 중요한 것이다. 그리고 뇌에 대한 이 새로운 연구는 시장에 새로운 어떤 것을 내놓을 때 추천이 얼마나 중요한지를 보여준다.

고객이 친구를 추천하는 데서 얻을 수 있는 또 다른 이득은 이것이 행동 패턴을 만들어낸다는 점 이다. 의사 결정을 내리는 뇌는 구두 추천에 감명을 받는 것이 아니라 행동을 주목한다는 점을 기억해야 한다. 정기적으로 커뮤니케이션을 하는 친구들은 우리의 의사 결정에 매우 강력한 지지를 만들어 낸다. 우리는 이러한 친구들로부터 새로운 행동 패턴을 발견하고 자극을 받는다. 이 모든 것이 고객 추천, 즉 구전word of mouth을 발생시키는 것으로 새로운 브랜드를 출시할 때 고려해야 하는 가장 중요한 요소들 중 하나다.

우리는 유전적으로 잘못된 의사 결정을 내리도록 코드화되어 있는가?

우리의 의사 결정이 얼마나 비이성적이고 때로는 편향되어 있는지를 알게 해준 사람들은 신경과학자들에 그치지 않는다. 대니얼 카너먼*Daniel Kahneman*은 경제 이론에서 인간의 합리성에 대한 가정에 도전함으로써 2002년에 노벨 경제학상을 수상한 두 명의 수상자 가운데 하나였다.

카너먼은 2011년에 출간한 베스트셀러 책《생각에 관한 생각*Thinking, Fast and Slow*》과 데이비드 슈케이드*David Schkade*와 함께 '초점 착각*focusing illusion*'이라는 개념을 창안한 것으로 유명하다. (Kahneman and Schkade, 1998) 이 이론은 사람들이 여러 가지 사건들이 그들의 미래에 어떤 영향을 미칠 수 있는지에 대해 평가할 때, 즉 다시 말해 정서 예측*affective forecasting*을 할 때 왜 실수를 저지르는지 이해하는 데 도움이 된다. 사람들이 그들의 전반적인 행복에 영향을 미치는 요소들 중 특정 하나에 집중할 때 이러한 착각이 생긴다. 종종 사람들은 이 요소의 중요성을 과장하고 훨씬 더 큰 영향력을 가진 다른 많은 요소들을 간과한다.

사람들의 판단에 영향을 미치는 유사한 심리적 효과는 앵커링*anchoring*이다. 이는 첫 번째 정보군('앵커')을 지나치게 많이 강조한 후에 결정을 내리는 경향을 말한다. 이러한 앵커는 한 번 설정이 되면 이 앵커를 참조하여 판단을 내리도록 부추기고, 다른 정보의 해석에도 영향을 미친다. 한 가지 예를 들자면, 제품에 초기 가격을 매우 높게 매기는 것이다. 이 가격이 기준을 만들게 되고 이보다 저렴한 가격들은 모두 좋은 거래조건처럼 보이게 만든다. 그것이 여전히 제품의 진짜 가치보다도 더 높은 가격이라고 할지라도 말이다.

'현실왜곡장' 또는 재구성

1972년, 스티브 잡스가 로버트 프리드랜드*Robert Friedland*를 만났을 때 로버트는 정신적인 무언가를 추구하는 한 사과 농장 공동체의 소유주였다. 그는 스티브 잡스에게 '현실왜곡장reality distortion field'이라고 불리는 원리를 소개했다. 2011년, 스티브 잡스는 그의 전기를 쓴 작가 월터 아이작슨Walter Isaacson을 통해 '프리드랜드는… 의식의 또 다른 차원에 대해 눈을 뜨게 해줬다'라고 말한 바 있다.

'현실왜곡장'은 심리학자 대니얼 카너먼이 그의 책에서 '널리 퍼진 낙관적 편향성'이라고 부른 것의 극단적인 버전이다. 카너먼은 '우리 중 대부분은 세상을 실제보다 더 온화한 곳으로 보며, 자신의 속성을 진짜보다 더 호감을 살 만 하다고 생각하며, 자신이 택한 목표는 실제 가능성보다 더 달성할 수 있는 것으로 본다'라고 했다.

이렇게 '현실왜곡장'을 만들어냄으로써 다른 사람들이 우리의 사고 방식을 좀 더 잘 받아들일 수 있는 방식으로 문제를 재구성한다. 스티브 잡스는 이슈를 재구성하는 데 매우 능숙했고 이렇게 그는 사람들에게 새로운 시각으로 낡은 문제들을 바라보고, 해결책을 찾는 데 도움이 되는 새로운 통찰력과 접근법을 확보할 것을 권장했다.

이러한 현실 왜곡과 문제의 재구성은 정치에서 많이 이용되어 왔다. 마틴 루터 킹Martin Luther King은 시민 평등권을 위한 정치적 싸움을 실현될 수 있는 꿈으로 재구성했다. 10년 내에 달에 사람을 보내겠다는 케네디 대통령의 결정은 이 말을 들은 사람들의 상상력을 사로잡으면서 소비에트 연방과의 냉전 문제를 재구성했다. 문제를 재구성해봄으로써 우리는 사람들의 사고 방식에 큰 변화를 야기할 수 있는 기회를 스스로 확보할 수 있다.

뇌 속의 브랜드 알고리즘

네덜란드 출신의 쟈코 발피스Tjaco Walvis는 그의 책《브랜드 인셉션Branding with Brains: The science of getting customers to choose your company》(2010)에서 브랜드를 선택하는 '뇌 속의 알고리즘'이라고 부르는 개념을 만들었다. 이는 웹을 검색하기 위해 구글이 알고리즘을 사용하는 것과 거의 같은 방식이다. 이 뇌 속의 알고리즘은 소비자가 여러 브랜드들 중 하나를 선택하도록 유도하는 세 가지 기준을 가지고 있다. 이는 다음과 같다.

1. **관련성.** 제품이나 서비스가 더욱 독특하고 특출하게 관련성이 있을수록 소비자의 선택을 받을 가능성이 커진다. 관련성이 있는 브랜드는 사람들의 행동에 강력한 영향을 미치는 뇌의 도파민 또는 보상 시스템(변연계의 일부)에 더욱 잘 연결이 된다.

2. **일관성.** 시간이 흐르고 공간이 확대됨에 따라 브랜딩 활동이 더욱 잘 조직화 될수록 그 브랜드가 선택될 가능성이 더 커진다. 일관성 있는 브랜딩은 동일한 메시지를 수년 간 모든 고객 접점을 통해 반복하는 것을 의미한다. 이렇게 하면 뇌가 브랜드를 검색하는 것이 더 쉬워져 다른 브랜드와의 경쟁에서 승리할 수 있게 만들어준다.

3. **참여.** 고객들을 위해 구축된 브랜딩 환경이 더욱 인터렉티브 할수록 그 브랜드가 뇌의 알고리즘에 의해 선택될 가능성이 커진다. 뇌는 인터렉티

브 한 환경에 대응하여 다수의 새로운 세포 연결을 형성하며 브랜드에 대한 기억 용이성을 향상시킨다.

한 예로, 쟈코 발피스는 아디다스*Adidas* 브랜드가 오랫동안 집행한 캠페인인 '불가능, 그것은 아무것도 아니다*Impossible is nothing*'는 어떻게 이 모든 요소들이 결합하여 나이키*Nike*와 같은 경쟁 브랜드를 제쳐두고 많은 고객들이 선택한 이례적으로 매력적이고 성공적인 브랜드가 되었는지를 실증적으로 보여준다. 그는 또 이러한 요소들이 어떻게 많은 덫을 피하도록 해주었는지도 설명한다. 독특한 관련성은 '정체성 상실의 덫*identity loss trap*'을 피하게 하고, 일관성은 '진정성의 덫*authenticity trap*'을 피하게 해주며, 참여는 '브랜드 희석의 덫*brand dilution trap*'을 피하게 해준다.

결론: 비의식적인 고객 마인드의 관리

우리는 더 향상된 고객 경험 브랜드를 만들기 위해 신경학 연구 및 현대의 최신 심리학이 무엇을 할 수 있는지 이제 막 파악하기 시작했다. 뇌에 대한 관심, 그리고 여러 가지 브랜드 옵션에 대한 의사 결정을 내리는데 있어 사람들이 자신의 뇌를 어떻게 사용하는지에 대해 관심을 가지는 것이 새로운 일은 아니다. 이는 표면적으로 드러난 것을 뛰어넘어 사람들의 머리 속으로 더 깊이 들어가 선호와 브랜드 선택에 대한 비밀을 밝히고자 하는 모든 마케터들에게는 언제나 매우 매력적인 목표가 되어 왔음이 분명하다.

새로운 테크놀로지는 뇌에서 일어나는 프로세스에 대한 일종의 지도를 제공하였으므로 이러한 지식을 오늘날 브랜드 빌더들이 사용하는 도구로 바꿀 수 있다. 이 새로운 도구함을 사용함으로써 세부사항에 의해서가 아니라 패턴에 의해서 자극을 받는, 지배적이고 비의식적인 뇌에 집중하는 능력에 접근할 수 있다. 우리는 뇌가 항상 새롭고 예상치 못한 것을 찾고 있다는 사실을 알고 있다. 즉 뇌는 열망을 충족시켜주는 놀라움과 브랜드를 다른 경쟁사들보다 눈에 띄게 만들어주는 놀라움을 창조하는 데 사용할 수 있는 도구를 항상 찾고 있다는 지식을 가지고 있는 것이다. 스티브 잡스와 같은 혁신가들을 연구하여 새로운 방법으로 문제(또는 가능성)를 재구성함으로써 사람들의 마음을 변화시키는 데 '현실왜곡장'이 발휘하는 강력한 힘을 볼 수 있다.

노벨 수상자들은 우리에게 사람들의 의사 결정에서 어떻게 초기 정보를 획득하는 기회를 정신적인 닻으로 사용하는지 보여주었다. 우리는 우리의 전신, 그리고 지성과 가장 관련이 없는 뇌의 영역(변연계)이 어떻게 지적 영역(신피질)에 비해 의사 결정에서 더 중요한 역할을 하는지를 알고 있다. 그리고 거울 뉴런이 어떻게 단 하나의 커뮤니케이션 단어도 사용하지 않고도 다른 사람들의 마음을 읽거나 감정을 바꾸거나 혹은 새로운 행동을 도입하는지, 특히 관여, 참여, 증가하는 시각적 소셜 네트워킹의 영역에서 어떻게 작동하는지도 알고 있다. 이러한 뇌에 대한 새로운 지식은 우리가 다른 방식으로 일을 해야 하는 이유를 보여준다.

그러나 최근까지도 일반적인 접근 방법은 상당히 이성적인 수준에 머무르고 있었고, 소비자들은 의식적이고 의도적으로 의사 결정을 내리고 브랜드를 선택한다는 생각에 바탕을 두고 있었다. 브랜드 제품을 선택할 때는 그 제품의 관계적, 자아적, 정신적 차원보다는 기능에 더 바탕을 두고 선택이 이루어진다고 추측되었다. 이제 우리는 제품의 기능은 브랜드의 관계적, 자아적, 정신적 차원보다 덜 중요하다는 것을 알고 있다. 이렇게 함으로써 소비자의 의사 결정은 이성적이고 브랜딩은 광고와 다름없다는 생각에서 벗어날 수 있었다.

5장

컨텍스트 혁신
고객과 사용자들의 마음을 읽음으로써 놀라움을 주기

고프로GoPro의 예는 매우 흥미롭다. 고프로는 맨 처음부터 진정으로 놀라움을 주는 브랜드다. 모든 사람들이 좋은 카메라 기능을 갖춘 스마트폰을 가지고 있고 보통은 집에도 카메라 한 대씩은 갖추고 있는 지금과 같은 세상에서 어떻게 수십억 원 규모의 카메라 시장을 만들 수 있겠는가? 그러나 닉 우드만Nick Woodman은 성공했다. 2002년에 비즈니스를 시작한 그는 폭스바겐 버스에서 숙박을 해결해 가며 35mm 필름 카메라를 판매하고 다닌 결과 고프로는 미국에서 가장 고속으로 성장하는 선두적인 기업이 되었다.

그는 이제 수십억 달러의 자산가가 되었지만 2001년에 그의 초기 아이디어는 서퍼들이 손목에 카메라를 묶을 때 사용하는 단순한 손목 끈이었다. 호주와 인도네시아로 떠난 서핑 여행에서 첫 번째 임시 모델을 테스트 한 후 우드만은 거치대와 스트랩을 하나로 묶은 카메라를 개발해야 한다는 것을 깨달았다.

그로부터 10년이 흘러 고프로의 POV*point-of-view* 카메라는 이제 시장에서 가장 잘 팔리고 있다. 35m였던 첫 번째 버전과는 다르게 고프로의 후반 제품은 액션 스포츠 사진을 포착하는 데 표준이 된 고화질 파노라마 비디오를 촬영할 수 있다. 스키, 스노우보드, 다이빙, 비행 등 익스트림 스포츠를 열광적으로 즐기는 사람들 중 고프로로 사진을 찍지 않는 사람이 드물 정도다. 2012년 상반기 고프로는 미국의 모든 디지털 캠코더 출하량의 21.5%를 차지했고 포켓 캠코더 시장의 3분의 1을 점유했다.

이 기업은 지속적인 고객 기반의 테크놀로지 기술 개발은 물론 컨텍스트 기반의 마케팅과 소셜 미디어 전략을 공격적으로 펼치고 있다. 고프로는 시대를 잘 만난 것이기도 했다. 고프로는 스마트폰이 전통적인 디지털 카메라를 대체하고 캠코더가 한물 간 아이템이 되고 있을 때 등장해 타이밍을 잘 만난 것이다.

〈포브스_Forbes_〉와의 인터뷰에서 우드만은 '소비자들은 컴팩트 카메라, 즉 소형 카메라를 사는 데 더 이상 돈을 쓰지 않는다. 이미 스마트폰의 형태로 가지고 있기 때문이다. 그래서 소비자들은 고프로와 같은 것을 구매할 수 있는 가처분 소득을 가지고 있다. 스마트폰과는 아주 차별화된 카메라다.'라고 지적한 바 있다.

회의론자들은 스마트폰이 고프로의 영역과 관련이 있을지 혹은 없을지에 대해 확신하지 못하지만, 우드만은 이 두 개의 기기는 공존한다고 말하고 있으며 특히 그의 회사는 와이파이 시설과 스마트폰 애플리케이션 관련 시설을 증축하고 있다. 우드만의 비전은 '사람들이 매력적이고 몰입할 수 있는 방식으로 삶의 의미 있는 경험들을 포착할 수 있도록 돕는' 솔루션을 구축하는 것이다.

오늘날 아이폰 사용자들이 어떤 상황에서나 셀카나 사진을 찍는 것을 자연스럽게 생각한다는 사실은 우드만이 옳을 가능성을 강화해주고 있다. 고프로는 아이폰에 피해를 주지 않고도 이렇게 사람들이 사진을 찍을 수 있는 상황을 그야말로 확장시켜주고 있다. 고프로는 또한 컬트적인 아이템이 되어 모험가들에게는 필수 아이템이 되었다. 고프로는 대단히 놀라워 하면서도 자신들은 엄두조차 못 내며 그저 감탄만 할 뿐인 동료나 친구들과 흥분을 공유하는 방법이기도 하다.

고프로는 아마도 전 세계의 카메라 사용자들을 지속적으로 놀라게 할 것으로 보인다. 브랜드가 이렇게 하는 것은 우량 사용자들의 경험과 컨텍스트 관련성에 크게 달려있다. 고프로는 전형적인 아웃사이드-인 outside-in, 즉 외부에서 내부로 영향을 주는 유형의 브랜딩이다. 고프로는 특정 카테고리의 사용자들, 즉 서퍼들의 니즈에서 시작하여 스카이다이빙, 비행, 골프, 하이킹, 스노클링, 스키, 사냥, 레이싱, 레프팅 등 모든 종류의 아웃도어 활동을 즐기는 사람들을 위한 일상적 경험으로 마무리 된다. 히어로hero라는 단어는 고프로 제품들 중 하나의 이름이 되면서 새로운 의미를 부여 받았다. 우리를 영웅처럼 느끼게 만들어 주는 모든 활동은 이제 사진으로 포착될 수 있다. 이 모든 영웅들은 인터넷에 자신들의 사진과 비디오를 올리며 참여한다.

브랜드가 할 수 있는 최상의 마케팅이다.

그리고 이 점이 고프로의 가장 차별화된 속성이다. 고객들과 사용자들의 참여는 브랜드를 강화하고 마케팅의 대부분을 한다. 고프로는 브랜드를 만들고 발전시키는 데 고객들의 관여를 이용했다.

브랜드 컨텍스트 혁신

2007년에 시장에 등장한 아이폰은 스마트폰 카테고리의 게임체인저 *game changer* 가 되었다. 그러나 아이폰은 일반적으로 하는 것처럼 아무것도 없는 데서 테크놀로지를 발명한 기업은 아니었다. 터치스크린 테크놀로지는 이미 존재하고 있었지만 제대로 사용되고 있지는 않았다. 기존에 존재하는 테크놀로지를 더 뛰어나고 더 재미있으며, 경험 지향적이고 즐거운 방식으로 활용함으로써 아이폰은 소비자들의 마음 속에 이미 존재하는 무언가를 포착했다. 아이폰은 이미 마음 속으로 그려지고 예견되었던 어떤 것을 실현시켰다. 즉 다양한 기능에 사용되는 더 큰 액정화면 위로 손가락을 움직이며 직접적으로 기능을 제어하는 기능 뿐만 아니라 이미지와 콘텐츠를 더 크고 더 선명하고 사용을 더욱 유연하게 만들어주는 방식으로 보여주는 기능을 실현시켰다.

아이폰은 그 자체의 컨텍스트도 독특하지만, 한편으로는 한 브랜드와 그 브랜드의 제품들이 사용자들의 컨텍스트를 완벽하게 이해할 때 달성하게 되는 성공을 보여주는 많은 사례들 중 하나일 뿐이다.

나는 이를 '브랜드 컨텍스트 혁신'이라고 부른다. 여기서 혁신 프로세스는 기업가들이 모든 가능한 니즈에 대한 상상을 하면서 무언가를 발명하고 그 다음에 사람들이 이를 좋아하고 구매하도록 하는 데서 시작하지 않는다. 이와는 반대로 컨텍스트 혁신은 고전적인 브랜딩과 혁신에 대한 연구에서 시작된다. 즉 한 무리의 사용자들이 가진 진정한 니즈와 엄청난 열정을 찾는 것에서부터 시작한다. 이 사용자들에게 잘 맞는 것은 나중에 다른 삶을 살지만 유사한 컨텍스트를 가진 다른 그룹의 사람들에게도 잘 맞는 것으로 판명이 난다.

이러한 이유로 나는 크라우드펀딩을 좋아한다. 크라우
드펀딩은 열정적인 사람들, 즉 구매하는 데 그치는 정
도가 아니라 기꺼이 투자까지도 할 정도로 무언가를
좋아하는 사람들을 대상으로 하는 궁극의 제품 테스
트다.

제품보다 컨텍스트가 먼저다

앞서 말했듯이, 수년 간 나는 이와 반대로 가르치고 실
천했다. 즉 제품 아이디어나 서비스 콘셉트를 포함한
경영전략이 먼저고 브랜드 전략이 이를 뒤따른다고 생
각했다. 과거에 나는 브랜드 전략을 하위 지원 전략으
로 여겼지만 나중에서야 내가 브랜드 전략을 전통적
이고 마케팅 중심적인 방식으로 보고 있었다는 사실
을 깨달았다. 즉 브랜드의 역할이 단순히 제품을 포장
하고 판매하는 방법이라고 생각해왔던 것이다. 이는
순전히 트랜잭션 브랜딩으로 여기서는 가치 제안*value
proposition*과 브랜드 스토리가 브랜드 전략에 포함된다.

그러나 실제로 이 모든 것은, 브랜딩과 브랜드는 사실상 경영전략이며 혁신을 위한 열쇠가 된다는 나의 경험 및 깨달음에 완전히 배치되는 것이었다.

내가 마침내 정신을 차리고 나의 수사를 바꾼 이유는 계획하지 않은 어떤 것에 말려들거나 혹은 운 좋게도 다른 것에서 성공을 발견하는 벤처기업들을 너무나도 많이 보아왔기 (또한 관여해왔기) 때문이다. 그러나 대부분의 경우 이들은 전혀 성공하지 못했다. 대신 그들의 모험은 혁신이라는 레이다 망에서 사라져 완전히, 그리고 조용히 실패했다. 물론 벤처기업들이 실패를 한 데는 많은 이유가 있지만 잠재 사용자나 고객들의 진짜, 그리고 이들과 관련 있는 니즈를 다루지 않은 것은 틀림없이 핵심적인 이유가 된다. 뭔가가 잘 팔리면 비즈니스의 많은 다른 문제들은 고치기가 훨씬 더 쉬워진다.

이러한 통찰력은 관계 브랜드를 구축하고 인터넷의 발전에 따른 브랜딩의 본질의 극적인 변화를 파악하며 보낸 수년 간의 경험에 근거를 두고 있다. 나는 많은 브랜드들이 그들의 설립자가 계획하고 사용자들에게 밀어붙인 것을 통해서가 아니라, 새로운 방향으로 전환하여 사람들의 삶과 마음 속에 있는 실질적인 니즈에 도움을 줌으로써 성공하는 것을 보아왔다. 원래의 아이디어로부터 멀어진 이러한 예상치 못한, 그리고 색다른 전환을 통해 브랜드는 크게 성공할 수 있다.

이 모든 것은, 브랜딩에 대한 한물 간 관점에 더 이상 동의하는 척 할 수 없으며 이러한 새로운 관계 주도의 세계에서 성공할 수 있는 것을 지지해야 한다고 느끼게 된 깨달음의 순간으로 나를 인도했다. 대세에 대항하는 것이 아니라 이를 따라야 했다. 나는 그저 틀을 깨어야만 했다.

사람들의 마음 속에 우선 들어가는 것이
왜 필수적인가?

나는 모든 것이 사람들을 괴롭히고 짜증나게 하는 것에서부터 시작해야 한다는 것을 깨달았다. 다시 말해 이는 바뀌어야 하는 것들, 주의를 기울이기를 기다리고 있는 것들이다. 그리고 지켜지지 않으면 잃게 되는 것들이기도 하다. 새롭거나 색다른 것이 되기 위해 개선되어야 하는 것들이기도 하다. 때때로 이러한 변화, 재발명, 개선, 보존 등은 이미 바뀐 삶의 다른 부분에 속하는 무언가에 의해 자극을 받는다. 주의를 기울여야 하는 이슈가 있지만 어느 누구도 주의를 기울인 적이 없을 때, 우리는 브랜드 컨텍스트 혁신이 주는 엄청난 놀라움의 효과_surprise effect_를 누리게 되고 모든 사람들의 마음 속에는 왜 이것이 이전에는 되지 않았는가 하는 질문이 생긴다.

때로는 테크놀로지가 없었기 때문에 이러한 변화가 일어나지 않았을 수도 있다. 테크놀로지는 일반적으로 대대적인 변화의 동력이 된다. 직접적으로나 간접적으로 테크놀로지는 항상 문화와 행동을 바꾸고 있고 이러한 사회적, 문화적 변화는 우리 삶에서 또 다른 변화를 일으킨다.   디지털 테크놀로지와 인터넷은 현대의 삶에서 너무나 많은 변화를 일으켜 이제는 과장할 필요도 없이 이러한 전반적인 변화에 대해 이야기할 수 있을 정도다. 테크놀로지는 우리의 행동과 사람들과의 관계를 바꾸어 왔고 이는 다시 모든 삶과 비즈니스 컨텍스트에서 극적으로 변화를 주도하고 있다.

우리가 어떤 한 제품이나 서비스, 아이디어, 경험 등을 인지하거나 혹은 인지한 다른 어떤 것과 유사하다고 느끼고 이에 대해 긍정적인 경험을 가지고 있다면, 그것을 골라 구매하고 사용할 가능성이 높다. 이와 마찬가지로 중요한 것은 생활에서 발생하는 짜증에 대한 솔루션을 인지하는 것이다. 우리는 테스트조차 하지 않고 이러한 솔루션을 구매할 가능성이 매우 크다. 문제가 끝내는 고쳐질 수 있는 것처럼 보인다면 때로는 단순히 문제에 공감하는 것만으로도 충분히 강력한 영향을 발휘할 수 있다.

전통적인 혁신 시스템

전통적으로 우리의 초점과 신념 시스템은 놀라운 방식으로 혁신을 촉진시켰다. 테크놀로지에 영감을 받은 기업가의 아이디어로 주도된 혁신은, 고객 경험, 니즈, 선호, 열망, 아이디어 등에 대한 진지한 연구가 진행되기 훨씬 이전에 성공으로 인식될 수 있다.

고객의 니즈에 대한, 그리고 고객들의 세계와 컨텍스트를 이해하는 것에 대한 존중의 부재는, 왜 그토록 많은 잠재력이 있는 벤처기업들이 실패를 했는지, 왜 그렇게 많은 돈과 인간의 에너지가 낭비되었는지를 설명해준다. 시카르 고쉬*Shikhar Ghosh*의 최근 연구는 벤처 투자를 받은 스타트업 기업의 넷 중 하나만이 벤처 투자가들의 투자금에 대한 수익을 제공하는 데 성공한다는 사실을 보여준다. 실제로 고쉬의 연구에 따르면, 실패에 대한 정의를 구체화된 매출 증가율에 이르는 데 실패하는 것으로까지 확장하면 실패율은 모든 스타트업 기업들의 95% 이상으로 올라간다.

브랜드 컨텍스트 혁신을 전개하는 법

어떤 제품이나 서비스 카테고리에서 파괴자나 게임체인저를 만드는 나의 접근법은 실제 사용자 컨텍스트context, 맥락에서 기존 사용자들의 니즈에 맞춘 제품을 개발하는 데 집중하는 것이다.

디지털 태블릿 기기 시장에서 혁신적인 새로운 컨텍스트 브랜드를 구축하는 법에 대한 사례를 하나 살펴보도록 하자.

1. 색다른 사용자 컨텍스트를 발견하라. 우선 이미 존재하는 색다른 사용자 컨텍스트를 찾고 이를 탐구하며 그것과의 관계를 구축해야 한다. 디지털 태블릿 기기의 예에서 우리는 이미 전문직종이나 소비자들을 위한 몇몇 전형적인 컨텍스트를 알고 있다. 그리고 파일럿과 같은 다른 직업군에서의 사용 니즈도 알고 있다. 책상에 앉아서 할 필요없이 이동 중에도 수속을 밟거나 주문을 하는 것과 같은 서비스 영역에서의 니즈도 알

고 있다. 또한 많은 소비자들이 자신들의 집에서 다양한 기능을 제어하기 위해 태블릿이나 아이패드iPad를 사용하는 것을 알고 있다. 많은 브랜드들이 이 영역에서 성공해 왔다. 홈 오토메이션 시스템을 만드는 소노스Sonos나 네스트Nest라는 브랜드를 떠올릴 수 있다. 따라서 우리는 지속적으로 주위를 살펴보고 기존의 사용자 컨텍스트를 알고 있어야 한다.

2. 사용자들의 마음에 다가가야 한다. 다음 단계는 흥미로울지도 모르는 사용자 컨텍스트를 대표하는 개인들을 만나고, 미약한 신호를 검색하고, 사용자 패턴이나 클러스터, 통찰력을 찾기 위해 패턴 인식을 사용하는 단계다. 그런 다음 우리는 태블릿에 적용할 수 있는 몇 가지 승산 있는 컨텍스트 콘셉트를 만들어내는 데 도움을 얻고자 이러한 통찰력을 사용한다. 여기서 우리는 인터뷰한 사람들을 살펴보고 조사하고자 하는 컨텍스트 공간으로 가볍게 유도하는 법을 포함한, 인

류학적/민족지학적 연구 접근법을 사용한다. 그들의 자유 연상*free association*에 세심한 주의를 기울이고 아직 발견되지 않은 근원적인 니즈의 발견에 이를 수 있는 모든 미미한 신호들을 들을 수 있어야 한다. 우리는 경쟁자들이 아직 의식적으로는 접근하지 못한, 사용자들의 마음 속에 있는 사실들을 찾고 있다. 아직 공개적으로 표현되지 않은 니즈에 대한 표출을 바라고 있는 것이다.

3. 제품이나 서비스를 디자인하라. 이제 우리는 기존의 태블릿 디자인 테크놀로지를 기존에 정의된 상세한 사용자 컨텍스트와 연결시키고 가상 단계의 새로운 태블릿 버전을 만들어야 한다. 다음 과정은 당연히 프로토타입을 만들고 제품명, 물리적 디자인 및 UX(사용자 경험) 디자인을 포함, 선택된 태블릿 사용자 컨텍스트에 대한 브랜딩을 창조하는 것이다. 마지막으로 사용자들에게 돌아가 그들에게 콘셉트를 테스트 하고 필요하다면 수정을 하는 단계를 거친다.

이 과정은 물론 고프로와 같은 성공적인 테크놀로지 기업들의 예를 따른 것이다. 즉 해당 제품이 다양한 방식으로 사용되는 컨텍스트를 찾고, 구체적인 라이프스타일이나 사용자들의 상황들과 결합된 다양한 문제들을 해결하고 다양한 니즈를 충족시키는 것이다. 고프로에 대한 사례 연구에서 보면, 서핑, 스카이 다이빙, 비행, 스키, 스쿠버 다이빙, 보트 등을 위해 보호 HD 카메라는 새로운 비즈니스와 새로운 브랜드를 만들었다.

앞의 태블릿 사례에 적용해보면, 이는 유사한 것일 수도 있지만 또한 다른 종류의 맞춤 애플리케이션 상의 매우 차별화된 UX일 수도 있고, 물리적인 어떤 것과 가상의 어떤 것을 조합한 것일 수도 있다. 후자는 패럿Parrot의 Bepop AR 드론 3.0의 접근법으로, 이 드론은 다른 제품과 접속되고 기능성을 갖춘 특수 핸들에 태블릿을 붙인 제품, 즉 드론 그 자체로 기능하기도 하고 오큘러스 리프트 3DOcculus Rift 3D 헤드셋이 되기도 하는 제품이다.

여기에는 또 HD 카메라와 확장된 운행 거리를 가

진 쿼드콥터 드론을 위한 최신의 첨단 스페셜 애플리케이션도 포함된다.

이러한 사례들은 브랜드 컨텍스트 혁신을 만드는 것에 따른 난관을 직시하고 받아들이는 데 필요한 체계를 보여준다.

결론: 컨텍스트 혁신과 프레이밍을 도구로 사용하는 것은 성공적인 고객 경험 브랜드의 열쇠가 된다

고객 경험 브랜딩에 영향을 미친 정말로 강력한 혁신들 중 대부분은 프레이밍*framing*을 도구로 사용하여 만들어진 컨텍스트 혁신으로 시작됐다. 전통적인 사고 패턴을 파괴하고 새로운 프레이밍을 도입함으로써 이를 또 브랜딩 혁신에 적용하는 것은 놀라울 정도로 성공적일 수 있다.

문제를 리프레이밍*re-framing*하는 것은 노력과 관심, 실천을 요하지만 이는 우리로 하여금 새로운 견해로 자신을 둘러싼 세계를 볼 수 있도록 해준다. 다른 사람들의 관점으로 우리의 세계를 바라보고 '왜'로 시작하는 질문을 제기해 봄으로써 관점을 바꾸며 물리적으로 혹은 정신적으로 리프레이밍을 연습할 수 있다. 이러한 접근법들을 다 같이 사용하면 직면한 브랜딩과 관련한 도전에 대해 상상력이 풍부하고 창의적이며 혁신적인 대응법을 만들어내는 능력을 향상시킬 수 있다.

6장

4차원 브랜딩

예상치 못한 것을 위해
브랜드 마인드 스페이스
잡아 늘여보기

나는 2000년에 처음으로 4차원4D 브랜딩에 대한 아이디어를 개발했는데, 이는《비즈니스 DNA의 발견, 4D 브랜딩4D Branding: Cracking the corporate code of the network society》이라는 책의 저술로 이어졌다. 나의 목적은 네트워크로 작동되는 이 새로운 패러다임에서 성공적으로 브랜딩을 차별화하는 것은 더 이상 단순한 기능적 차원의 문제가 아니라는 것을 보여주는 것이었다. 기능적인 차원은 제품이나 서비스, 그리고 품질, 성능, 디자인, 포장, 재료, 제조 기술 및 기법 등에 집중하는 것이다. 4D 브랜딩도 이러한 차원을 포함하지만 초점은 다른 세 가지 브랜드 차원, 즉 자아적, 관계적, 정신적 차원에 더욱 더 맞추어져 있다.

관계적 차원*social dimension*은 브랜드를 관계적 컨텍스트에 둔다. 이는 지위와 이름을 거론하는 것 등을 포함한 정체성을 나타내는 한 방법이 되는 브랜드를 사회적 그룹에 통합시키는 것이다. 자아적 차원*mental dimension*은 브랜드에 대한 개별화된 해석을 이용한다. 브랜드는 항상 개인들에 의해 해석될 것이며 각 개인들은 브랜드에 각자의 해석과 의미를 부여할 것이다. 나이키*Nike*의 '져스트 두 잇*Just do it*'은 각 개인들에게 각기 다른 개인적인 의미를 가지고 있다.

마지막으로 정신적 차원*spiritual dimension*은 전체적인 상황을 다룬다. 이는 종교와는 별 관련이 없으며 브랜드나 그 브랜드의 제품 혹은 서비스가 사회나 환경, 기후, 인간 개발에 미치는 영향과 관련이 있다. 세계적으로 중대한 주제들에 긍정적으로 참여하고 이에 기여하는 것은 인류에 관한 이슈로, 기업 차원에서는 기업의 사회적 책임*corporate social responsibility(CSR)*이라 불리는 것을 하는 것이 대단히 중요해졌다. 요컨대, 정신적인 차원은 목적과 의미를 다룬다.

브랜드 마인드 스페이스

성공적인 브랜드들이 이 네 가지 차원을 모두 사용함으로써 스스로를 어떻게 차별화 시켜왔는지를 보려면 이 모델(표 6.1)을 활용하면 된다. 이 네 차원들은 내가 브랜드 마인드 스페이스*brand mind space*라고 부르는 것, 즉 브랜드가 사람들의 머리 속에서 차지하는 공간을 '잡아 늘여준다'. 나는 이러한 브랜드 마인드 스페이스

표 6.1 4D 브랜드 마인드 스페이스 모델

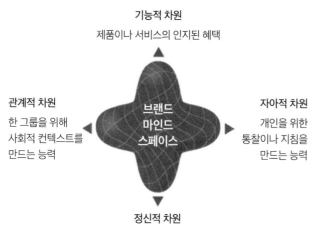

기능적 차원
제품이나 서비스의 인지된 혜택

브랜드 마인드 스페이스

관계적 차원
한 그룹을 위해
사회적 컨텍스트를
만드는 능력

자아적 차원
개인을 위한
통찰이나 지침을
만드는 능력

정신적 차원
자신이 속한 산업이나 사회에서 더욱 숭고한 목적이나 의미를
가지는 것에 대한 자각: 사람들과 우리 행성을 위한 삶의 질의 향상

를 아이들이 가지고 노는 끈적이로 시각화해보았다. 끈적이는 우리가 원하는 만큼 늘일 수 있는데 손에서 놓으면 원래의 사이즈와 형태로 오그라든다. 나는 브랜드도 같은 방식으로 본다. 브랜드가 사람들의 머릿속에서 공간을 차지하게 하려면 네 가지 차원으로 브랜드를 잡아 늘여 보아야 한다.

이러한 네 가지 차원을 더욱 심도 있게 살펴보고 브랜딩 발전이라는 컨텍스트에 넣어보자. 역사적으로 브랜딩을 하는 핵심적인 이유는 제품을 판매하기 위한 수요를 창출하는 것이므로 이러한 유형의 브랜딩은 항상 제품의 독특한 혜택, 소위 USP*unique selling proposition*를 홍보하는 것이었다.

1961년 로서 리브스*Rosser Reeves*는 《광고의 실체*Reality in Advertising*》에서 아래와 같이 진술했다.

1. 모든 광고는 소비자에게 반드시 제안*proposition*을 제시해야 한다. 단순한 단어나 제품에 대한 과대선전, 진열대 광고가 아니다. 모든 광고는 모든 독자들에게 '이 제품을 구매하세요. 그러면 이와

같은 구체적인 혜택을 얻으실 수 있습니다'라고 말해야 한다.

2. 제안은 경쟁자가 제공할 수 없거나 제공하지 않는 것이어야 한다. 제안은 독특해야 한다. 이는 브랜드의 독특성일 수도 있고 다른 특정 분야의 광고에서 사용되지 않는 주장일 수도 있다.

3. 제안은 수많은 대중을 움직일 수 있을 정도로, 즉 우리 제품으로 신규 고객을 끌어들일 수 있을 정도로 강력해야 한다.

이는 내가 브랜드의 기능적 차원 또는 제품 차원이라고 부른 바로 그것이다. 하나의 제품이 정말로 색다르고 더 나으면 USP를 강조하는 것이 매우 주효하다. 그러나 제품이 독특하게 다르다는 것을 파악하기가 어려운 오늘날 우리는 확실히 다른 브랜딩 아이디어가 필요하다. 유사성의 딜레마는 첼 노드스트롬*Kjell Nordström*과 요나스 리더스틸러*Jonas Ridderstråle*의 저서 《펑키 비즈니스*Funky Business*》에 다음과 같이 잘 묘사되어 있다.

'과잉 사회는 유사한 교육 배경을 가진 유사한 사람들이 유사한 직종에서 일하며 유사한 아이디어를 내놓고 유사한 가격, 품질, 보증의 유사한 것을 제작하는 유사한 기업들이 넘쳐나는 사회다.'

이에 맞서려면 무언가를 해야 했다. 일찍이 1955년에 급진적인 아이디어를 가지고 있었던 현대 광고의 조상인 데이비드 오길비David Ogilvy는 브랜드 이미지라는 개념을 도입했다. 그는 '모든 광고는 복잡한 상징, 즉 브랜드 이미지에 대한 생각을 표현하는 것으로 고려되어야 한다'고 믿었다.

그러므로 나는 4D 브랜딩 모델에서 이러한 유형의 브랜드 구축을 관계적 차원이라고 부른다. 이는 상당 부분 관계적 브랜드 이미지, 즉 비슷한 생각을 가진 사람들로 구성되어 있는 그룹 내에서의 브랜드를 인식하는 것에 관한 문제다. 이 차원에서는 지위status와 이미지image가 핵심 동인이 된다.

관계적 차원과 반대 혹은 보완되는 것이 자아적 차원 또는 개인적 차원이다. 이는 브랜드와 개인의 관계를 말한다. 이는 모든 브랜드는 개별적으로 인식되고 따라서 서로 다른 두 명의 개인들에게 절대 같은 것으로 인식되지 않는다는 사실을 활용한다. 사회는 다양한 방식으로 점점 더 개인화되고 있기에 개인화된 퍼스널 브랜드 인지를 구축하는 것이 점점 더 중요해지고 있다. 특히 관계 브랜드가 고객들과 더욱 친밀해짐에 따라 브랜드 내에서 개별 반응 메커니즘은 전에 없이 더욱 중요해지고 있다. 이는 다른 장에서 더욱 심도 있게 살펴볼 것이다.

4D 브랜딩 모델의 마지막 차원은 정신적 차원 또는 의미 차원이다. 이 차원은 최대 잠재력을 발휘하기 위해 오늘날의 관계 브랜드가 반드시 충족시켜야 하는 또 다른 중요한 니즈를 다룬다. 이를 통해 브랜드는 단순히 좋은 품질의 기능적 제품이나 서비스를 제공하는 것을 넘어서 사람들에게 중요한 문제들과 관계를 맺고 이러한 관계에 연료를 공급한다. 브랜드를 전체적인 상황에 대입해 보고 마케팅을 세상을 더 나은 곳으로 바꾸기 바꾸는 데 이용하는 것이 중요하다. 오늘날 이러한 책임은 모든 기업에게 매우 큰 의미를 지닌다.

오늘날, 이러한 '전체적인 상황'에는 긴급을 요하는

세계적인 도전 과제들, 즉 기후 변화, 환경 이슈, 불평등과 빈곤, 심각한 질병HIV/에이즈, 콜레라, 말라리아, 암, 비윤리적인 생산과 무역, 폭력, 테러 등이 포함된다. 나는 이를 지속가능성 브랜딩sustainability이라고 부르는 것을 선호하는데, 어쩌면 이는 존 그랜트John Grant가 자신의 책,《그린 마케팅 매니페스토The Green Marketing Manifesto》(2007)에서 쓴 바와 같이 그저 '빙산의 일각'일지도 모른다.

우리는 그저 빙산의 꼭대기에 있을 수도 있지만 우리가 하는 일은 너무나 눈에 띄기 때문에 중요하다. 우리는 기업과 정부가 하는 업무의 무대 뒤에서 진행되는 모든 것이 사람들의 삶에 노출되는 시대에 살고 있다. 우리는 책임을 기업 운영의 일부로 삼은 대기업들이, 제품과 서비스 개발자들이, 문화 변화 캠페인이, 새로운 비즈니스(그리고 비영리 조직) 모델이 번창하는지를 설명해주는 이유의 일부다. 우리는 대중의 열광을 부채질 할 수 있다. 그래서 더 많은 기업들과 정치가들이 이 공간으로 급히 진입하는 것이다. 이는 그저 좋은 일이기 때문만은 아니다. 현명한 일이기도 하기 때문이다.

위와 같이 서술된 주장과 맥락을 나란히 하는 정치적 정당성political correctness은 브랜딩 관점에서는 관심을 약간 상실했다. 근본적으로 브랜드는 경쟁자들로부터 스스로를 차별화 시켜야 한다. 그러나 정신적 차원에 대한 초기의 설명이 거의 모든 사람들에게 받아들여짐에 따라 지구상의 더 나은 삶에 대한 필요성과 관련한 논란은 더 이상 제기되지 않는다. (그 결과 잠재적인 차별화 요소도 되지 않는다) 환경 보호, 기후 변화에 대한 책임, 윤리적이고 책임 있는 행동, 빈곤 타파, 세계적인 큰 질병 등은 우리 모두가 원하는 것이며, 정부가 선두적인 역할을 한다고 하더라도 모든 기업들은 이러한 문제들을 해결하는 데 기여해야 한다.

대신, 브랜드를 차별화하고 개인들의 진정한 관심사에 더 가까이 다가가기 위해 정신적인 차원을 구축할 수 있는 다른 종류의 아이디어들도 필요로 한다. 이러한 이슈들은 더욱 더 개인적, 정서적, 심리적이다. 이는 더욱 살기 좋은 더 나은 세계를 만들기 위해 반드시 다루어야 하는 일반적인 인간사의 이슈들이다. 이는 근본적으로 더 나은 그리고 '더 심오한' 삶의 질에 관한 문제가 된다.

세상을 변화시킨다는 주제는 매우 평범한 것이 되었다. 그리고 이는 대부분의 기업가들을 움직이는 원동력이다. 이러한 목표는 기업들의 초기 벤처 정신을 추진시킬 뿐만 아니라 기업가들이 성공하고 부유하게 되었을 때도 '세계를 바르게 고치는' 문제에 지속적으로 매우 집중하는 경향을 보이게 만든다. 잘못된 것을 고치고 더 나은 것을 만드는 데 있어 그들의 기업가적이고 실천적인 접근 방식은 묵은 문제에 대해 새로운 테크놀로지와 새로운 접근법을 적용하는 것이다.

이렇게 인터렉티브 하고 투명한 디지털 시대에 기업들은 이 네 가지 차원으로 브랜딩을 고려함으로써 비즈니스 아이디어와 계획을 표출할 수 있는 엄청난 잠재력을 가지게 된다. 브랜드 마인드 스페이스를 잡아 늘여봄으로써 우리는 브랜드에 다차원적인 접근을 적용하고 이를 통해 경쟁자에 비교하여 자신을 차별화할 수 있다. 사람들의 머리 속에서 더 많은 공간을 차지할 때 브랜드와 그 사람 사이의 관계는 더 강력해지고 유대는 더욱 깊어질 수 있다.

그리고 관계 브랜드에 연료를 공급하기 위해 더 많은 놀라움을 만들 수 있다.

놀라움의 발전기가 되는 4D 브랜딩

4D 브랜딩 모델과 브랜드 마인드 스페이스는 관계 브랜드를 구축하는 데 있어서뿐만 아니라 놀라움을 만들어 내는 데 있어서도 효과적이다. 4D 브랜드 마인드 스페이스는 브랜드 관계에 연료를 공급할 수 있는 놀라움을 찾을 때 이상적인 전략 도구가 된다. 비즈니스맨들이 책상에 앉아 긍정적인 놀라움을 만들기 위해 노력하는 데 있어 가장 큰 문제는 이들이 대개는 일차원적이라는 사실이다.

예를 들어, 나머지 세 가지 차원에서 놀라움을 만들 수 있는 수많은 기회가 있음에도 프로세스 간소화, 제품 개발 등 기능적 차원 안에만 머무르는 것은 매우 안타까운 일이다. 기능적 차원에서는 성공한다고 해도 이는 경쟁자들이 따라하기 가장 쉬운 차원이라는 단

점이 있다. 그러나 나머지 세 가지 차원을 들여다보고
자 노력한다면 훨씬 흥미로운 차별화 요소를 찾을 수
있다. 관계적, 자아적, 정신적 차원 안에서도 효과적인
놀라움을 창출할 수 있다면 우리는 브랜드와 고객 또
는 사용자들 사이의 브랜드 결속력을 헤아릴 수 없을
정도로 강화시킬 수 있다. 이는 다음 장에서 살펴볼 것
이다.

4D 놀라움 생성 도구

브랜딩을 개발하고 놀라움을 생성시기키 위한 체계적
인 접근법을 찾을 때, 우리의 제품이나 서비스를 특정
한 니즈를 충족시키는 데 더 잘 맞추면 맞출수록 마케
팅은 더욱 더 성공적일 수 있다는 점을 이해하는 것은
중요하다. 사람들은 자신들의 니즈와 그들의 암묵적인
기대가 충족되었다는 놀라움을 좋아한다.

　성공적인 신생 기업과 스타트업 기업들은 대체적
으로 '파괴적disruptive'으로 인식되는데 파괴의 메커니즘

은 기대에 이의를 제기하기 위해 존재한다. 우선 고객들의 기존 니즈, 그리고 이와 연결된 기대에 대해 확실히 알고 있어야 한다. 그런 다음 파괴라는 인식이 생길 수 있을 정도로 충분히 이러한 기대에 대한 이의가 제기 되어야 한다. 이는 놀라움의 양, 즉 '와우wow' 효과로 측정된다.

이러한 놀라움 지수(표 6.2와 6.3)를 통해 우리는 우리의 스타트업이 사람들의 머릿속과 시장에서 성공할 수 있을 정도로 충분히 파괴적인 놀라움의 능력을 가지고 있는지 평가할 수 있다. 놀라움 지수는 또한 체계적으로 놀라움을 생성하기 위한 매우 훌륭한 도구가 되기도 한다.

4D 브랜드 마인드 스페이스는 놀라움 지수의 뼈대가 되는 것으로, 성공적인 놀라움을 개발하기 위해 브랜드 마인드 스페이스에 사용된 것과 동일한 네 가지 차원을 사용할 수 있다. 이 지수는 어느 곳에서 출발해도 상관없다. 전통적으로 대부분의 기업들은 기능적 놀라움에서 시작했다. (그리고 안타깝게도 그 자리에 머물러 있다) 이는 트랜잭션 브랜드의 세계에서 고려할 수

있었던 유일한 차원이기도 했다.

　물론 모든 브랜드들은 한 번씩 신제품을 생산할 필요가 있지만, 무엇이 제품이냐에 대해 더 광범위한 관점에서 접근하면 자극을 위해 관계적 놀라움을 살펴보는 것이 흥미롭게 다가올 수 있다. 우리는 어떻게, 그것도 놀라운 방식으로, 네트워킹 아이디어를 새로운 브랜드 제품이나 콘셉트로 소개할 수 있을 것인가? 애플Apple의 경우 과거에는 아이스토어iStore와 애플 페이Apple Pay를 통해, 그리고 현재는 애플 뮤직Apple Music을 통

표 6.2　놀라움 지수: 놀라움이 기대를 초월하도록 브랜드 마인드 스페이스 모델 활용하기

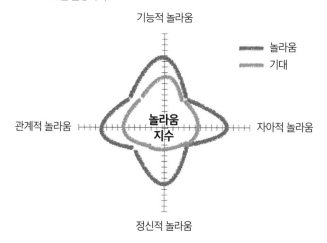

해 이를 해냈다. 우리 비즈니스 카테고리의 각기 다른 영역들을 관계적으로 연결시킴으로써 새롭고 신선하며 파괴적이고 놀라운 계획으로 느껴지는 무언가를 창출할 수 있다.

또는 자아적 놀라움을 활용하는 것은 어떤가? 여기서 이 놀라움은 브랜드에 대한 개별 고객들의 경험과 관계에 관한 것이다. 사람마다 제각기 인지하는 우버 Uber는 이에 대한 좋은 사례다. 우버는 처음에는 놀라움

표 6.3 놀라움 발전기: 놀라움 지수로 놀라움을 측정하기

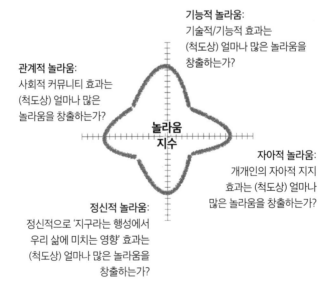

기능적 놀라움:
기술적/기능적 효과는 (척도상) 얼마나 많은 놀라움을 창출하는가?

관계적 놀라움:
사회적 커뮤니티 효과는 (척도상) 얼마나 많은 놀라움을 창출하는가?

놀라움 지수

자아적 놀라움:
개개인의 자아적 지지 효과는 (척도상) 얼마나 많은 놀라움을 창출하는가?

정신적 놀라움:
정신적으로 '지구라는 행성에서 우리 삶에 미치는 영향' 효과는 (척도상) 얼마나 많은 놀라움을 창출하는가?

을 제공하지만 나중에는 반복적으로 기쁨을 제공한다.

마지막이지만 앞에서 말한 것 못지 않게 중요한 것은, 큰 변화를 다루는 정신적 놀라움에 관한 것이다. 넓게 생각하고 삶의 질을 향상시키기 위해 노력하며, 잘못된 것을 바로잡거나 좋은 것이 사라지는 것을 방지하는 것 등이 브랜드가 속한 비즈니스나 카테고리에서 어떤 파괴적 잠재력을 지닐 것인지 한 번 생각해 보라.

결론: 놀라움을 만들기 위해
브랜드를 잡아 늘여보기

네 가지 차원으로 사람들의 머리 속을 차지하기 위해 브랜드를 잡아 늘여본다는 아이디어는 거의 물리적이고 역동적이다. 이러한 잡아 늘임은 브랜드의 생애 주기 내내 지속되는 프로세스로 각각의 차원에서 놀라움을 창출하는 과정에서 이루어질 수 있다. 놀라움 지수는 새로운 놀라움을 효과적이고 체계적으로 계획하고 지속적으로 만드는 데 활용할 수 있다.

자극을 위한 도구로 이 네 가지 차원을 활용하는 것은, 브랜드 매니저에게 변형을 위해서뿐만 아니라 브랜드의 모든 중요한 영역들을 모두 다루기 위해서도 모든 차원에서 놀라움을 창출시켜야 한다는 점을 상기시켜 준다. 놀라움 지수를 가지고 우리는 각각의 브랜드 차원에서 브랜드가 달성할 수 있는 기대 수준을 측정할 수 있고, 이러한 기대 수준과 비례한 놀라움의 효과를 만들기 위해 어떤 수준의 놀라움을 주어야 하는지도 측정할 수 있다.

7장

부활절 달걀 효과

기대했던 놀라움을 만드는 법

형형색색의 호일 포장이 된 부활절 달걀을 받을 때마다 우리는 안에 무엇이 들었는지 알고 있다. 그렇지 않은가? 그렇다고 해도 포장을 풀고 기대했던 것을 보면 여전히 놀라고 흥분한다. 크리스마스 선물이나 생일 선물도 마찬가지 효과를 가지고 있다. 포장 안에 무엇이 들어 있는지를 항상 아는 것은 아니라고 해도 말이다.

우리가 (대개는 큰 소리로 그리고 뚜렷이) 표현하는 기대에 대한 언어적 표현은 놀라움의 패턴이 정서적 관계 뇌(변연계)에 생성해 놓은 힘에 따라 다양하게 나타난다. 그러나 중요한 질문은 우리가 대체 왜 놀라느냐 하는 것이다.

어쨌거나 놀라움이란 무엇인가?

놀라움은 짧게 나타나는 정신적이고 심리적인 상태다. 이는 예기치 못한 사건에서 기인한 놀람 반응으로 설명된다. 놀라움은 상황에 따라 긍정적일 수도 있고 부정적일 수도 있고 심지어는 중립적일 수도 있다. 유쾌한 놀라움과 불쾌한 놀라움 모두 매우 가벼운 놀라움에서부터 투쟁-도피 반응에 이르기까지 강도가 다양하다. 사람들은 대개 표정이나 다음과 같은 특징을 통해 놀라움을 표현한다.

- 치켜 뜬 눈. 눈썹이 높고 둥글게 된다.
- 이마를 가로질러 수평으로 진 주름
- 휘둥그레진 눈. 대개 홍채 주변의 흰자가 드러난다.
- 동공의 확대나 수축
- 입술과 치아가 분리되고 입술 주위로 전혀 장력이 없이 딱 벌어진 입

그러나 즉흥적이고 본의 아닌 놀라움은 대체로 순간적으로 표현된다. 거의 즉각적으로 일어나는 그 다음 반응은 기쁨이나 두려움 또는 혼란일 수 있다. 많은 사람들은 입이 딱 벌어지는 반응을 놀라움의 강도를 표시하는 것과 연관시키지만 어떤 경우에는 입이 전혀 벌어지지 않을 수도 있다. 놀라움에 대한 가장 특징적이고 보편적인 기색은 아마도 눈을 치켜 뜨는 반응일 것이다.

놀라움이 주는 효과에 관한 이론

놀라움을 이해하는 것은 유머를 이해하는 것이다. 유머의 본질은 두 가지 요소, 즉 상관성 요소와 놀라움 요소에 들어 있다. 유머나 놀라움을 만들기 위해 처음에는 대상에게 익숙한 또는 상관 있는 어떤 것을 제시하는 것이 필요하다. 이러한 상관성 요소를 이용하여 대상의 익숙함을 환기시킴으로써 이들이 그 상황을 이해하고 자연스러운 마무리를 알고 있다고 믿게 만들 수 있다. 유머는 대상이 기대하지 않았던 전환을 제시하거나 예상치 못한 방식으로 현 상황을 해석하는 데서 온다. 이러한 전환과 예상치 못한 해석은 놀라움의 요소를 만들어낸다.

놀라움은 일련의 규칙이나 행동 패턴을 따른다는 생각과 연결되어 있다. 현실의 사건들이 이러한 규칙이나 패턴을 따르지 않을 때 그 결과는 놀라움이 된다. 이렇게 볼 때, 놀라움은 우리가 기대하는 것과 실제로 일어난 것 사이의 차이라고 할 수 있다.

그러나 놀라움은 항상 기대의 배반이나 예상 범위 밖의 행동을 의미해야 하는 것은 아니다. 커뮤니케이션 뒤에 이어지는 놀라움은 우리가 기대했거나 원했던 어떤 것에 대한 확인이거나 예상 범위 내에 있는 행동일 수도 있다. 실제로 긍정적이고 확정적인 행동은 놀라움을 발생시킨 근원에 대한 끌림의 정도를 상승시켜준다. 반면 부정적인 배반은 이러한 끌림을 감소시킨다. 사람들은 주차 위반 딱지보다는 깜짝 파티의 수혜자가 되는 것을 훨씬 선호한다. 브랜드 매니저는 신뢰도와 힘, 끌림, 설득력을 향상시키기 위해 긍정적인 놀라움이 지닌 힘을 활용해야 한다. 우리는 또한 이러한 특성을 감소시킬 수 있는 부정적인 놀라움을 피해야 한다.

놀라움은 때로는 '와우wow' 효과로 불리기도 하고 오늘날 비즈니스에서 일반적으로 논의되고 있는 개념인 '파괴disruption'의 결과를 시사하기도 한다. 많은 성공한 기업들은 그들의 비즈니스 영역에 존재하는 지배적인 패턴을 파괴해 왔고 많은 경우 그들의 성공은 이를 통해 이루어졌다.

놀라움의 더 심도 깊은 심리적 효과

놀라움은 지금 이 순간 무언가가 중요하므로 주의를 기울여야 한다고 말해주는 강력한 신경계의 경계 경보다. 이는 우리의 인지 자원을 장악하여 그 순간 속으로 끌어 넣는다. 어떤 사람들에게는 이것이 불편할 수도 있지만 관심이 오롯이 그 순간에 머물기 때문에 흥미진진하게 느껴질 수도 있다. 놀라움의 반응은 인간을

1/25초간 물리적으로 얼어붙게 만든다. 그런 후 놀라움은 일반적으로 뇌 속에 있는 어떤 것을 작동시킨다. 이는 놀라움이 발생한 동안 어떤 일이 일어나고 있는지를 파악하기 위해 극도의 호기심을 만들어내는 순간이다.

그 다음에 따르는 것은 변화다. 놀라움은 우리로 하여금 관점을 바꾸고 사물을 바라보는 방식을 바꾸게 만들 수 있다. 이러한 파괴 효과는 놀라움의 일부다. 이는 우리에게 다음과 같이 생각하게 만든다. '나는 누군가를 나를 놀래키는 것을 기대하지 않았는데 막상 이렇게 유쾌한 경험을 하고 보니 내가 이 사람에 대해 생각하던 방식, 그리고 어쩌면 우리의 관계 전부를 바꾸어야겠어.'

좋은 쪽이건 나쁜 쪽이건 놀랄 때 우리의 감정은 두 배, 세 배, 혹은 그 이상으로 격렬해진다. 긍정적인 무언가로 놀라게 되면 이러한 놀라움을 느끼지 못했을 때보다도 더 강렬한 행복감이나 기쁨을 느낀다. 그리고 이러한 강렬함은 그 사람, 혹은 그 브랜드와의 관계에 대한 긍정적인 영향을 훨씬 더 의미 있는 것으로 만들어준다. 이는 또 왜 놀라움이 오늘날 관계 브랜드에서 그토록 중요한지를 설명해 주기도 한다.

브랜딩에서 놀라움은 두 가지 관점, 즉 포용하기와 조종하기의 특성을 가지고 있다. 우리는 놀라움을 만들어내는 법을 찾아야 할 뿐만 아니라 뇌가 놀라움을 편하게 받아들일 수 있도록 훈련하기도 해야 한다. 이 말은 불확실성, 모호함, 변화 등을 편하게 생각할 수 있어야 한다는 것이다. 오늘날 이와 같은 놀람 준비 기술은 우리 모두에게 엄청나게 중요한 기술이 되었다. 오늘날과 같은 디지털 미디어 세계에서는 놀라움을 조정하거나 조종하는 법을 배우는 것이 중요하다는 사실이 더욱 명백해지고 있다. 어떻게 이것이 브랜드가 제공하는 것에 대해 호기심을 가지고 흥분하도록 만들기 위해 사람들의 주의를 끌고 그들을 기쁘게 만드는 것에 대한 문제인지를 이해하는 것은 어렵지 않다.

기대는 놀라움의 기초다

우리는 재미있는 어떤 일이 일어나기를 기다릴 때 어떤 느낌이 드는지 안다. 이는 우리의 생각을 소비하고 마음을 채워주는 느낌이다. 이것이 개인적인 행사든 우리가 기다려온 잘 알려진 제품 출시든, 다가올 것에 대한 짧은 일별이나 힌트는 마침내 그것을 가질 수 있다는 욕구와 간절함을 고조시킨다.

그러나 이는 그저 없었을지도 모르는 가치를 가질 수 있다는 기대가 아니다. 여기에 희소성까지 더하면 그 효과는 상당히 커진다. 어떤 마케터들은 대부분의 사람들이 속을 것이라고 생각지도 않았던 약속에 기대와 희소성을 혼합하는 데 달인의 경지에 이르렀다. 그러나 '지금 예약하세요. 너무 늦기 전에…'나 '500개의 공간 밖에 남지 않았습니다!'와 같은 경고와 짝을 이룬 약속은 항상 매혹적이다. 시간의 흐름에 따라 형성된 이러한 종류의 기대는 항상 인간의 행동을 주도한 경쟁심을 끌어낸다. 기대가 충족되기 전의 지연은 사람들에게 그들이 기다리고 있는 것을 가질 수 없을지도 모른다는 두려움의 시간을 안겨준다. 결국 이는 때가 되면 자신들이 반드시 맨 앞 줄에 설 수 있도록 시간과 돈을 희생하겠다는 의향과 욕구를 증가시켜준다.

브랜드를 구축하고 거래를 늘리기 위해 기대를 이용하는 것은 때때로 고객들이나 사용자들을 조종하는 것처럼 느껴질 수도 있다. 그러나 3장에서 논의한 비즈니스 민속지학에 바탕을 두고 전략을 구축하면 고객들이나 사용자들의 충족되지 않은, 때로는 입 밖에 내지 않은 니즈가 무엇인지를 이해하게 될 것이다. 그런 다음 기대를 통해 가치를 창출하기 위해 이러한 니즈들을 충족시키겠다는 약속을 하고 이행만 하면 된다. 만일 우리 고객들이 특정한 기능이나 특성을 바라고 기다려 왔다면 다음 번 출시 때는 이것이 제공될 것이라고 알려주면 된다.

적절한 시간 내에 제공할 수 없는 것은 절대 약속해서는 안 된다는 점을 유념하면서 기대를 신중하게 활용한다면 그 기대는 새로운 고객들을 끌어들이고, 기존 고객들의 충성심을 강화하며, 브랜드 가치를 확장시켜 줄 수 있다.

고객이 느끼는 행복의 절반은 놀라움이다

행복을 생각할 때, 그리고 무엇이 행복을 만드는지를 생각할 때 우리는 종종 행복을 불러온 사건을 별개의 것으로 생각한다. 그러나 그 사건에 이르기까지의 시간, 그것을 기대하는 것, 그리고 그 사건 후의 시간, 그것을 기억하는 것 등도 적어도 그 사건 자체만큼이나 큰 행복을 가져다준다. 행복은 행위 못지 않게 기대와 기억의 순간들로 구성되어 있다. 이 때문에 기업들이나 브랜드들이 그들의 고객에게 진정한 행복을 제공하고자 한다면 기대와 기억이 주는 기쁨을 염두에 두어야 하는 것이다.

실제로 미주리 대학University of Missouri의 교수인 마샤 리킨스Marcha Richins는 소비자들은 획득 단계보다는 구매에 대한 기대 단계에서 더 큰 기쁨을 얻는다는 사실을 발견했다. 브랜드 오너라면 티징teasing, 유혹, 고객 특별 대우 등을 통해 기대 단계의 기쁨을 활용하고 극대화해야 한다.

오랫동안 기다려 온 영화의 예고편이 관람 경험을

시작하기 한참 전부터 사람들에게 기다릴 수 있는 무언가를 주는 것처럼, 브랜드도 정보의 누출을 통해, 그리고 무엇이 출시되는지에 대한 힌트를 주는 것을 통해 고객들을 애타게tease 만들어야 한다. 브랜드에 대해, 그리고 우리가 약속한 제품이나 서비스에 대해 고객들의 노출도를 증가함으로써 또 낯설고 예상하지 못한 것으로 고객들을 유혹할 수 있다. 새롭고 다른 것에 대해 노출되는 이러한 행위 자체가 사람의 호감도를 끌어올린다.

또한 브랜드를 선물, 즉 기다려온 것에 대한 보답으로 제공할 수도 있다. 이는 일년 내내 사람들이 기대하는 시즌별 디저트나 음식과 같이 제한적 공급의 형태로 제공될 수 있다. 또 다른 성공적인 접근법은 오더블Audible의 선택한 접근법으로, 브랜드를 사람들이 언제든 즐길 수 있는 일상의 선물로 만드는 것이다. 아마존Amazon의 이 오디오 북 회사는 매일같은 통근에서부터 일상적인 허드렛일에 이르기까지 모든 것을 오디오 북의 선택에 따른 기쁨 속으로 도피할 수 있는 기회로 묘사한다.

기대 단계가 끝나고 구매를 통한 획득 단계가 시작
되면 고객을 지속적으로 행복하게 해주거나 이 행복감
을 증가시켜 주기 위해서는 상호작용이 필요하다. 고
객의 삶에 개입하고 고객을 가장 행복한 길로 조금씩
인도함으로써 고객 경험을 강화하고 브랜드에 대한 이
들의 더욱 큰 충성도를 확보할 수 있다. 그러나 가장
큰 만족을 주는 길로 고객들을 인도하는 것은 꽤나 힘
든 일일 수 있다. 사람들은 쉽게 산만해진다. 몰입감을
주는 입구, 분명하고 직접적인 지시와 출구는 고객들
이 옳은 방향으로 걸을 수 있도록 격려해준다.

우리가 기대를 통한 기쁨 그리고 만족스러운 고객
경험을 통한 기쁨을 만들어 주고 나면, 그 고객이 다시
돌아오거나 그들의 친구들에게 브랜드에 대해 이야기
할지를 결정하는 것은 경험에 대한 기억이다. 여기서
문제는 기억이 경험을 완벽하게 묘사하는 것은 아니라
는 점이다. 따라서 우리에게 유리한 방향으로 기억을
획득하는 것은 고객들의 발길을 다시 돌리고 그들의
친구들을 함께 데려오게 하는 데 열쇠가 될 수 있다.

대니얼 카너먼*Daniel Kahneman*은 공식적인 테드*TED* 컨

퍼런스의 한 강연에서 발표를 하면서 '마지막이 매우, 매우 중요하다'라고 말한 바 있다. 마지막은 사건에 대한 한 사람의 기억을 지배한다. 스프링 NYC*Spring NYC*라는 새로운 쇼핑 애플리케이션은 강력하게 마무리 하는 법을 보여준다. 이 애플리케이션은 스프링 NYC팀의 직원이 손으로 쓴 개별 감사 편지는 물론이고 CEO의 감사 이메일을 보낸다.

이 기억의 단계는 또 생생한 놀라움을 위한 좋은 단계가 된다. 예측할 수 없는 놀라운 사건은 예상했던 순간들보다 기억될 가능성이 높다. 그리고 고객들에게 브랜드나 제품, 서비스를 상기시킬 때마다 새로운 기억들이 생성된다. 우리는 자사 브랜드를 통해 고객들에게 우리가 제공하는 혜택을 상기시키는 법과 긍정적인 속성을 강화할 수 있는 법을 항상 고려해야 한다.

브랜딩에서는 정서도 중요하다. 긍정적이고 행복한 고객 경험을 만드는 방법은 무엇이 행복을 만드는지를 이해하는 것에서 발견된다. 즉 단순히 고객들이 기대하는 것을 제공하는 것을 통해서뿐만 아니라 그 제공에 대한 기대와 기억을 통해서도 행복은 만들어진다. 판매 전과 후의 시간도 포함하여 고객 경험에 대한 우리의 관점을 확장함으로써 경험 혁신에 대한 새로운 가능성을 열 수 있다.

니즈에서 출발하여 신뢰와 기대를 만들고, 그런 후 전달하여 놀라게 하라

위에서 상술한 방법을 따르면서, 우리는 제품이나 서비스를 위한 시장이 누구인지를 고려하는 것에서부터 브랜딩 전략의 설계를 시작한다. 그리고 여기서는 임시로 머무르는 고객들까지도 넉넉하게 고려해야 한다. 즉 거의 모든 카테고리에는 '우리가 생각하지도 못했던' 고객들이 존재한다. 따라서 우리가 필요하다고 생각하는 것보다 더 광범위하고 더 넉넉하게 구는 것이 더 바람직하다. 너무 많은 사람들에게 접근하는 데 드는 비용보다 예상치 않았던 사용자들을 잃는 데 드는 '비용이 더 크다'. 모든 커뮤니케이션에서, 그리고 미디어 타깃을 고를 때 다음과 같이 이것이 누구를 위한 것인지 물어보라. 이것이 기존 고객을 위한 것인가 아니면 잠재 고객들을 위한 것인가, 기존 직원들을 위한 것인가 아니면 잠재 직원들을 위한 것인가, 오랜 비즈니스 파트너를 위한 것인가 아니면 새 비즈니스 파트너를 위한 것인가?

우리가 지킬 수 있는 약속을 하고 그들의 기대 니즈를 충족시키도록 하라. 신뢰를 만들기 위해서는 기대를 충족해야 하고, 기대는 항상 니즈로 돌아간다. 그러나 매슬로우가 욕구단계론을 통해 보여준 바와 같이 이러한 니즈는 사람들마다 다르다. (표 7.1)

표 7.1 매슬로우의 욕구단계론

자아실현	도덕성, 창의성, 자발성, 문제 해결, 편견의 부재, 사실의 수용
존경	자존감, 자신감, 성취, 타인에 대한 존경, 타인으로부터의 존경
애정/소속	우정, 가족, 성적 친밀감
안전	신체에 대한, 고용에 대한, 자원에 대한, 도덕성에 대한, 가족에 대한, 건강에 대한, 재산에 대한 안도감
생존	호흡, 음식, 물, 성관계, 수면, 항상성, 배설

이 욕구단계론은 모든 의사 결정 상황에 적용된다. 예를 들어, 자동차를 구매할 때 '안전'을 위한 차를 구매하는가 아니면 친구들이 가지고 있거나 좋아하는('소속') 차를 구매하는가, 우리를 기분 좋게 만들어주는('자존감') 차를 구매하는가?

우리가 자신의 근원적인 니즈에 바탕을 두고 구매 결정을 내리는 것처럼 고객들도 마찬가지다. 그렇다면 우리가 속한 시장을 지배하는 니즈가 있는가? 타깃 시장에서 '자존감'보다 '안전'을 원하는 사람들이 더 많은가? 고객들 중 다수가 '애정/소속'감을 원하는가? 이는 우리가 알아내야 하는 것이다. 이를 알아냈다면 기대 니즈를 충족시킴으로써 신뢰의 증거와 놀라움을 제공하는 데 집중해야 한다.

부활절 달걀 효과

확실히 브랜딩에 있어서는, 우리는 놀라움의 긍정적이고 파괴적인 효과를 창출하는데 더욱 흥미를 가지고 있다. 체계적이고 긍정적인 놀라움의 아이디어를 보여주는 것은 현대의 관계 브랜드를 성공적으로 구축하기 위한 가장 중요한 전술적 활동 중 하나가 되었다. 많은 사람들은 놀라움을 지속적인 흐름으로 만들어내는 것에 대한 어려움을 언급한다.

우선 매년 각 브랜드에 큰 놀랄거리 하나는 만들겠다는 포부와 같이 연속적인 놀라움을 만들어 내는 데 많은 사람들이 느끼는 어려움을 한 번 다뤄보도록 하자. 사실 사람들이 단순히 하는 것에만 집중한다면 연속적인 놀라움을 만드는 것은 전혀 어렵지 않다. 그러나 먼저 부활절 달걀 효과가 무엇인지를 이해해야 한다.

나는 모든 인간들이 a) 놀라움의 반복에 대한 욕구와 b) 우리의 기대는 적절하고 또한 충족되리라는 것을 확인하는 것에 대한 욕구를 가지고 있다는 결론에 이르렀다. 이는 놀라움이 효과를 발휘하기 위해 모든 것에 놀라움을 느낄 필요는 없는 이유가 된다. 이는 우리의 기대가 확인되었을 때 표현하는 순전한 기쁨이 될 수도 있다.

그렇다면 지속적인 놀라움을 만들어 내야 하는 사람들에게 이는 무엇을 의미하는가? 한 가지 결론은, 놀라움은 흥미로움을 주기 위해 환상적으로 좋을 필요는 없다는 사실이다. 그리고 반복은 피로감의 문제에 대한 나의 해답이 된다. 어느 순간에 이르면 놀라움에 권태를 느끼는가? 나는 그 대답이 '그렇지 않다, 절대로'라고 믿는다. 놀라움에 대한 욕구는 우리 안에, 그리고 인간의 정신 세계에 깊게 자리하고 있다. 우리는 절대 놀라움에 권태를 느끼지 않는다! 크리스마스 선물이든 아니면 단순히 생일 축하 인사든, 심지어 자신들에 생일 때 아무것도 원하지 않는다고 공식적으로 밝힌 사람들조차도 놀라운 선물을 받으면 대개 행복해 한다.

이를 항상 매우 성공적으로 실천하는 기업은 애플이다. 큰 사랑을 받은 영향력 있는 리더인 스티브 잡스의 죽음 후에 '실망스러운' 아이폰 5에서 애플맵Apple

*Maps*의 실패에 이르기까지 애플의 모든 실패는 그의 죽음이 낳은 위기를 선언하는 것처럼 보였다. 위기에 대한 인식은 고객들의 불만과 일부 직원의 사직, 주가의 하락으로 이어졌다. 2년 후 애플은 기존 제품을 일정한 단위로 향상시킨 버전이 아니라 새로운 무언가를 출시했다. 그리고 마침내 팀 쿡Tim Cook이 새로운 제품들을 공개하는 무대에 섰는데 이는 오랫동안 기대했던 이벤트가 되었다. 많은 사람들은 무슨 일이 일어나는지 자신은 이미 알고 있다고 느꼈던 것이다.

이 이벤트에서 공개된 것은 스티브 잡스 체제 하에서 혁신 기계로 인식되었던 애플의 원래 이미지를 회복시켰다. 그러나 이 진정한 놀라움의 효과를 분석해보면 이 놀라움은 공개된 제품들에서 비롯한 것이 아니었다. 애플이 '소개했던' 제품들과 테크놀로지들은 애플 팬들 사이에서 적어도 1년 반 동안 논의되어 왔던 것들이다. 어쩌면 애플은 놀랍게도 이러한 제품을 출시한 맨 마지막 기업이었다. 큰 액정화면의 스마트폰이나 스마트 워치와 같은 일부 제품들은 몇 년 간 시장에 존재해 왔다. 사실 2015년에 출시된 애플의 스마트 워치는 컴퓨터나 다른 무선 기기들과 무선으로 통신할 수 있는 최초의 시계인 스티브 만*Steve Mann*의 리눅스 기반의 시계가 나온지 17년 후에 나온 제품이다.

이 모든 사건을 전형적인 부활절 달걀 효과로 볼 수 있다. 놀라움은 놀라움을 주기 위해 그토록 놀라운 것이 되어야 하는 것은 아니다. 추측을 확증해 주고 기대를 이행하는 것만도 때로는 충분하다. 유일하고 절대적인 최초가 될 필요는 없다. 브랜드가 큰 기대를 만들 수 있는 힘과 자신감을 가지고 있다면 그것으로 충분할 수 있다. 그리고 늘 그렇듯 놀라움을 확정시켜주는 신싸 놀라움은 - 치음에는 전문가들조차 의심했지만 - 애플이 동일한 테크놀로지가 적용된 경쟁사들의 제품보다도 더 높은 판매 실적을 보였을 때와 같이 나중에서야 깨닫게 된다.

결론: 기대와 놀라움의 힘

기대와 놀라움이라는 콘셉트는 현대의 관계 브랜딩에 근본적인 개념이다. 이 개념들은 성공적인 관계 브랜드들이 존재하게 해주는 원동력이 되기도 한다. 이러한 개념들을 이해하는 것과, 고객과의 상호작용 전, 중간, 그리고 후에 고객 행복을 창출하기 위해 이러한 개념들을 사용하는 방법을 이해하는 것은 브랜드의 금전적인 가치를 고양시키고 고객들과 잠재 고객들의 마음속에서 브랜드를 강화시킬 수 있다. 기대, 그리고 기대를 확인시켜 주는 것은 부활절 달걀 효과를 발생시키고, 이는 우리 고객들을 행복하게 하고 이들의 충성심을 유지할 수 있도록 하는 일련의 놀라움을 만들어낼 수 있다. 이러한 이유로 브랜드 매니저들은, 브랜드를 미래로 인도하도록 만들어진 코드와 모토를 통해 처음부터 놀라움의 설계를 용이하게 하는 토대를 구축할 필요가 있다.

8장

놀라움을 위한 브랜드 코딩

브랜드 코드와 모토

브랜드 코드brand code는 그 브랜드의 미래 포지셔닝을 압축한다. 브랜드 코드는 '이 기업은 진정으로 어떠해야 하는가?'와 같은 질문에 대답한다. 이는 다양한 타깃들을 대상으로 이 브랜드가 어떻게 호소해야 하는가에 대한 이해를 얻기 위해 일련의 가능한 시나리오들을 모두 검토하는 과정을 포함한다. 브랜드 코드는 브랜드가 무대에서 연기하는 역할이다. 배우가 아니라 그 배우가 연기하는 역할인 것이다. 배우들은 영업사원에서부터 접수 담당 직원, 광고회사의 아트 디렉터에 이르기까지 누구나가 될 수 있다. 배우의 임무는 그 역할과 캐릭터를 해석하고 설득력과 신뢰도를 주면서 여기에 생명력을 불어넣는 것이다.

말할 필요도 없지만 다양한 해석이 가능하고 또 권장되기도 한다. 이러한 창의성과 사람들의 개인적인 재능을 효과적으로 활용하기 위해서는 브랜드 코드를 해석하는 데 있어 사람들에게 상당한 자유를 주는 것이 중요하다. 그러나 이와 동시에 타깃들을 위해 브랜드를 일관되고 균질한 것으로 유지하기 위해서는 브랜드 코드를 정확하게 잘 정의하는 것이 중요하다. 브랜드 모토brand motto는 전반적인 브랜드 코드의 기초가 되는 핵심적인 원칙을 정의함으로써 이렇게 상반되는 두 니즈들을 모두 가능하게 한다.

브랜드 코드의 목적은 미래 중심의 브랜드를 창출하는 것이다. 브랜드 코드는 우리가 속한 기업이나 제품 또는 서비스의 DNA 코드를 뽑아낸다. 이외의 다른 모든 것은 이러한 코드로부터 파생된 것이거나 이 코드에 맞춰진다. 브랜드 모토는 기업의 핵심이다. 이는 모든 종류의 의사 결정에 중요한 도구가 되는데, 이러한 도구는 우리로 하여금 브랜드 코드를 참조함으로써 우리의 결정을 뒷받침 할 수 있게 해주므로 의사 결정 과정에서 편리할 뿐만 아니라 강력하고 잘 정의된 성공적인 브랜드를 신속하게 구축하기 위해서도 필요하다. 브랜드 중심적인 기업이 일상적으로 벌어지는 모든 것에 대해 적용하는 일관된 브랜딩 접근법은 이러한 성공에 가장 중요한 비밀이다.

브랜드 코드는 기업이나 제품이 상징하는 것을 진술한 것이다. 이는 우리 기업에 대한 이야기를 말해준다. 이는 비즈니스 아이디어와 포지셔닝, 비전, 미션, 가치 등이 모두 하나의 패키지 속에 들어 있는 것이다.

브랜드 코드

브랜드 코드 모델은 여섯 가지 부분 또는 배경으로 구성 또는 통합된 것이다. (표 8.1) 브랜드 코드의 첫 번째 세 부분은 시장에서 브랜드의 현재 상황에 뿌리를 두고 있다. 나머지 세 부분은 미래를 향해 브랜드를 역동적으로 끌고 가는 브랜드의 '미래' 측면이다.

여섯 가지 부분은 다음과 같다.

- 제품/혜택
- 포지셔닝
- 스타일
- 미션/의미
- 비전
- 가치

이 여섯 가지가 합쳐져 브랜드 코드를 만들어 내고, 이 브랜드 코드의 핵심을 대변하는 브랜드 모토로 표현된다.

표 8.1 브랜드 코드 모델: 브랜드 코드와 브랜드 모토

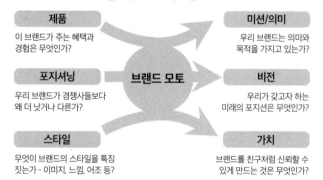

제품
이 브랜드가 주는 혜택과 경험은 무엇인가?

미션/의미
우리 브랜드는 의미와 목적을 가지고 있는가?

포지셔닝
우리 브랜드가 경쟁사들보다 왜 더 낫거나 다른가?

브랜드 모토

비전
우리가 갖고자 하는 미래의 포지션은 무엇인가?

스타일
무엇이 브랜드의 스타일을 특징 짓는가 - 이미지, 느낌, 어조 등?

가치
브랜드를 친구처럼 신뢰할 수 있게 만드는 것은 무엇인가?

제품/혜택

브랜드 코드에 있어 이 섹션은 기업이 제공하는 것, 즉 제품, 서비스, 지식 등을 통해 고객들이 경험하게 될 혜택을 조심스럽게 표현한 말이다. 대부분의 경우 이는 쉬운 일이지만, 때로는 기업의 뻔한 틀을 넘어서 고객들에게 제시하고자 하는 핵심적인 제안을 찾는 데는 약간의 노력이 필요하다. 이 혜택은 6장에서 논의한 기능적 차원과 밀접한 관련이 있다.

포지셔닝

브랜드 코드에 있어 이 부분은 비즈니스 포지셔닝에 대한 전형적인 질문에 대해 우리의 대답을 설명해 준다. 그 질문은 '어째서 우리는 경쟁자보다 뛰어난가 혹은 어째서 다른가'라는 질문이다. 브랜드는 기업의 차별화 코드라는 점을 기억해야 한다. 여기서 우리는 차별점을 만들기 위해 자사의 능력을 정확히 이해하기 시작한다. 보통 이는 특정 타깃을 대상으로 무언가를 아주 잘 하는 경쟁력을 포함한다. 또한 고객들에게 제공되는 혜택으로는 아직 커뮤니케이션 되지 않은 경쟁력이 있을 수도 있다. 또한 브랜드 코드의 포지셔닝 요소는 기능적 차원을 파생시킨다.

스타일

현재 상황에 기초를 두고 있는 브랜드 코드의 마지막 부분은 스타일이나. 여기서 스타일이리 함은 기업이나 제품에 있는 브랜드의 개별적 특성이나 이미지, 태도, 양식 등을 말한다. 스타일에 대한 또 다른 이름은 개성이다. 이는 즉각적으로 눈에 띄는 외양의 일부다. 스타일은 관계적 차원의 영향을 크게 받는다.

미션/의미

미래 상황을 예측하기 시작할 때 우리는 기업이나 제품 또는 서비스가 가진 미션이나 의미를 고려할 필요가 있다. 여기서는 고객에게 제공하는 혜택을 넘어서 사회에서 브랜드가 하는 역할을 탐구할 필요가 있다. 여기서 사회는 반드시 글로벌 사회를 의미하는 것은 아니고, 우리가 속한 지역 사회의 관계를 유지하는 것을 의미할 수도 있다. 우리는 미션이라는 단어를 사용할 때 일반적으로 취하는 것보다 더 장기적이고 광범위한 관점을 취해야 한다. 이는 오히려 목적에 가까운, 더 심오한 의미를 지닌다. 이는 '왜'와 '전체상'이다.

경쟁적인 시장에서 젊은 인재들을 고용하고 싶어하는 대부분의 기업들에게 미션은 브랜드 코드에 결정적인 부분이 된다. 특히 젊은 사람들은 목적 의식이 있는 직업을 원하며 이러한 목적 의식은 적어도 금전적 보상만큼이나 중요하다. 사회 전체에 어떤 기여를 하고 있는지를 설명할 수 없는 기업들은 이러한 사람들의 희망 직장 최종 후보 명단에 올라 있지 않을 수 있다.

이러한 미션과 의미는 PR 활동을 총괄하는 데 있어서도 매우 유용하다. 이 개념들은 정신적 차원에 의해 크게 영감을 받으며, 미션은 종종 기업에 더 고차원적인 추구를 해야 하는 역할을 부여함으로써 상업적인 브랜드를 이해관계자들의 브랜드로 바꾸어준다.

비전

비전이라는 단어는 여러 가지 정의를 가지고 있고 경영 전략에서도 매우 다양한 방식으로 사용된다. 나의 경우 비전을 매우 실용적인 방법으로 사용한다. 브랜드 코드에서 비전은 미래를 위한 포지셔닝이다. 다시 말해, 어떤 시장으로 진출하고자 하는가? 그리고 그 시장에서 우리가 가져야 하는 역할은 무엇인가?

우리는 종종 자신의 시장을 만들어야 한다. 이에 대한 전형적인 예는 롤러블레이드*Rollerblade*가 인라인 스케이팅 시장을 구축한 사례다. 이전에 존재하지 않았던 시장을 구축하고자 할 때 발생하는 일반적인 문제는 확실한 선두 브랜드가 되기보다는 그 개념과 동의어가 되는 위험을 감수해야 한다는 점이다. 롤러블레이드가 인라인 스케이트에 대한 일반 명사가 될 지 모른다는 가능성에 직면했을 때 이들은 그들의 이름을 보호하기 위한 마케팅 캠페인을 내놓았다. 이 사례는 일반 명사화되면서 이미지가 저하된 제록스*Xerox*, 베스파*Vespa*, 써모스*Thermos*와 같은 브랜드들의 방식과 비교할 수 있다.

매우 성공적인 브랜드들은 그들의 미래 시장에 대한 선명한 비전뿐만 아니라 그들이 공급하고자 하는 것, 공급하고자 하는 대상, 그리고 대개는 공급하고자 하는 시기에 대해서도 분명한 비전을 가지고 있다. 타이밍은 결정하기도 쉽지 않고 브랜드가 인지되는 방식을 결정하는 데 있어 상대적으로 덜 중요하기 때문에 브랜드 코드의 필수 부분은 아니지만 비즈니스 계획에서는 중요하다. 우리의 비전은 브랜드 코드의 가장 역동적인 측면이다.

가치

우리가 고려해야 하는 브랜드 코드의 마지막 측면은 브랜드의 가치다. 나는 보통 기업의 가치를 삶의 법칙으로 묘사한다. 때때로 우리는 매우 강경한 규칙을 따르며 살아가는 사람들을 만나게 되는데, 그러한 규칙들이 아무리 특이하다 해도 이는 우리에게 큰 인상을 남긴다. 가치는, 개인간의 우정에 있어서와 마찬가지로, 영속성을 보증하는 장기적인 특성과 브랜드의 신뢰성을 강조한다.

우리의 가치에 속한 키워드들은 중요하다. 대부분 비언어적인 것이라 해도 이러한 키워드들은 신중하게 선택되어야 한다. 정직과 같이 자주 쓰이는 단어는 별다른 책임을 명시하지 않고도 선택하기 쉬우나, 최악의 경우를 가정해보고 기업은 정직해지기 위해 어느 정도의 비용을 치를 수 있는지, 즉 5,000만 달러 혹은 1억 달러나 2억 달러를 주저없이 지불할 수 있는지를 물어봐야 한다.

기업을 움직이는 도덕적 정신을 가지는 것이 중요

한 만큼이나 기자들이나 고객들, 경쟁사들이 우리가 자사의 윤리에 부응하지 못하고 있다는 사실을 알아채는 것은 위험할 수 있다. 직원의 개인적 가치를 그 출발점으로 삼아보라. 스타트업 비즈니스에서 설립자가 가진 가치는 통상적으로 기업의 가치로 설정된다. 이러한 가치는 억지로 만들어낸 기업 전략보다 스타트업 기업들을 훨씬 더 진정성이 있는 기업으로 만들어 준다.

가치를 생각하는 것은 종종 어떤 특정한 단어가 가치인지 스타일인지에 대한 논의로 이어진다. 고객들은 스타일은 쉽게 인지하고 알아보지만 가치를 경험하기까지는 약간의 시간이 걸린다. 가치는 장기적인 속성으로 사람들은 가치를 경험하기 전까지 얼마간 제품이나 서비스를 사용하거나 기업을 이해하는 시간을 가질 필요가 있을 수 있다. 가치는 본질적으로 더욱 철학적인 요소다.

이러한 여섯 가지 요소에 덧붙여 나는 때때로 두 가지 요소를 더 추가하기도 한다. 나는 브랜드와 그 브랜드의 다양한 타깃이나 구성 요소들 사이의 관계를 분명히 밝히기 위해 이해관계자들*stake-holders*이라는 개넘을 살펴본다. 또한 어떤 브랜드가 단일 요소 브랜드 ingredient brand인지 몇 가지 하위 브랜드를 가진 마스터 브랜드master brand인지를 밝히기 위해 구조structure를 검토 하기도 한다.

브랜드 모토

브랜드 모토는 브랜드 코드를 압축하고 요약한다. 이 는 몇 개의 단어가 될 수도 있고 짧은 문장이 될 수도 있다. 때때로 브랜드 코드를 노키아Nokia의 '커넥팅 피 플Connecting People'과 같은 광고 카피나 포괄적인 진술로 사용하는 것에 솔깃해지기도 하지만, 나는 대체로 내 고객들에게 브랜드 코드를 외부적으로 사용하지 말고 회사 내부의 슬로건으로 사용하라고 권고한다. 일상 상황에서 모든 사람들에게 지침이 되는 비밀 병기로 사용하라는 것이다.

우리가 투입한 모든 것에 만족하게 되면 기업이나 제품 또는 서비스를 정말로 차별화하는 데 도움이 되는 것이 무엇인지를 고려하라. 몇 개의 단어로 다른 사람의 머리 속에서 무엇이 브랜드를 재구축하는지를 묘사해보고, 모든 요소를 통합하라. 자유롭게 생각할수록 더 좋다. 한 가지 이상의 옵션을 발견하게 될 수도 있지만 다른 옵션에 비해 더 강력하게 느껴지는 한 가지가 확실하게 있다면 이것이 올바른 모토일 수 있다.

최고의 아이디어를 여섯 가지 요소에 대해 테스트해보라. 그 아이디어가 최소 2~3개의 요소들과 연결되거나 이러한 요소들의 지지를 받는다면 괜찮은 것이다. 그리고 이 아이디어가 나머지 요소들과 충돌하지 않는지도 확인하고 이 브랜드 코드를 기업의 발전을 촉진시키는 도구로 사용할 수 있다는 것을 입증하도록 하라. 태도를 촉발시키고 의사 결정을 내리는 데 이 브랜드 코드를 사용할 수 있는가? 그 브랜드 코드는 미래 동력을 내포하고 있는가? 이러한 질문들에 대한 대답이 긍정적이라면 브랜드 코드와 모토는 아마도 제대로 되었다고 할 수 있다. 브랜드 코드가 스스로 자리를 잡을 수 있는 시간을 주어야 하는데 이는 대체로 2주 정도의 시간을 필요로 한다.

따라서 이 기간동안 브랜드 코드를 다시 살펴보고 몇 번씩 검토해보록 하라. 최상의 브랜드 코드라고 해서 처음부터 사람들을 엄청나게 열광시키지는 않는다. 최상의 코드는 시간과 함께 성장하면서 브랜드를 성장시킨다.

어떤 기업이 이미 브랜드 전략을 가지고 있다면 우리는 이 전략을 살피고 디코딩de-coding하여 브랜드 코드 포맷에 맞게 재구성할 수 있다. 이렇게 하는 것에 따른 장점은 뭔가 빠진 것이 있다면 이것이 더욱 확실하게 드러나도록 해준다는 점이다. 기존의 브랜드 전략들은 대개 브랜드 코드 모델을 완전히 완성시키는 데 필요한 모든 것을 다 담고 있지는 않다. 대부분의 경우 빠진 관점은 비전이다. 내 경험으로 보면 대부분의 기업들이 말하는 비전은 미래에 대한 진정한 비전이 아니라 그 기업이 오늘날 하고 있는 것에 대한 단순한 진술에 지나지 않는다. 이는 브랜드를 미래로 인도하는 데 충분하지 않으며 이 문제를 해결하기 위해 비전 워크숍을 추천한다.

브랜딩의 전 과정

내가 클라이언트들과 어떻게 함께 일하는지에 대한 아이디어를 나누고자 한다. 브랜드플라이트*Brandflight*의 브랜딩 및 고객 경험에 대한 전체 과정은 12개의 전략적이고 구체적인 활동 기대 효과로 구성되어 있다.

1. **이해**

   이 과정은 클라이언트의 비즈니스를 이해하고 브랜딩과 고객 경험 개발 프로세스의 결과가 정확히 무엇이 되기를 기대하는지를 이해하는 데서 시작한다. 이는 우리가 정확한 목표를 향해 나아갈 수 있도록 해주고 브랜딩 및 고객 경험이 무엇인지에 대한 오해를 바로 잡을 수 있도록 도와주기도 한다.

   ■ **예상 결과**: 클라이언트들은 자신의 브랜드와 고객 경험을 향상시켜야 하는 필요성과 이유를 스스로 찾을 수 있다.

2. **현대의 브랜딩 및 고객 경험에 대한 강의**

   클라이언트가 기대하는 것을 알고 나면, 우리는 클라이언트에게 현대의 브랜드가 성공하기 위해 필요로 하는 것을 알려주는 동시에 브랜딩의 현재 상황과 최근의 발전 상황에 대해 업데이트를 해준다. 삶과 비즈니스의 모든 영역에 작용하는 성숙된 인터넷의 힘 때문에 브랜딩은 제품에만 전적으로 집중하던 트랜잭션 브랜드에서 관계 브랜드, 즉 브랜드는 브랜드와 고객 사이의 관계라고 보는 관점으로 근본적인 변화를 겪었다. 이러한 새로운 관계 브랜드들은 새로운 종류의 브랜드 전략으로만 관리할 수 있다.

■ **예상 결과**: 클라이언트들은 어떻게 브랜딩이 근본적인 방식, 즉 브랜딩에 대한 그들 자신의 니즈와 이유를 정확하게 파악할 수 있도록 해주는 방식으로 변화해 왔는지를 이해한다. 현대의 브랜드가 어떻게 만들어졌는지, 그리고 내부적으로는 조직 내에서 외부적으로는 사회에서는 물론이고 사람들의 머리 속에서 브랜드가 어떻게 기능을 하는지를 이해하는 것은 대부분의 클라이언트들에게 대단히 고무적인 것이다. 따라서 이는 미래의 성공을 위한 매우 귀중한 지식이 되는 예상 결과라 할 수 있다.

3. **브랜드 비전 워크숍**

브랜드 전략 프로세스에서 처음 몇 차례의 워크숍은 브랜드 비전의 정의를 다룬다. 클라이언트들은 10~15년 정도 앞서 그들의 비즈니스와 고객과의 상호작용에 대해 시각화해보라는 권유를 받는다.

■ **예상 결과**: 모든 기업과 모든 브랜드의 핵심 성공 요소

들 중 그 기업의 경영진이 향후 10~15년이라는 기간 동안 자신들의 기업이 어떻게 발전하기를 원하는지를 볼 수 있는 분명한 비전을 가지는 것이다. 분명한 미래의 목적지나 비전이 없다면 비즈니스를 성공적으로 이끄는 것은 불가능하다. 이러한 비전이 리더들의 우선적인 전략 도구가 되기 위해서는 기업 내에서 만들어지고 커뮤니케이션 되어야 한다.

4. 브랜드 마인드 스페이스 워크숍

이 두 번째 워크숍은 클라이언트가 자신의 브랜드가 어떻게 인식되기를 원하는지를 다룬다. 이는 고객들과 핵심 이해관계자들의 머리 속에 심고자 하는, 우리가 바라는 결과다. 브랜드는 다음 네 가지 차원으로 그려진다: 기능적-그 브랜드의 유형적이고 실용적인 제품이나 혜택 또는 결과물; 관계적-브랜드의 관계적 컨텍스트, 그리고 브랜드에 대한 사람들의 동일시; 자아적-속성, 제공 요소, 기준 등을 통해 각 개인들이 브랜드를 이해하고 동일시 하는 방법을 의미하는 브랜드의 개인적인 측면; 정신적-브랜드의 '왜'에 해당하는 것으로, 인류 사회와 삶의 더 큰 전체 그림의 일부분으로서 보다 고차원적인 브랜드의 약속. 때때로 우리는 기존 브랜드들과 함께 이 네 가지 차원의 결과물을 가지고 고객들과 (비즈니스 에스노그라피 또는 비즈니스 민족지학이라고 불리는) 장시간의 개별 인터뷰 리서치를 진행하기도 한다.

■ **예상 결과**: 기업이 그들의 브랜드에 대한 고객의 인식을 어떻게 상상하고 있는지를 볼 수 있는 고도의 다차원적 통찰력. 이는 새로운 브랜드 전략을 위한 중요한 대상 문서가 된다.

5. 브랜드 포지셔닝 워크숍

이 세 번째 워크숍에서 우리는 클라이언트의 브랜드와 이 브랜드와 관련되는 경쟁사들을 배치한 그래프를 그린다. 이 그래프는 두 개의 축으로 정의할 수 있는데 클라이언트는 우상단 코너에 위치한다. 한 축이 '최고로 잘 하는 부문', 즉 구체적이고 기능적, 또는 제품과 같은 결과물이라면, 나머지 한 축은 '열정적인 부문'으로 브랜드의 더욱 정서적이고 더욱 중요하며 동기를 부여하는 측면이다.

■ **예상 결과**: 두 가지 중요한 관점, 즉 하나는 이성적이고 다른 하나는 더욱 정서적인 관점을 통해 다른 경쟁사 브랜드와 비교할 때 브랜드가 어떻게 더 뛰어나고 차별화 되는지에 대한 고전적인 정의를 내릴 수 있다.

6. 브랜드 코드와 모토

이 프로세스의 중간 정도 되는 이 지점에서 우리는 주요 브랜드 전략 문서를 만들고 브랜딩과 고객 경험에 가장 중요한 결과를 정의한다. 브랜드 코드는 여섯 가지 요소를 가지고 있다. 제품/혜택, 포지셔닝, 스타일, 미션/의미, 비전, 가치가 그 여섯 가지다.

■ **예상 결과**: 브랜드 코드와 모토를 통해 클라이언트의 경영진은 마케팅뿐만 아니라 모든 부서에서 모든 기능에 대한 전사적인 의사 결정을 관리할 수 있는 탁월한 도구를 가지게 된다.

7. 브랜드 활동 발전기

이는 구체적인 활동과 커뮤니케이션을 통해 브랜드를 표명하는 것이다. (표 8.2)

■ **예상 결과**: 사람들의 머릿속에 자리잡기를 원하는 우리 브랜드의 모습에 부합하면서, 브랜드 마인드 스페이스의 네 차원으로 브랜드를 표현하는 활동별로 브랜드 코드를 중앙에 놓고 브랜드를 잡아 늘여본다.

8. 브랜드 스토리

일관되고 통합된 브랜드 스토리를 만들기 위해 영화 대본을 쓰는 것에서 착안한 특별한 스토리텔링 방식을 사용한다.

■ **예상 결과**: 모든 이해관계자들에게 반복적으로 말할 수 있는 1분짜리 스토리를 짤 수 있다. 이는 고객 홍보 대사들을 위해서뿐만 아니라 그 기업에 속한 모든 사람들에게 필요한 유용하고 실용적인 결과물이다.

9. **브랜드북을 통한 가이드라인 제시**

브랜드북은 마케팅이나 커뮤니케이션 지침을 주기 위해 주로 사용되는데, 때로 출력해서 쓰는 경우도 있지만 대개는 디지털 문서로 되어 있다. 이 브랜드북에는 브랜드 전략 개발 프로세스의 모든 결과물들, 즉 브랜드 마인드 스페이스, 브랜드 포지셔닝, 브랜드 코드 및 모토, 브랜드 활동 발전기, 브랜드 스토리 등을 포함한 전략 부문이 담겨 있다.

■ **예상 결과**: 브랜드플라이트는 브랜드북 개발 방법에 대한 지침을 제공한다. 이 책은 대개 제품이나 패키징, UX 등의 영역에서 이미 활동하고 있는 그 브랜드의 디자이너가 디자인 한다. 이 책은 브랜드의 다양한 디자인 요소들에 단일한 디자인 스타일이 적용, 유지될 수 있도록 돕는 역할을 한다.

10. **고객 접점 코딩**

우리는 각기 다른 유형의 고객 접점을 브랜드 코드 및 모토, 그리고 네 가지 차원에서 각 접점에 대한 기준과 통합하기 위해 실용적인 방법론을 개발했다.

- **예상 결과**: 고객 접점을 개발하고 관리할 수 있는 완벽한 도구

11. 브랜드 런칭 계획

이 프로세스의 마지막 단계는 브랜드 런칭 방법에 대한 활동 계획을 수립하는 것이다. 미디어 플래닝과 콘텐츠 제작 및 조정 등을 담당하는 PR 전문가, 광고 전문가, 이벤트 전문가, 소셜 미디어 전문가 등과 같이 각 분야별 전문가들이 관련된 활동을 실행한다.

- **예상 결과**: 외부 전문가들이 요구하는 활동은 물론이고 기업 내부의 전 부서가 요구하는 활동을 다룬, 완전하고 상세한 런칭 계획.

표 8.2 브랜드 활동 발전기: 브랜드 전략 명시하기

기능적 활동
새로운 제품과 서비스, 프레젠테이션, 영업 도구, 네이밍, 패키징, 디자인 등

자아적 활동
콘셉트, 멘토링, 역할 모델 따라하기, 훈련 등

관계적 활동
커뮤니티, 이벤트, 후원 등

브랜드 모토

제품
이 브랜드가 주는 혜택과 경험은 무엇인가?

포지셔닝
왜 우리 브랜드는 경쟁사 브랜드보다 더 낫거나 다른가?

스타일
브랜드의 스타일-이미지, 느낌, 분위기 등을 특징짓는 것은 무엇인가?

미션/의미
이 브랜드가 가진 의미와 목적은 무엇인가?

비전
미래에 가지고 싶은 지위는 무엇인가?

가치
이 브랜드를 마치 친구처럼 신뢰할 수 있게 만드는 것은 무엇인가?

정신적(이미지) 활동
의미화 커뮤니케이션: PR, 이벤트, 후원, 판어 등

표 8.3 스타트업 기업의 브랜딩 프로세스

1. 탑승 수속 브리핑을 듣는다	2. 연료 주입 브랜드 비전을 가진다	3. 방향 찾기 브랜드를 겨냥한다	4. 이륙하기 브랜드 코드를 작동시킨다	5. 비행하기 브랜드를 활성화시킨다
현대 브랜딩에 대한 강의 관계 브랜딩에 대해 배우고 이것이 브랜딩에 대해 우리가 과거에 알고 있었던 모든 것을 어떻게 바꾸었는지를 이해하기	브랜드 비전 워크숍 최고 기량의 선수들이 하는 것처럼 하기 - 설정하기 전에 성적부터 보다 _스스로 해보자_	브랜드 마인드 스페이스 워크숍: • 시각적 • 언어적 사람들의 머리 속에 우리가 기대하는 브랜드 구축하기 _스스로 해보자_	브랜드 코드 워크숍: • 만들기 • 제어하기 원 페이지(one-page) 브랜드 전략 _스스로 해보자_	브랜드 활동 발전기 워크숍 • 브랜드 전략 테스트 하기 • 브랜드를 출시하기 위한 활동 고안하기 브랜드 스토리에 대한 원고 작성 • 1분짜리 브랜드 스토리 만들기 여러분의 브랜드를 공유하라

결론: 브랜드 코드는 브랜드의 심장이다

브랜드 코드를 정의하는 것은 마치 악기를 조율하는 것과 같다. 때때로 브랜드 코드 대신 브랜드의 DNA 코드라는 별칭을 쓰기도 하는데 이는 매우 좋은 비유다. DNA가 추적되고 신체의 외양과 모든 부분에 영향을 미치는 방식과 동일하게, 브랜드 코드도 추적이 가능하고 비즈니스의 전 부분에 영향을 미친다. 브랜드 코드는 위에서 설명한 것과 같이 브랜드를 창조하고 코딩하는 전 과정 중 하나의 필수적인 부분이다. 우리는 브랜드를 압축하고 요약하는 브랜드 코드와 브랜드 모토에서부터 시작하여 고객들이 자사와 만나는 모든 접점에 자사의 브랜드 코드를 드러내는 고객 경험을 창조할 수 있다.

9장

고객 경험 브랜딩
실제로는 없을지라도
지각할 수 있는 차이점을 만들기

오늘날 CX라고 불리는 고객 경험은 다음과 같이 쉽게 정의할 수 있다.

브랜드 경험이란 의식적이고 잠재 의식적인 고객의 마음을 통해 인지된, 조직과 고객 사이의 상호작용을 뜻한다. 이는 모든 접촉의 순간에 고객의 기대에 대해 직관적으로 측정된, 조직의 이성적인 업무 수행과 자극된 감각, 유발된 감정을 혼합한 것이다.

스티브 잡스는 비즈니스를 구축하는 순서와 이에 대해 고객 경험이 하는 역할에 대해 1997년, 다음과 같은 유명한 말로 그의 의견을 반복해서 피력했다. '고객 경험에서 시작해서 테크놀로지로 거꾸러 올라가야 한다. 반대로 해서는 안 된다.'

브랜드는 고객 경험을 위한 열쇠다

브랜드 전략(브랜드 코드의 일부인 가치 제안을 포함)은 고객 경험을 위한 열쇠다. 고객 경험의 공식은 단순하지만 중요하다. 그 공식은 '가치 = 이익 - 비용(위험과 고통 포함)'이다. 브랜딩은 사람들의 머리 속에 있는 인식을 관리하는 것이며 가치관은 항상 인식에 해당한다.

　브랜드 코드는 유형적으로 또는 정서적으로 우리가 제공하고자 하는 것을 상세하게 열거해 준다. 또한 고객과의 관계를 위한 토대가 되기도 한다. 모든 기업들은 그들의 브랜드가 무엇인지, 그들의 가치 제안이 진정으로 무엇인지에 대해 균형 감각을 상실하는 위기를 맞을 수 있다. 시장이 변화하고 있는 상황이라면 이는 더욱 가능한 이야기다. 새로운 기업이 나타나고 새로운 상품이 갑자기 출현하여 시장의 오랜 역사를 침범하기도 한다.

　지금까지 우리는 브랜드와 브랜드 전략에 집중해 왔다. 좋은 브랜드 전략에는 항상 놀라운 고객 경험을 제공하는 방법에 대한 중요한 아이디어가 담겨 있다.

이제 전략은 잠깐 제쳐두고 실질적으로 차별화 되고 성공적인 고객 경험을 창출하기 위해서는 무엇이 필요한지 살펴보도록 하자.

고객 경험은 실제 제품이나 서비스의 차이가 최소화되고 있는 오늘날 세계에서 최고로 중요한 문제다. 올바른 고객을 확보하고 성장을 구가하며 구전에 의한 추천을 유도하는 데 있어 어떤 브랜드들이 다른 브랜드들보다 어떻게 더 성공하는지를 설명해주는 것은 이러한 감지된 차이에 대한 주목이다.

고객 경험을 이해하는 첫 번째 단계는 고객들이 마음으로 비즈니스에 더 가까이 다가오게 하고, 고객 경험이 어디서 어떻게 우리의 성공에 영향을 미치는지를 이해하는 것이다. 고객 여정*customer journey*과 각 유형의 고객들이 겪는 경험을 이해하고 체계적으로 검토하는 기업들은 더 높은 고객 충성도를 확보하고 더 유익한 관계를 향유할 수 있다.

고객의 기대가 고객 경험을 주도한다

브랜딩은 고객 경험을 구축하는 것에 관한 문제로, 여기서 우리는 최고의 고객 경험 브랜드를 구축하는 데 있어 가장 흥미로운 메카니즘 중 한 가지와 맞닥뜨리게 된다. 고객 기대와 그들의 경험과의 관계는 다음과 같은 방정식으로 볼 수 있다: 기대^{expectation} × 이행^{delivery} = 경험^{experience}. 이것이 의미하는 바는 기대가 높으면 전반적인 고객 경험은 향상되고 브랜드는 강화되며, 기대가 낮으면 고객 경험의 수준도 낮아진다는 것이다. 두 가지 경우 모두에서 이행의 수준은 같다고 해도 말이다.

이러한 고객 경험 브랜딩 메카니즘이 실제 작동하는 것을 개인적으로 관찰했던 첫 번째 사례는 1980년대로 거슬러 올라간다. 당시 국영 통신 독점 기업이었던 텔레버켓^{Televerket}은 민영화의 압박으로 국영 독점 기업에서 텔리아^{Telia}라고 불리는 공개 상장 민간 통신 회사로 그 지위를 바꾸었다. 당시에는 이와 같은 민영화와 규제 완화가 많은 국가에서 일어나고 있었고 과거의 국영 기업들은 홀로 서서 상업적인 기업으로 민간 기업들과 경쟁하는 법을 배워야 했다.

텔레버켓이 직면해야 했던 가장 큰 장애물은 현대적인 고객 서비스의 부족으로 이는 보편적으로 인식되고 있던 것이었다. 이들은 어느 날 갑자기 고객 서비스 중심의 기업이 되어야 하는 과제를 안게 되었던 것이다. 우리는 '새로운' 텔레버켓을 약속하는 광고 캠페인을 제작했고, 이미 민간 부문에서는 당연히 해야 하는 것으로 여겨지는 매우 간단한 활동들을 통해 국영 독점 기업에서 고객 서비스 경험 기업으로 변화하고자 하는 큰 포부를 지원했다. 실행에 있어 변화를 보여주는 증거 중 하나는 이 '새로운' 텔레버켓이 설치나 수리 서비스 후에 고객들에게 전화를 걸어 고객 만족에 대해 물어보았다는 사실이다. 과거에는 전례가 없던 일이었다. 국영 기업일 때 텔레버켓에서 일하는 사람들은 공무원처럼 행동했고 사실상 그렇기도 했다. 모두 부정적으로만 말하고 더 큰 문제만 야기할 것이라는 생각으로 고객에게 피드백을 요청하는 것을 꺼려했다.

우리와 함께 진행했던 텔레버켓의 성공적인 프로

젝트를 통해 나는 나중에 수없이 활용할 수 있게 된 많은 것을 배웠는데, 이는 스웨덴 국영 철도 회사인 SJ, 역시 국가 소유의 스칸디나비아 항공사 SAS와 같이 민영화와 규제 완화에 직면한 다른 국영 독점 기업들에게만 적용되는 것은 아니었다. 내가 배운 많은 것들 중 중요한 것 한 가지는 변화하고자 하는 포부를 커뮤니케이션 한다면 심지어 그러한 변화를 위한 계획을 실행에 옮기기 전이라 해도 그 변화가 사람들이 마음 속에서는 일어나기 시작했다는 점이다. 포부를 커뮤니케이션하는 것 자체가 체인지 메이커change-maker인 것이다.

사람들 머리 속의 인식을 관리하는 것, 이것이 진정한 브랜딩이다. 내가 또 깨달은 것은, 변화에 대한 기대 또는 변화가 일어날 것이라는 가능성에 대한 인지가 낮을 때 변화는 더욱 놀랍게 다가가고 더 효과적이라는 사실이었다. 많은 경우 변화를 하고자 하는 기업이나 브랜드의 자발적 태도나 열망은 고객과 잠재 고객들의 호의와 격려를 끌어내기에 충분하다. 우리는 긍정적으로 생각하고 아무런 포부를 갖지 않는 것보다는 포부를 높게 가지는 것이 옳다고 생각한다. 그리고 우리는 포부가 크고 변화를 기꺼이 수용하는 기업들이 승자가 되는 데 도움을 주고자 한다. 기업이 우리의 삶과 일에 중요하고 필요한 무언가를 제공한다면 특히 더 그렇다. 우리는 냉정하게 평가할 때 결과가 훌륭하지 못하다 할지라도 포부가 크고 긍정적인 기대 경험을 지지한다.

왜 더 많은 기업들이 이러한 메커니즘을 사용하지 않는가?

기업이 고객 경험에 대한 기대를 높이는 것을 막는 큰 장애물은 더 큰 고객 경험에 부응하고 이를 약속해야 한다고 스스로에게 압박감을 준다는 사실이다. 이는 부분적으로는 조직 내부적으로 확신이 부족한 탓이고 또 다른 측면으로는 약속과 위험 감수에 대한 마인드가 부족한 탓이다. 정말로 성공하겠다는 목표를 가진 기업이라면 이러한 확신의 부족을 해결해야 한다. 그리고 이를 위한 방법은 스스로 약속 수준을 높이고 직원들의 자신감을 고취시키며 이들이 좀 더 큰 위험을 감수할 수 있도록 허용하는 데서 시작한다.

직원들을 격려하는 데 있어서는 금전적인 우대책이 퍼뜩 떠오를 수도 있겠지만, 조사에 따르면 개인이 최고의 역량을 발휘하고 복잡한 업무를 수행할 수 있도록 하는 가장 큰 추진력은 금전적인 우대책(당근)은 아닌 것으로 나타났다. 처벌(채찍)에 대한 두려움도 아니며 이 둘을 혼합한 것도 아니다. 목적이나 자아 만족을 위한 원동력이 앞서 말한 뻔한 두 개의 선택지들보다도 훨씬 강력한 추진력이 된다.

조직 내에서 확신의 문화를 구축하는 것은 핵심이 되는 개별 인물들을 구성하는 데서 시작한다. 이는 퍼스널 브랜딩이라는 놀라운 도구, 즉 자기 평가와 자기 표적화 과정을 코칭과 결합하여 사용하는 것을 통해 이루어질 수 있다. 15장에서는 개인들의 놀라운 힘과 긍정적인 고객 경험 브랜딩을 하는 데 어떻게 이 개인들이 필수 요소가 되는지에 대해 읽게 될 것이다.

고객 여정

이 장에서 다루고 있는 고객 경험 브랜딩은 고객을 더 잘 아는 데서 시작한다. 많은 기업들은 경영의 전반적인 단계에서 고객 경험을 강조하지는 않기 때문에 고객 경험 브랜딩을 성공적으로 관리하지 못한다. 고객을 더 잘 아는 것이 고객 경험 브랜딩의 핵심이며, 이는 고객의 입장에서 그들의 방식으로 브랜드를 이해하고 경험하는 데서 시작한다.

고객들의 경험을 이해하는 한 가지 방법은 고객 여정customer journey을 체계적으로 연구하고 관리하는 것이다. 고객 여정을 설명하는 데는 여러 가지 방법이 있는데 내가 사용하는 방법은 고객 브랜드 경험 라이프사이클(표 9.1)이다.

이 라이프사이클은 고객이 우리를 알아보고 더 많이 배울 때 시작된다. 그런 후 이들은 선택을 하고 그들이 선택한 제품이나 서비스를 사용한다. 그 다음에 고객들과 사용자들은 평가를 한다. 브랜드 오너라면 고객들을 관여시키고 그들이 우리를 이렇게 인지하고

표 9.1 고객의 브랜드 경험 라이프 사이클

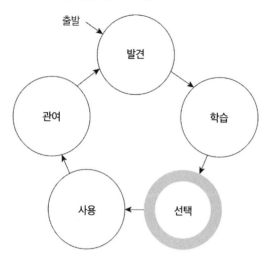

- **발견**: 고객들은 어디에서 우리를 찾고 있는가?
- **학습**: 고객들이 배우려고 하는 것은 무엇인가?
- **선택**: 구매 또는 사용하는 데 장애물은 무엇인가?
- **사용**: 무엇이 만족이나 불만족을 주는가?
- **관여**: 고객들의 평가는 무엇인가? 구매나 적극적인 추천과 같은 겉으로 드러난 행동만 믿도록 하라. 사람들은 편향되고 주관적이며 표현하는 본성이 있으므로 만족 지표들은 주의해서 살펴야 한다. 이러한 것들은 좀처럼 행동으로 연결되지 않는다고들 한다.

주변에 추천을 하는지를 파악할 필요가 있다.

각 단계별로 최상의 고객 경험을 제공하기 위해 해답을 찾아야 할 질문들이 있다.

고객 경험의 초석

모든 유형의 기업에 지속 가능하고 특별하며 성공적인 고객 경험을 만드는 네 가지 요소들이 있다. 고객 경험의 이 네 가지 요소들, 또는 초석은 아래와 같다.

- 놀라움
- 기쁨
- 신뢰
- 존경

이 네 가지 성공 요소들 중 첫 번째인 놀라움은 이 책의 주요 테마다. 우리는 어떻게 다룰 것인가라는 측면에서 이미 놀라움을 살펴본 바 있다. 그러나 아주 특별한 고객 경험을 창출하는 나머지 요소들도 포함하지 않는다면 이 책은 완성될 수 없으며 혹은 적어도 실행에 효율적이지 못하다. 이 모든 요소가 중요하며 이 요소들을 각각 다루는 별도의 책이 있어도 타당할만큼 각 요소들에 대해 말할 거리도 충분하다.

그러나 여기서는 그럴만한 지면이 충분히 않으므로 부득이하게 각 요소들의 가장 중요한 측면들만 아주 간단하게 요약하고자 한다. 놀라움과 나머지 요소들의 차이는 놀라움은 그 본질상 가장 예상 밖의 일이고 명확함이 떨어진다는 점이다. 기쁨, 신뢰, 존경은 비즈니스에서 전통적으로, 그리고 일반적으로 성공의 요소들로 여겨졌다. 그러나 네 가지 요소 모두가 성공적인 비즈니스를 위한 토대를 형성한다.

놀라움 - 예상치 않은 것

놀라움을 제공한 기업으로는 KLM의 사례가 있다. KLM은 승객들 각자의 트위터나 페이스북 포스팅에 기반하여 개인화된 작은 선물을 제공함으로써 놀라움을 제공했다. 이 놀라움은 의미도 있고 기대치 않았던 것이기도 했기에 놀라움으로 인한 승객들의 미소는 진심어린 것이었다. 이러한 놀라움 실험의 구전 효과는 대단해서 단 하루의 활동만으로도 백만이 넘는 긍정적인 트위터 메시지를 받았다. 12장으로 가면 이 실험에 대한 더 많은 것을 읽어볼 수 있다.

기쁨 - 끊임없고 긍정적인 상기

놀라움이 초기에 (그리고 주기적으로 업데이트가 된) '와우' 효과를 만들어낸다면 기쁨은 브랜드와의 기분 좋고 긍정적인 관계에 지속성을 만들어 낸다. 우버Uber가 처음 소개됐을 때 자신의 스마트폰 화면을 통해 실황으로 우리를 태울 차가 실제로 다가 오고 있는 것을 보는 것은 굉장한 놀라움이었다. 그리고 이 기쁨은 우버를 많이 이용한 충성스러운 고객들에게서도 좀처럼 사라질 것처럼 보이지 않았다.

고객이나 사용자로서 느끼는 이러한 반복적인 기쁨은 직관력, 편의성, 민첩성, 기민성, 정밀함, 지성 등을 활용하는 것을 포함하여 다양한 방식으로 창출될 수 있다. 또 다른 효과적인 방법은 '게이미피케이션 gamification'이라고 하는 인기 있는 콘셉트, 즉 재미있는 놀이에 아주 가까운 게임 같은 장난이나 오락이 있다.

또 하나 좋은 예는 기쁨에 브랜드의 역량을 집중시킨 BMW의 사례다. 현재까지도 꽤 오랫동안 이들의 브랜드 모토는 '운전의 기쁨*Joy of Driving*'으로 2010년도 BMW 광고에서 이들은 다음과 같은 표현을 했다.

BMW는 기쁨을 창조한다. 우리는 차를 만드는 것이 아니다. 우리는 감성 창조자들이다. 우리는 스릴의 수호자들이다. 또 우리는 세 개의 알파벳으로 된 단어 조이*Joy*의 수호자들이다. 한 번은 BMW의 엔지니어 세션에 참가했는데 그때 나는 전문 용어로 가득한, 그들의 심오한 기술적 대화를 상당 부분 이해할 수 없었다. 그러나 갑자기 BMW 기술자 중 한 사람이 독일어로 이렇게 소리쳤다. '아버 다스 해트 미트 암 파흔 가 니 시츠 추 툰*Aber das hat mit Freude am Fahren gar nichts zu tun!*'('이것은 운전의 기쁨과는 아무 상관이 없어!')

브랜드 아이디어가 엔지니어들 사이의 기술 토론에서 어떻게 유지되고 있는지를 경험하는 것은 놀라운 일이었지만, 이는 브랜드 중심의 BMW 기술 문화를 보여주는 매우 전형적인 모습이었다.

신뢰 - 이행에 대한 믿음

신뢰의 토대를 만드는 데는 세 가지 구성 요소가 필요하다. 기대, 니즈, 약속이 그 세 가지다. 나는 《비즈니스에 있어 신뢰에 관한 진실The Truth About Trust in Business》의 작가이자 우리에게 신뢰를 가르치기 위해 전 세계에서 세미나를 열고 있는 바네사 홀Vanessa Hall이라는 진정한 신뢰 전문가에게서 이를 배웠다.

신뢰는 다음 세 가지 요소 모두가 견고하고 제 자리에 있을 때 형성된다. 즉:

- 브랜드에 대한 기대가 충족되거나 관리될 때;
- 니즈가 충족될 때;
- 약속이 지켜질 때.

우리가 진정한, 그리고 지속적인 성공을 원한다면 모든 커뮤니케이션이, 모든 광고가, 모든 PR 이벤트 그리고 모든 브랜딩 활동들이 기대를 형성하고, 니즈에 다가가며, 우리가 반드시 충족시켜야 하는 약속을 만든다는 사실을 인식해야 한다. 변명의 여지가 없다.

겉으로 표명된 약속은 물론이고 암시된 약속까지도, 모든 기대와 약속들을 고려하는 것은 중요하다. 또한 어떤 기대들은 브랜드 오너가 결정할 수 없다는 것도 기억해야 한다. 어떤 요소들은 우리의 통제 범위 바깥에 있지만 브랜드 오너라면 여전히 이를 살펴야 한다. 니즈에 관한 한, 사람들은 저마다 다 다르고 자신만의 우선 순위를 가지고 있다는 사실을 고려하는 것도 중요하다. 매슬로우의 욕구 단계론은 가장 중요한 인간의 니즈인 생존, 안전, 소속, 존경, 자아실현 등을 정의한다. 다양한 유형의 고객들을 이러한 각기 다른 니즈와 연결시켜 보자.

신뢰라는 주제와 관련해서 살펴볼 수 있는 좋은 예는 세포라*Sephora*다. 이 화장품 소매 브랜드는 1970년에 파리에서 설립되어 1998년에 미국에 소개되었다. 그 이후로 빠르게 성장하여 2015년에는 두 자리 수의 유기적 수익 성장을 달성하며 상승을 이어갔다. 세포라는 북미 전 지역에 360여 개의 장소를 포함하여 1,600개 이상의 매장을 가지고 있으며 메이시즈*Macy's*처럼 확실히 자리를 잡은 백화점 소매점들의 거센 도전을 받고 있음에도 높은 시장 점유율을 누리고 있다. 세포라의 브랜드 아이디어는 프리미엄 브랜드와 제품만을 판매한다는 것이다. 세포라의 목표는 신뢰를 받는 독립적인 전문가로서 사람들에게 경험을 제공하는 것이다.

이를 통해 세포라는 색깔, 향, 스킨 케어 등에 집중한 최상의 고객 서비스를 제공하면서 더 젊은 고객들을 끌어들였다. 이들은 또 백화점들이 여전히 브랜드별로 제품을 진열하고 있는 동안 알파벳 순서로 제품을 정리하여 효과적으로 끼워팔기를 하고 있다. 이렇게 대체로 신뢰와는 거리가 먼 화장품 세계에서 세포라는 예외가 되었으며 상대적으로 놀라운 신뢰를 받아오고 있다.

존경 - 공감과 휴머니즘 보여주기

존경은 여러 가지 면에서 고객 경험의 네 가지 기본 요소 중 가장 어려운 요소다. 기업에 있어 존경은 고객들의 니즈와 진정으로 동일시 되고 고객들이 느끼는 것을 느낄 줄 아는 능력이다. 이론적으로는 쉬운 말이다. 대부분의 공급업자들은 자신의 제품이나 서비스를 제공할 때 그들이 고객의 입장에서 느꼈던 개인적인 경험을 이용할 수 있다고 생각한다. 문제는 우리가 절대로 그렇게 할 수 없다는 사실이다. 고객이 아니라 공급업자가 되는 순간 되돌릴 수 없이 관점이 바뀌고 자립성을 상실한다. 더 이상 순진한 사용자 겸 아마추어가 아니라 생산 전문가가 되는 것이다.

　존경은 고객들의 미미한 신호에 민감해지는 것에 관한 문제다. 통상 예상보다 한 단계 더 나아가는 것에 관한 문제기도 하다. 이 때문에 나는 애플, 특히 모든 애플 제품과 플랫폼에 적용된 음성 인식 제어 장치인 시리*Siri* 를 고객 경험의 맥락에서 존경받는 브랜드의 예로 삼곤한다.

고객 경험 중에서도 더 나은 디자인과 사용이 편한 제품은 고객들에 대한 존경과 직접적으로 연결이 되어 있다. 존경의 반대는 오만이며 애플과 비교했을 때 많은 테크놀로지 기업들은 좋은 디지인과 사용 편의성에 대한 고객의 니즈를 존중한다는 측면에서 일반적으로 매우 오만한 기업들로 인식된다. 시리는 사용자들의 니즈와 사용자들의 자연스러운 인간 행동에 대한 존경을 보여준다. 시리와 같은 음성 인식 인터페이스는 많은 면에서 더욱 세심하고, 문화, 전통, 언어상의 차이에 경의를 표해야 하는데, 이렇듯 고객들과 사용자들에게 존경을 보이는 것은 상당한 도전이다.

고객 경험과 사용자 경험

고객 경험의 측면에서 오늘날 가장 중요한 분야 중 하나는 디지털 애플리케이션 영역이다. 이러한 디지털 스크린들과 콘텐츠, 그리고 사용자의 연결은 순전히 스마트폰, 태블릿, 컴퓨터 등으로 인한 디지털 기기의 일상적이고 빈번한 사용 때문에 현재 세상에서 일어나는 거의 모든 고객 경험의 일부가 되었다. 이러한 스크린은 자동차에, 가전제품에, 거의 모든 유형의 업무 현장과 소매 현장에서 우리가 사용하는 기계들에 탑재되어 있다.

디지털 성장의 시대에 이는 통상 사용자 경험*user experience(UX)*이라고 불린다. 브랜딩 세계의 고객 경험에 있어 사용자 경험이 가지는 지배적인 지위를 감안할 때 이 책 역시 이 주제를 그냥 지나칠 수는 없다. 나는 사용자 경험을 제 3세대의 브랜드 '윈도우*window*', 즉 브랜드를 효과적으로 표현하는 매개체로 본다.

브랜딩은 역사상 지금까지 3개의 중요한 윈도우를 보유해왔다. 1세대 브랜드 윈도우는 포장된 제품이었다. 캠벨*Campbell* 수프 깡통이 좋은 예인데 앤디 워홀*AndyWarhol*에 의해 이 깡통은 소비자 제품의 아이콘이 되었다. 브랜드는 제품이었고 포장을 통해 표현되었으며 브랜드의 개성은 주로 포장을 통해서 만들어졌다.

2세대 브랜드 윈도우는 광고였다. 광고의 초창기에는 제품과 포장 그 자체가 모든 광고에서 관심의 대상이었다. 점차 광고는 제품보다는 브랜드를 표현하는 것이 되었다. 광고는 브랜드를 더욱 정서적이고 심리적인 것으로 만들어 어떻게 하면 브랜드에 더욱 생기를 불어 넣을 수 있을 것인가에 관한 문제였고 이는 여전히 그렇다.

현재의 3세대 브랜드 윈도우는 애플리케이션 또는 애플리케이션에 대한 사용자 경험이다. 생각해 보면 애플리케이션은 모든 것을 한다. 제품이나 서비스에 정체성을 제공할 뿐만 아니라 그 제품이나 서비스를 커뮤니케이션하고 판매하며 제품이나 서비스의 일부가 되기도 한다. 애플리케이션은 소비자, 제품이나 서비스, 브랜드와 온전히 통합되기 때문에 그 제품이나 서비스를 판매하는 기업이 상징하는 하는 것을 활성화시킨다. 애플리케이션은 사용자들의 대화에서 브랜드에 생기를 불어 넣는 데 있어서도 인터렉티브하게 도움을 준다. 브랜드를 제품 중심의 트랜잭션 브랜드에서 현대적이고 인터렉티브한 관계 브랜드로 변화시킨다.

UX의 세계에서 선두적이며 가장 빠르게 성장하고

있는 기업들 중 하나인 아이디언*Idean*과 협업을 하는 동안, 이 기업의 설립자 겸 오너인 리스토 라데스마키*Risto Lahdesmaki*를 비롯해 실전 경험을 가진 이 기업의 사람들은, 좋은 애플리케이션과 사용자 경험을 만드는 데 요구되는 필수 요건과 그에 대한 중요성을 나에게 가르쳐주었다. 리스토는 전 세계적으로 가장 훌륭한 사용자 경험 크리에이터 중 한 명으로, 그의 도움으로 나도 궁극적인 브랜드 경험*brand experience*를 만드는 데 필요한 새로운 방법론을 개발했다.

브랜드 경험이란 무엇인가

브랜드 경험 개발법은 관계 브랜딩을 기반으로 하며, 오늘날 사용자들의 니즈를 충족시키고 완벽하게 맞추는 브랜드와 애플리케이션을 창조하기 위해 4D 브랜딩을 사용한다. 이러한 제 3세대 브랜드 윈도우는 명백히 쌍방향적이므로 디지털 사용자 인터페이스를 통해 고객과 브랜드 사이에 새로운 차원의 상호작용과 관계를 만들어낸다. 그러므로 디지털 사용자 경험을 관리하는 것은 다른 나머지 고객 경험을 관리하는 것만큼이나 중요하다.

좋은 고객 경험을 창조하기 위한 일반적인 원칙을 적용하는 것에 덧붙여, 애플리케이션이 잘 작동하도록 하기 위해 고려해야 하는 세 가지 단계는 아래와 같다.

1. **고객/사용자 에스노그라피.** 애플리케이션을 사용하는 순간뿐만 아니라 더 넓은 맥락에서 고객들이 삶에서 원하는 것, 즉 고객들과 사용자들이 원하고 필요로 하는 것을 찾아야 한다. 이를 실천하기 위해 우리는 고객이나 사용자들과 그들의 집 또는 직장에서 심층적인 조사 인터뷰를 몇 번 해야 한다. 미미한 신호를 모니터하고 애플리케이션에 대한 정서적·심리적 여운을 찾아야 하며, 놀랍도록 향상된, 경쟁사들의 애플리케이션보다 더 많이 사랑받고 사용될 수 있는 애플리케이션을 만드는 데 이러한 지식을 사용해야 한다.

2. **애플리케이션을 위한 관계 브랜드 전략.** 애플리케이션이 더 잘 작동하고 더욱 인기를 얻도록 만들기 위해서는 브랜드를 정확하게 보여주는 현대적인 브랜드 전략을 기반으로 만들어야 한다. 여기서 우리는 제품 중심적 사고인 과거의 트랜잭션 브랜드에서 새로운 학파의 관계 브랜딩으로 전환해야 한다. 나는 수백 개의 기업들에 강력한 4D 브랜딩을 적용해왔다. 브랜드는 더 이상 기능적인 차원에만 머무를 수 없으며 관계적 차원, 자아적 차원, 정신적 차원을 확보해야 한다. 우리의 애플리케이션은 가장 사랑받고 가장 많이 이용되는 애플리케이션이 되는 데 필요한 요소를 갖추어야 하며 우리의 브랜드 역시 마찬가지다!

3. **브랜드 경험.** 애플리케이션의 UX를 디자인하고 코딩할 때 위에서 말한 모든 것을 포함해야 한다. 에스노그라피 인터뷰를 통해 드러난 미미한 신호들은 사용자들의 내밀한 생각을 드러내

주고 작지만 중요한 세부 사항들로 우리를 이끌어준다. 우리의 애플리케이션은 사용자들을 편안하게 만들고 그들을 유혹하며 소중히 살피고 존경하며 사용자들의 마음 속에서 관계를 구축해야 한다. 애플리케이션은, 좋은 가구나 자동차 디자인 때문에 사람들이 자신의 소유물을 사랑하게 되는 것과 같은 방식으로 고객에게 매력을 주어야 한다. 이는 또 고객들이 더 많은 것을 하고 (더 많은 것을 사고) 그것에 대해 좋은 느낌을 가지도록 흥미를 일으킬 수도 있어야 한다.

표 9.2 브랜드 감사 - 순추천고객지수(NPS)

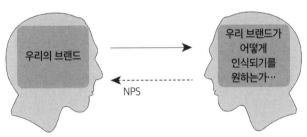

순추천고객지수*Net Promoter Score, NPS*는 브랜드의 영향력을 측정하는 가장 좋은 방법이다. NPS에서 질문은 단 하나지만 대답은 각각 다르게 나오고 분석될 수 있다.

Q: 이 브랜드를 친구에게 추천하시겠습니까?
A: 네 또는 아니오

이 모든 것은 디자인팀의 다양한 경험을 통해 가능하다. 이러한 경험은 여러 가지 작업 시스템에서 활용할 수 있는 기술적 기회에 대한 경험뿐만 아니라 고객/사용자 에스노그라피(1단계)와 브랜드 전략(2단계)으로부터 도입된 본질적인 인본주의적, 심미적, 문화적 접근에 대한 경험이기도 하다.

고객 경험 브랜딩에서 성공 측정하기

나의 경험에 의하면 고객 경험 브랜딩을 측정하는 가장 훌륭하고 간단한 방법은 순추천고객지수*Net Promoter Score* 즉, NPS(표 9.2)를 사용하는 것이다. 2003년에 베인앤컴퍼니*Bain & Company*의 롭 마키*Rob Markey*와 프레드 라이켈트*Fred Reichheld*가 소개한 이 NPS는 단 한 개의 질문에 대한 대답을 기초로 계산된다. 그 질문은 다음과 같다. '당신의 친구나 동료에게 우리를 얼마나 추천하시겠습니까?

이는 일반적으로 0~10의 척도로 평가되는데 0은

전혀 그 제품을 추천하지 않는다라는 응답이고 10은 매우 추천할 것이라는 응답이다. 9~10의 점수로 응답한 사람들은 '프로모터'라고 불린다. 이들은 더 많이 구매할 가능성이 있고 더 오랫동안 고객의 자리에 머무르고, 가장 중요하게는 잠재 고객들에게 긍정적인 추천을 할 가능성이 있는 사람들이다. 0~6점으로 매겨진 사람들은 '사기 저하 고객들'로 불린다. 이들은 기업에 가치를 더하는 긍정적인 행동을 좀처럼 할 가능성이 없는 사람들이다. 7 또는 8점이 매겨진 사람들은 '소극적인 고객들'로 불린다. 이들의 이름이 암시하듯 이들은 우리가 기대하는 긍정적인 행동을 보여줄 것 같지도 않지만 그렇다고 꺼리지도 않을 것 같은 사람들이다.

NPS를 계산하려면 프로모터 비율에서 사기 저하 고객들의 비율을 빼야 한다. 수동적인 고객들은 전체 응답자 수에는 영향을 미치지만 직접적으로 NPS에 영향을 미치지는 않는다. NPS를 사용하는 기업들은 대개 사람들에게 선택의 이유를 설명해달라고 요청하면서 개별 응답자들에게 자유롭게 응답할 수 있는 질문을 덧붙인다. 이 응답들은 후속 조치를 결정할 때 중요한 것으로, 대개 최전방에서 일하는 직원들이나 경영진에 전달된다. 이 응답들은 또 기업이나 제품, 서비스 등이 어떻게 인식되는지를 이해하는 데 도움을 얻기 위해 사용될 수도 있다. NPS 시스템을 사용할 때 종종 기업들은 분석에서 인간의 편견을 최소화하기 위해 소프트웨어에 의존하기도 한다. 소프트웨어는 분석 파트는 물론이고 전체적인 지표와 보고서 묶음을 제공해주기도 한다.

NPS는 주로 브랜드나 기업에 대한 고객 충성도를 평가하는 데 사용된다. 이는 기업들로 하여금 자신의 고객들이 재구매를 하거나, 기업에 대해 긍정적으로 말하거나, 다른 경쟁사나 브랜드로 전환하고자 하는 압력에 저항할 가능성 등이 있는지를 판별할 수 있도록 해준다. 그러나 전적으로 효과를 발휘하기 위해서 NPS 시스템은 또 '제기된 문제에 대한 결과를 얻고' 피드백을 제공한 고객들로부터 더 많은 것을 습득할 수 있는 프로세스도 필요로 한다. 이는 우리에게 부정적인 인식을 호전시키고, 사기 저하 고객들을 프로모터로 바꿀 수 있는 기회를 준다.

조직 내부적으로 순 프로모터 접근은 고객 니즈를 유념하고 조직이 제품이나 서비스를 향상시키는 데 더욱 집중할 수 있는 동기를 부여해준다. NPS에 대해 비판하는 사람들은 대체로 한 기업의 NPS는 그 기업의 수익 증대와 상관 관계가 있다는 주장에 대해 반박한다. 상관 관계가 있을 수도 있지만 그렇다고 고도로 밀접한 관계가 있는 것은 아니다. 이 점과 다른 비판에도 지멘스Siemens, 필립스Philips, 애플스토어Apple Stores, GE, 아메리칸 익스프레스American Express, 인튜잇Intuit 등과 같은 많은 주요 기업들은 그들이 NPS 접근법을 사용하고 있다고 공개적으로 인정한다.

브랜드 충성도와 기업 충성도를 측정하기 위해 NPS를 사용하는 것 외에도 NPS는 온라인 애플리케이션이나 소셜 게임 제품에 대한 충성도 측정할 수 있다.

결론: 고객 경험 브랜딩은 기대를 만들고 이행하는 것이 전부다

고도로 상호 연결된 오늘날과 같은 세계에서 고객 경험은 이제 과거 그 어느 때보다 더 중요한 것으로 인식되고 있다. 이는 구매를 부채질 하고 구전에 의한 추천을 추진시키고 바람직한 고객들을 확실하게 보유할 수 있도록 (또는 바람직하지 못한 고객들을 밀어내도록) 해준다. 고객들을 기업으로 더 가깝게 데려오는 첫 단계는 고객 경험이 우리의 성공에 어디서 어떻게 영향을 주는지를 이해하는 것이다. 각 유형의 고객들의 여정과 경험을 이해하고 체계적으로 검토하는 기업들은 더 높은 고객 충성도와 더 바람직하고 더 유익한 고객 관계를 누릴 수 있다. 고객 경험은 기대에 기반하여 놀라움이라는 형태로 만들어지는 것이 가장 좋으며 생성된 충성도는 NPS와 다음의 질문을 사용하여 평가할 수 있다. 이 브랜드를 당신의 친구에게 추천하시겠습니까?

10장

고객 경험 접점
고객과 접촉하는 지점들

다음 단계는 고객 접점, 즉 기업과 고객들과의 관계가 진행되는 동안 고객들이 경험하는 모든 물리적, 커뮤니케이션적인 상호작용을 탐구하는 단계다. 옴니채널omni-channel에 대한 새로운 인식으로 오늘날 마케팅에서 고객 접점이 양적으로 폭증하고 있다. 이는 고객을 확보하고 유지하는 것을 그 어느 때보다도 더욱 어렵게 만드는 고객 경험의 복잡성을 크게 증대시키기도 했다. 고객 접점 복잡성의 확대는 접점을 관리하는 데 필요한 시간과 비용, 기술의 증가로 이어진다.

고객 접점은 브랜드가 처음부터 끝까지 고객과 접촉하는 지점을 말한다. 고객들이 기업을 온라인이나 광고를 통해 찾고, 평점과 리뷰를 보고, 웹사이트를 방문하며, 판매점에서 쇼핑을 하거나 고객 서비스 부서에 연락할 때마다 그들은 우리의 고객 접점과 연결이 된다. 항목이 길어 보일 수 있지만 사실 모든 가능한 접점 중 단지 몇 가지에 불과하다. 접점은 고객들이 브랜드와 접하거나, 혹은 브랜드와 연결된 어떤 것을 '접촉'할 때마다 일어난다.

개별적으로, 순차적으로, 그리고 여러 묶음으로 이러한 접점들은 고객의 세계와 브랜드 오너의 세계 사이의 환경을 결정한다. 제품이나 서비스도 단순한 기능을 제공하는 것을 넘어 훨씬 더 많은 커뮤니케이션을 할 수 있는 확실한 접점이다. 그러나 가장 성공적인 기업들은 고객 경험을 단순한 물리적 사용자 속성을 넘어 더욱 정서적이고 관계적이며 더욱 인간적인 경험으로 옮겨놓고 있다.

브랜드를 구성하는 정적이고 인간적이며 디지털적인 접점들은 브랜드 전략에 의해 결정되고 고객 경험을 주도한다. 정적인 접점은 제품이나 서비스 그 자체, 프로모션, 직접 커뮤니케이션, 광고, PR 등과 같이 한 방향이고 전통적인 접점이다. 인간적인 접점은 양방향이고 쌍방적으로, 일반적으로 콜센터, 서비스 및 지원, 고객 만족, 세일즈 및 경영팀 접촉 등이 포함된다. 디지털 접점은 고객들 간의, 때로는 브랜드 오너는 완전히 배제한 다자간의 접촉이다. 여기에는 상호작용을 가능하게 하는 웹사이트, 블로그, 사용자 그룹 사이트, 이메일, 소셜 미디어, 모바일 애플리케이션 내 광고 커뮤니케이션 등이 포함된다. 이 모든 브랜드 주도의 접점들이 전체적인 고객 경험에 기여한다.

몇몇 브랜드들이 어떻게 개인적인 방식으로 그들의 제품이나 콘셉트를 차별화시키고 기대하지 못했던 접점 경험을 제공하는지를 살펴보는 것은 인상적인 일이다. 접점을 인간답게 만드는 방법에서 한 가지 작은 예는 버진 애틀랜틱*Virgin Atlantic*의 일등석 게스트북이다. 이러한 게스트북을 제공함으로써 이 기업은 고객들을 승객이 아닌 집에 방문한 손님으로 대우한다. 유명 인사들 이름 옆에 우리의 이름을 적음으로써 새로운 경험을 쌓을 수도 있다.

고프로*GoPro* 역시 그들의 전체 마케팅을 고객 참여와 소속에 기반을 둠으로써 고객 경험을 개인화시켜왔다. 고객들은 제품의 일부다.

표 10.1 고객 브랜드 접점 카드: 고객 경험 접점

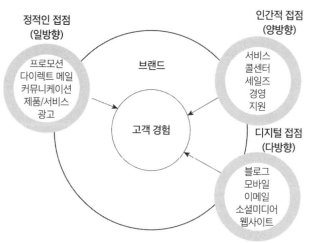

고객 접점:
고객이 기업과 관계를 유지하는 동안 경험하는 모든 물리적, 커뮤니케이션적 상호작용을 의미하며, 이는 정적, 인간적, 디지털 접점으로 구성된다.

브랜드 코드로 고객 접점 코딩하기

브랜드를 활성화시키는 가장 좋은 방법 중 하나는 브랜드 코드를 사용하여 고객들의 접점을 '코딩'하는 것이다. 나는 이를 위해 '브랜드 접점 카드'라고 부르는 간단한 모델을 개발했다. 첫 번째 단계는 브랜드 코드를 분명하게 보여주는 원 페이지 카드를 만드는 것이다. 그리고 나서 4D 브랜드 마인드 스페이스 모델을 사용하여 각각의 고객 접점에 대한 고객 접점 기준을 간단하게 적어둔다.

고객 접점 카드: 구글 검색 - 법률 문서

이 사례를 통해 우리는 디지털 고객 접점 중 하나인 구글 검색*Google Search*을 위한 접점 카드를 작성하는 법을 살펴볼 것이다. (표 10.2)

구글 검색은 오늘날 세계의 디지털 접점들 중 가장 중요한 접점 중 하나다. 이는 때때로 고객들이 가진 현재의 니즈에 대한 솔루션을 검색하면서 잠재 고객이 브랜드를 처음으로 알게 되는 지점이다. 이러한 접점에 대한 분석을 시작하려면 브랜드 코드와 브랜드 모토에서 영감을 받아 랜딩 페이지의 검색 엔진 최적화 *search engine optimization(SEO)*를 관리할 수 있다. 브랜드 코드는 고객들의 검색 경험을 위한 가이드가 된다. 이는 브랜드 웹사이트의 랜딩 페이지의 개발은 물론이고, 구글 검색의 고객 경험에 대한 4D 접점 기준을 규정해주기도 한다.

이는 성공적인 온라인 법률 조언과 문서 비즈니스에 관련한 예다. 이 경우 정신적 차원과 관련된 기준은 없다.

- **기능적 기준:** 구글 서치 결과(SEO)를 염두에 두면서도 랜딩 페이지에서 핵심 정보를 가능한 한 많이 사용하도록 하라. 예가 될 수 있는 법률적 키워드들: 의향, 구매 계약, 상속, 고용 계약, 임대차 계약. 각 키워드들은 직접적이고 키워드와 관련된 정보들을 가진 랜딩 페이지로 이어지도

록 해야 한다. 각 랜딩 페이지들은 특가 판매나 더 많은 정보들과 연결이 되어야 한다. 법률 키워드들과 관련된 표적 정보가 풍부하게 제공되는 잘 짜인 경로를 구축하라.

- **관계적 기준:** 랜딩 페이지에는 각각의 검색어를 기반으로 만들어진 스토리나 비디오, 페이스북 링크/좋아요는 물론이고, 검색된 키워드를 바탕으로 하는 특별하고 관련된 추천의 글이 포함되어야 한다.

- **자아적/개인적 기준:** 랜딩 페이지에서는 연속성과 함께 개인적인 질문에 대해 개인적인 답변을 얻을 수 있다는 느낌을 주어야 한다. 방문자를 한 개인으로 보고 그 개인과 관련이 있는 개념 특성을 설명해야 한다. 적절한 설문지의 문항을 제시하고 개인적인 혜택, 즉 예컨대 3개월치 회원권이나 업데이트된 문서, 의향서를 구매할 경우 교육 정보 등과 같은 개인적인 것을 도입하라.

표 10.2 스마트로SmartLaw 고객 접점 카드: 구글 검색

기능적 기준
혜택, 제공, 접점의 제공

핵심 정보와함께 구글 검색 결과를 최대한 많이 활용하기(검색 엔진 최적화) 법률 키워드의 예: 의향, 구매 계약, 임무 계약, 임대차 계약, 감마인 키워드에 관한 직접적인 정보를 가진 랜딩 페이지로 연결...특기 판매와 추가적인 정보에 대한 링크가 제공되는 랜딩 페이지 혹자, 잠재인 정로

제품
구독을 통한 (개인 또는 기업의) 일반적인 문제들에 대한 개인화된 전문적인 법률 사전 대책 솔루션. 24시간 내내 즉시 사용 가능. 항상 업데이트 되도 언그레이드 됨.

포지셔닝
간결함, 능숙함. 가치를 부가하는 서비스. 권한 부여, 사람들의 삶 향상 - '스마트 변호사SmartLawyer' 커뮤니티에 소속

스타일
(일상적으로 쓰이는 접것은 말과 함께) 접근이 쉬운
이용과 이해가 쉬운
개방적인
안내하는
비즈니스에 대한 편안한 접근

미션/의미
법에서는 모두를 공평하기 만들기. 자신의 삶과 비즈니스 운영을 통제하며 모든 결을 독자적으로 하기. 법률적 오만함으로부터의 자유

비전
인지 변화저, 유연의 리더, 개인 또는 중소기업의 법률 문제를 관리하기 위한 정보 검색 플랫폼

가치
고객 니즈와 행동을 주도. 사용자의 권한과 권리. 투명성과 효율성. 연공서열과 분야 전문성

디 포흐지샤흥
Die Vorsicherung

관계적 활동
집단 정체성 확인, 접점, 리뷰, 추천, 의견 등에 대한 그룹 그리고 커뮤니티 구축 요소

(랜딩 페이지에는:)
검색된 단어(스마트로 변호사? 커뮤니티)로 찾은 특별 링크 추천. 스토리, 비디오, 페이스북 링크/출아요

자아적 활동
접점에 대한 개인적인 관계 효과; 개인적 콘텐츠, 조언, 관심, 자존감, 자기 수상 요소들

개인적인 질문에 대해 개인적인 답변을 얻어내는 느낌. 랜딩 페이지 상의 연속성: 개인으로서 우리를 위한 예방적인 개념 속성을 가진 '포흐지샤흥Vorsicherung'을 설명하라. 설문지의 문항은 관련이 있는 것으로 제시하라. 의향이나 3개월짜리 회원권을 구매하고 싶은 마음이 들도록 문제를 생각해보게 할 수 있다.

정서적 기준
접점 연결의 목적과 의미: 고객에게 우리 브랜드는
더 좋은 세상을 구축하는 데 관심을 갖고 참여하고 있음을 상기시켜주는 것
(랜딩 페이지에서): 모든 사람들을 위한 훌륭한 법률 지원과 조언에 대한 접근권

애플의 고객 접점

고객 경험에서 또 하나의 매우 성공적인 챔피언 사례는 애플이다. 〈포브스Forbes〉에 글을 기고하는 미셸 그린왈드Michelle Greenwald는 애플이 잘 하고 있는 최고의 고객 경험 접점에 관해 그녀가 생각하는 리스트를 공개했는데, 온라인 접점과 패키징에서부터 소매점 및 인적 상호작용에 이르기까지 브랜딩의 다양한 관점을 다루고 있기에 연구해볼 만한 좋은 예가 된다고 생각한다.

- **좋은 디자인의 웹사이트:** 애플의 웹사이트 디자인은 간결하고 우아하다. 내비게이션은 직관적이고 디자인이 잘 되어 있어 출시할 제품이나 출시된 제품에 대한 정보를 쉽게 검색할 수 있도록 해주고, 가장 가까이에 있는 애플 스토어의 위치를 찾아주고 방문 약속을 잡을 수 있도록 해준다.
- **패키징:** 애플은 패키징과 그들의 제품을 전달하는 데 많은 노력을 기울인다. 패키징은 품질과 고

급스러움을 염두에 두고 디자인된다. 상자가 열리는 방식, 제품이 상자 안에 놓여 있는 방식 등과 같은 간단한 것들도 이 제품에 대한 특별한 어떤 것이 있다는 느낌을 전달한다. 패키징은 기발하게 사용될 수도 있는데 백팩으로 사용할 수 있도록 끈이 달린 쇼핑백이라든지 고객들이 구매한 것을 집으로 가져갈 때 광고판 역할을 할 수 있도록 핸들이 달린 컴퓨터 패키지 등이 그러한 예다.

- **매장 내 데모 유닛:** 각 제품을 설명하고 시연하기 위해 배치된 각 애플 스토어의 직원들과 함께 고객들이 테스트해볼 수 있는 데모 유닛demo unit을 두는 것은 고객 경험에 즐거움을 더해준다. 고객들에게 구매 전에 제품을 테스트할 수 있게 해주는 것은 매우 효과적인 마케팅 수법으로 애플은 이를 용이하게 해준다.

- **직원의 수, 태도, 훈련:** 각 애플 스토어에는 많은 직원이 배치되어 있어 고객들은 신속한 도움에 대해 걱정할 일이 없다. 서비스나 정보를 위해 오

래 기다릴 필요가 없는 것이다. 애플은 또 그들의 매장 직원들이 똑똑하고 인내심이 있으며 박식하고 해법 지향적인 사람들임을 보장하기 위해 신중하게 후보를 고르고 훈련을 시킨다.

- **애플 스토어의 디자인과 레이아웃:** 애플 스토어의 일관된 디자인도 탁월한 고객 경험을 제공하겠다는 애플의 약속을 보여준다. 애플 스토어는 깨끗하게 관리되고 잡동사니가 없으며 쇼핑백이나 영수증 프린터, 다른 필수 소모품들도 전시 테이블 아래에 보이지 않게 둔다. 기분좋은 조명과 유니폼, 우아한 디자인은 친숙하고 긍정적인 경험에 기여한다.

- **위치:** 모든 애플 스토어는 비교적 교육을 잘 받은 고객들이 자주 방문하는 장소에 위치하는 것을 목표로 한다. 애플 스토어는 찾기 쉽고 접근하기도 쉽다.

- **지니어스바:** 일부 애플 스토어에서 찾아볼 수 있는 지니어스바*The Genius Bar*는 애플 제품들에 대한 즉각적인 지원과 도움을 제공한다. 여기서 우리

는 고장난 하드웨어 문제에 대한 도움을 얻고 필요한 수리 옵션에 대해 논의할 수 있다. 어떤 경우에는 기다리는 동안 수리가 진행되기도 한다. 지원팀 직원들에게 이렇게 개인적이고 직접적으로 접근할 수 있다는 점은 이를 고맙게 생각하는 고객들을 평생의 팬으로 만든다.

- **일대일 개별 지도:** 컴퓨터를 한 대 구매할 때마다 고객들은 구매 후 2년간 개별 지도를 제공하는 일대일 서비스를 추가적으로 제공받는다. 고객들은 애플 전문가들을 통해 다양한 시간으로 제공되는 교육 세션 일정을 정해 하드웨어와 소프트웨어를 효과적으로 사용하는 방법을 배울 수 있다.

- **약속 알림:** 애플은 애플 스토어에서 약속을 한 고객들에게 확인 이메일을 보낸다. 이 간단한 서비스는 고객들이 관심을 받고 있다고 느끼도록 해주고 약속을 상기시켜서 노쇼*no-show*의 수를 감소시킨다.

- **직원간 협동:** 지니어스바나 원투원 교육 세션을

통해서 도움을 구할 때 만약 해당 직원이 대답을 잘 모른다면 그들은 솔루션을 찾기 위해 다른 직원들과 쉽게 협조한다. 도움을 구할 수 있는 이러한 시스템은 어떤 문제라도 해결할 수 있는 전체 팀을 나의 뜻대로 이용할 수 있다는 확신을 준다.

- **짧은 대기 시간:** 많은 애플 스토어들의 직원들은 자신의 손에 이동식 결제 기기를 가지고 다니므로 결제 시간을 단축하고 구매를 더욱 매끄럽게 만들어준다.

- **퍼스널 셋업:** 퍼스널 셋업*Personal Setup* 서비스는 고객들이 애플 스토어를 떠나기 전에 그들이 구매한 새 기기의 사용법을 이해하는지를 확인하는 것이다. 지금 막 구매한 것을 어떻게 최대한 활용할 수 있는지를 고객들에게 정확하게 보여줌으로써 고객들이 자신의 구매에 대해 더 행복하고 흥분하게 만들어줄 뿐만 아니라 추후의 고객 서비스 비용을 감소시키기도 한다.

- **인스토어 수업:** 퍼스널 셋업 서비스로는 충분하지 않은 듯, 어떤 애플 스토어는 또 기기 이용에

대한 기초를 설명하고 가장 유용한 소프트웨어 기능들을 강조하는 수업들을 정기적으로 제공한다. 이는 고객이 제품과 브랜드의 진가를 더욱 잘 파악할 수 있도록 해준다.

- **인스토어 이벤트:** 수업이나 게스트 연사 등을 포함한 인스토어 이벤트를 통해 애플은 고객 참여를 향상시키고 고객들이 다른 것을 구매할 가능성을 끌어올리는 동시에 매장 방문율을 증가시킨다. 정서적인 차원에서 보면, 고객들은 애플이 그들을 돕고 즐겁게 해주며 권한을 준다고 느낀다.

- **환불 영수증 알림:** 애플은 환불 요청을 받으면 고객들에게 그들의 환불 요구가 접수되었고 처리 중이라는 것을 알리는 확인 이메일을 보낸다. 이는 고객들의 마음에 평안을 주고 애플이 그들의 니즈에 대해 신경을 쓰고 있다는 것을 확실히 느끼게 해준다.

- **소프트웨어 개발 키트:** 초창기에 애플은 자신들의 모든 제품에 대한 모든 하드웨어와 소프트웨

어를 만들었다. 이제는 소프트웨어 개발 키트*SDKs*의 공개와 함께 백만 개가 넘는 애플리케이션이 애플의 팬과 다른 기업들에 의해 개발되었다. 이는 소프트웨어 개발자들로 하여금 그들의 애플리케이션을 전 세계적으로 유통하고 판매할 수 있게 해주었을뿐만 아니라, 고객들과 팬들이 그들의 기기를 그들의 삶에 더욱 통합되고 가치 있는 한 부분으로 만들 수 있는 엄청나게 다양하고 유용한, 그리고 재미 있는 애플리케이션에 접근할 수 있는 길을 열었다.

- **만족도 설문:** 고객이 새로운 제품을 구매하면 애플은 종종 만족도 설문지를 작성해달라는 요청서를 보낸다. 이는 애플이 고객 경험의 각 측면들을 지속적으로 향상시킬 수 있게 해준다. 이는 또 고객들에게도 애플이 그들의 조언이나 피드백을 원하고 있고 유용하게 활용할 것이라는 느낌을 준다.

결론: 고객 경험 브랜드는 고객 접점의 총합만큼이나 강력하다

애플의 사례를 통해 우리는 한 브랜드가 어떻게 고객들의 충성도와 헌신을 얻을 수 있는지를 배울 수 있다. 직원들이 고객 경험을 이해하고 고객들의 입장에서 그것을 경험할 때 이들은 고객 경험과 제품을 향상시키고 이를 더욱 개인적이고 더욱 즐겁고 더욱 생산성 있게 만드는 데 기여할 수 있다.

고객들이 일상적으로 경험하는 접점을 완전히 이해하기 위해서는 구매 전, 중간, 구매 후의 모든 접점들을 상세히 열거하는 '접점 지도' 또는 '여정 지도'를 만들 수 있다. 이러한 지도를 가지고 있을 때 명백히 보이는 것에서 벗어나 생각하려고 노력하라. 즉 고객들을 놀라게 하고 기쁘게 해주도록 해야 한다.

많은 경우 효과적인 접점 관리는 고객 서비스 비용을 감소시킬 수 있다. 그리고 또한 고객 상호작용과 우호적인 구전 광고를 독려함으로써 광고 비용도 낮출 수 있다. 접점 관리에 소요된 시간과 돈은 어떤 마케팅

전략보다도 큰 최고의 보상을 만들어낼 수 있다.

11장

브랜드 플레이
고객 경험 브랜딩의
실행과 연출법

브랜드 커뮤니케이션은 더 이상 단순한 마케팅이나 활동이 아니다. 브랜드는 여전히 성과를 내야 하지만, 동시에 고객, 직원, 기자, 투자자 등 모든 이해관계자들을 만족시켜야 하고 지속적으로 대화가 진행될 수 있도록 해야 한다. 그러나 이제 그 방법론은 보다 개인적이고 지능적일 필요가 있다. 단순히 메시지만 내보내는 시대는 갔다.

한 방향 커뮤니케이션은 트랜잭션 브랜딩의 세계를 지배했다. 사람들의 머리 속으로 메시지를 두드려 박겠다는 목적으로 이들을 길들일 단일 메시지를 널리 전송했다. 초점은 메시지와 적절한 개인이나 그룹을 타깃으로 하기 위해 올바른 채널을 사용하는 데 맞추어졌다.

현대 세계에서 타깃들은 더욱 분열되었고 이러한 '하나의 메시지가 모두에게 적용된다'는 방식에 이제는 면역이 되었으므로 다른 접근법이 필요하다. 요즘의 전략은 주제나 스토리와 잘 맞고 사람들에게 직접 접근하고 이들을 관여시킨다. 오늘날의 강력하고 엄청난 잠재력을 가진 브랜딩은 사람들을 타깃으로 묶는 대신 자신만의 아이디어와 관심사, 우선 순위를 가진, 분리된 사회적 개인으로 존중할 필요가 있다. 오늘날의 브랜딩은 직접적으로든 간접적으로든 사람들에게 다가가 더 크고 지속적인 대화에 뛰어든 참여자로서 다른 사람들과 함께 상호작용을 해야 한다.

오늘날 커뮤니케이션은 최고 경영진을 포함하여 기업 내 전 조직의 전적인 관심을 요구한다. 대화는 브랜드를 에워싸기도 하고 종종 그냥 지나치기도 한다. 대화는 브랜드를 자극하고 때로는 피해를 입힐 수도 있다. 브랜드가 자신에 대해 가지는 관점과 이해관계자들이 그 브랜드에 대해 가지는 관점은 충돌하는 경우도 꽤 자주 발생한다.

이러한 충돌을 다루기 위해서는 더 깊숙한 관여가 필요하다. 브랜드는 세계와 협력해야 한다. 브랜드는 밖으로 나가 귀를 기울이고 세계와 그들의 고객들을 회사로 끌어들이고 사람들을 참여시킬 수 있는 용기를 주는 기회의 포트폴리오를 만들어내야 한다. 브랜드는 사람들의 일상과 연결되어야 하고 대화를 위한 플랫폼을 구축해야 한다. 사람들은 더욱 독립적이고 유연해지고 있다. 기대와 관심이 증진되고, 온라인 매체와 전통 매체 사이의 연결은 물론 소셜 미디어의 일상적인 사용을 통해 갈등과 경험은 모두에게 노출된다. 숨겨진 비밀은 기대가 된다. 세계는 더욱 다양하고 더욱 복잡해지고 있으며 브랜드는 이를 그들의 전략에 반영하는 것을 고려해야 한다.

콘텐츠와 연출법

브랜드 전략의 실행은 두 가지 부분으로 구성된다. 하나는 대화 콘텐츠고 나머지 하나는 연출법 또는 실행의 연출적 구성이다. 우리가 브랜드를 만들고 출시할 때 놀라움이 결정적인 요소라는 점은 분명하다. 그러나 브랜드와 그 기업이 계속 유지되기 위해서는 놀라움도 대본에 따라 구성하는 등 지속적인 실행 연출이 필요하다. 이러한 연출이 효과를 발휘하기 위해서는 고객 경험의 테마가 마련되어야 하고 이에 따라 실행되어야 한다. 나 역시 현업에서 모든 새로운 요구를 고려하면서 오늘날의 브랜드 실행을 관리하기 위한 도구를 개발해야 한다는 필요를 느꼈다. 내가 사용하는 가장 강력한 도구 두 가지는 브랜드 대화 지도와 브랜드 경험 스크립트이다. 이 도구들을 좀 더 자세히 살펴보도록 하자.

브랜드 대화 지도

브랜드 대화 지도*brand conversation map*는 브랜드 플랫폼(브랜드 마인드 스페이스, 브랜드 코드, 브랜드 활동 발전기)을, 효과적인 브랜딩을 지원하고 온전한 잠재력에 이를 수 있게 해주는 반향을 불러일으키는 대화와 연결시켜주는 새로운 방법이다. 브랜드와 연결이 된 이 브랜드 대화 지도는 스토리텔링의 콘텐츠와 개인 간의 혹은 기업 내에서 사람들 간의 상호작용에 초점을 맞추고 있다.

소셜 미디어는 사람들의 말에 귀를 기울이기 위해서, 또 이들에게 스스로 참여할 수 있는 플랫폼을 제공하기 위해서 사용될 수 있는 양방향적 접근법이다. 소셜 미디어에서 대부분 일어나고 있는 이러한 브랜드 대화를 지원하기 위해 브랜드 대화 지도를 사용할 수 있다. 이 도구는 더욱 체계적인 방법으로 이러한 대화를 시작하고 관리할 수 있도록 해준다.

어떤 커뮤니케이션 채널이냐에 상관없이 브랜드 커뮤니케이션 지도는 '콘텐츠 우선'이라는 전제를 따른다. 테마와 스토리는 브랜드로 하여금 브랜드 마인드 스페이스의 네 가지 차원을 모두 다루고 거창한 브랜드 내러티브를 만들 수 있도록 해준다. 테마와 스토리는 대화들을 연관짓고, 브랜드 활동을 모아주고 집중시키며, 내러티브 전략을 정의한다. 브랜드가 사람들의 머리 속에 효과적이고 효율적으로 닻을 내릴 수 있다. 지속적인 커뮤니케이션 패턴이 형성되고 그 브랜드만의 고유한 것이 되며 브랜드 인지와 충성도를 만들 것이다. 브랜드 대화 지도의 테마들은 직행적인 한 방향 커뮤니케이션을 위해 의도된 것이 아니라, 새롭고 색다르며 개인적인 방식으로 마케팅과 커뮤니케이션 전술에 영향을 주고 이를 촉진시키며 조정하기 위해 고안된 진정한 다채널 커뮤니케이션 테마다.

브랜드 대화 지도는 관계 브랜드에서 주된 마케팅 도구며 전통적인 트랜잭션 브랜딩 접근법을 파괴하는, 다음 네 가지 핵심 전제들에 바탕을 두고 있다.

1. 마케팅 커뮤니케이션에서 브랜드 커뮤니케이션으로. 관계 브랜드는 대화에 참여하는 것에 큰

관심을 기울인다. 이는 파트너, 고객, 매체, 대중과의 직접적인 대화를 유지하는 것뿐만 아니라 이들의 말에 귀를 기울이고 예측하며 그런 다음 의미 있는 활동들에 참여하는 것을 의미하기도 한다. 힘은 판매 주도의 독백에서부터 동시적인 다자간 관계 구축 대화로 이동해왔다. 이는 또 브랜드 대화는 마케팅 기능 혼자서 독점하지 않는다는 것을 의미한다. 사람들과의 모든 접점들(외부와 내부)이 참여하여 브랜드에 정서를 부여하고 활기있게 만드는 데 기여해야 한다. 이는 또 다른 효과도 있다. 즉 이는 (아무리 잘 조율된다고 해도) 단일 핵심 메시지에 관한 것이 아니다. 이는 지속적인 메시지 패턴을 만드는 것에 관한 문제다.

2. 캠페인에서 테마와 스토리 마케팅. 트랜잭션 브랜딩 모델은 시각적, 언어적 커뮤니케이션(로고, 슬로건, 사진)과 대규모 캠페인을 이용하여 브랜드의 본질을 담아내고자 했다. 그러나 브랜드의

진정한 가치는 그 브랜드와 상호작용을 하는 사람들을 위해 그 브랜드가 가지는 의미 속에 들어있다. 브랜드 커뮤니케이션은 다면적인 대화가 되었다. 즉 사람들이 사람들과 이야기 하고 때로는 브랜드와 이야기를 한다. 그러므로 사람들 사이의 대화에 참여하기 위해, 그리고 유통업자라기보다는 파트너가 되기 위한 유의미한 접근이 필요하다. 브랜드는 더 심오한 가치 패턴에 부합되어야 한다. 여기서 통용되는 것은 신뢰다. 테마는 가치 패턴 그리고 브랜드 코드와 연결되어야 하고 브랜드 대화 지도를 위한 기초를 구축해주어야 한다. 이를 통해 우리가 얻는 것은 새롭고 포괄적인 형태의 브랜드 스토리텔링이다.

3. 단순한 단순성에서 학습된 단순성. 오늘날 세계의 복잡성을 무시하는 것과 더 심오한 논리를 따르지 않는 활동들을 뒤죽박죽으로 하는 것, 이 두 가지는 유의미한 방식으로 대화에 참여하고 브랜딩의 최대 잠재력을 발휘하는 것을 어렵게

한다. 브랜드 대화 지도를 가지고 있으면, 브랜드는 종합적인 거대 브랜드 이야기를 공동으로 작성하는 데 사람들을 관여시키는 콘텐츠와 경험을 제공함으로써 참여와 프로모션을 촉진시킬 수 있다. 브랜드 테마는 활동들을 묶어주고 브랜드의 다양한 측면들을 표현할 수 있게 해준다. 브랜드 대화 지도의 구조는 '학습된 단순성informed simplicity'을 통해 일관성을 확보하는데, 이는 복잡한 구조 내에서 명확하게 해주는 패턴을 만듦으로써 복잡한 어떤 것을 단순화하기 위해 건축가들이나 소프트웨어 엔지니어들 사이에서 사용되는 용어다.

4. 관여와 공동 집필 지향. 트랜스미디어 스토리텔링transmedia storytelling은 트랜스미디어 내러티브, 멀티 플랫폼 스토리텔링, 크로스 미디어 순차성 등 많은 이름을 가지고 있다. 어떻게 부르건 이는 현재의 디지털 테크놀로지를 이용하여 복수의 플랫폼과 포맷 전체에 걸쳐 단일한 스토리나

스토리 경험을 말하는 기술이다. 이는 브랜드의 특정 측면들과 더욱 깊게 관여하는 것을 가능하게 한다. 이는 독백(일 대 일)이 대화(일 대 다수)를 거쳐 여럿 사이(다수 대 다수 및 중간에 낀 하나)의 대화로 이동하는 것이다. 브랜드는 모든 흘러가는 대화를 더 이상 통제하지 못하는 것을 받아들이고 모든 것을 흐름에 맡기며 균형을 잡는 방법을 찾아야 한다. 우리의 과업은 사람들로 하여금 브랜드와 접촉할 수 있도록 하는 다양한 진입점을 만드는 것이다. 브랜드의 역할은 공유와 참여를 독려하는 공동 창조를 위한 배출구가 되는 것 뿐만 아니라 개인적이고 집단적인 브랜드 경험을 위한 플랫폼을 제공하는 것이다. 브랜드 대화 지도는 이를 정확히 허용하는 개념이라 할 수 있다.

트랜스미디어 스토리텔링과 작동법

탄탄한 브랜드 플랫폼을 구축하기 위해 다양한 요소들이 투입되는 브랜드 코드 생성 과정에서와 마찬가지로, 트랜스미디어 스토리텔링은 브랜드 코드의 힘을 담고 있는 대화 플랫폼을 구축하는 데 기여한다.

브랜드 대화에 있어 트랜스미디어 스토리텔링은 스토리와 그 스토리를 연기하는 캐릭터들에 집중한다. 브랜드 코드가 브랜드에 대한 일관된 이해를 보증하기 위해 신중하게 개발된 것처럼, 트랜스미디어 스토리텔링은 더욱 참여적이고 흥미로운 방식으로 브랜드의 일관된 커뮤니케이션을 보증할 수 있도록 만들어진다. 이러한 스토리는 다양한 미디어에 걸쳐 있는 다양한 스토리들로 엮인 네트워크처럼 창작된다.

브랜드 테마: 브랜드 플랫폼과
메가트렌드 사이의 관련성

많은 브랜드들에 메가트렌드는 예컨대, 비즈니스 영역 초점을 정하는 것과 같이 가장 중요한 전략적 이슈들이라 할 수 있다. 그래서 나이키의 '소비자가 결정한다 *The Consumer Decides*'는 기업 전략에 있어 11개의 격언들 중 하나며, 개인화가 새로운 차원에 도달할 수 있게 해주는 메가트렌드와 연결되어 있다. 이는 또한 힘의 균형이 어떻게 이동했는지도 분명하게 보여준다. 소비자들은 자신만의 관심사와 네트워크로 구성된 포트폴리오를 만든다. 브랜드 대화 지도에서 이러한 연결을 브랜드 테마라고 부른다. 이러한 브랜드 테마는 오늘의 포지셔닝과 내일을 위한 비전 사이에 문자 그대로 선을 긋는 역할을 한다.

이러한 메가 트렌드는 그 자체가 광범위하고, 또 그 브랜드에 유의미 할 필요가 있다. 동시에 그 브랜드 역시 사람들의 삶 속에 자리잡기 위해 의미를 창조할 필요가 있다. 브랜드 테마는 의미의 일부, 즉 그 브랜드의 중심 아이디어를 대변하는데 항상 직접적으로 명시되는 것이 아니라 모든 브랜드 활동과 표현 속에 내포되어 있다. 브랜드 테마는 브랜드에 대한 통제를 유지하는 것과 동시에 사람들과 관계를 맺는 것 사이에서 균형을 유지하도록 돕는다.

브랜드 경험 스크립트: 브랜드 활동의 연출법

놀라움은 자발적이고 예상치 못한 것으로 보여야 한다. 그러나 때때로 간과되는 점은, 관계 브랜드를 유지하고 비즈니스가 돌아가게 하기 위해서는 거듭되는 드라마가 있어야 한다는 사실이다. 성공적인 놀라움은 연속적으로 반복되어야 하므로 계획되고 대본을 바탕으로 하고 있어야 한다. 한때 놀라움을 줬던 브랜드가 놀라움의 시리즈를 다 써버린 것처럼 보일 때 이들에게 닥친 운명은 험난하다. 놀라움은 오늘날 관계 브랜드를 움직이는 연료다.

일반적으로 마케터들은 잠재 고객들에게 그들 자

신의 매력을 선보이는 것에 창의적인 에너지를 상당 부분 소비한다. 끈끈한 애정을 유지하기 위해서는 현재 고객들에게도 섹시하고 매력적으로 보여야 한다는 점을 잊기 쉽다. 최고 마케팅 책임자CMO들이 그들의 직원들과 대행사들에게 더 빠르고, 더 저렴하고, 더 많이 책임질 것을 요구하는 동안 동시에 브랜드 조직에도 더욱 놀라움을 줄 것을 요구할 필요가 있다.

노키아나 애플과 같은 브랜드들을 살펴보면 놀라움의 공급이 멈춰질 때 무슨 일이 일어나는지 볼 수 있다. 노키아는 지속적으로 놀라움을 주는 능력을 상실함에 따라 그 지위를 잃었다. 애플은 거의 2년 동안 뉴스에 언급되지 않는 어려움을 겪었고 애플만의 마술을 잃을지도 모른다는 심각한 위기에 처해 있었다. 다행히도 팀 쿡Tim Cook은 일련의 '놀라움을 주는' 예고된 제품들을 공개하면서 애플의 재기를 확인시켜주었다.

애플은 마음 속에 애플이 놀라움을 주고 독창적인 브랜드라는 인지를 회복시키는 놀라운 능력을 가지고 있음을 보여준다. 그러나 기대했던 일이 오랫동안 일어나지 않았을 때 실망은 적의로 바뀌었는데 애플은 이러한 침체를 완전히 깨뜨려야 했다. 넘쳐 흐르는 새로운 놀라움들이 브랜드를 회생시키기 위해서 긴급하게 필요하고, 이러한 놀라움들은 대개 그 브랜드가 이전에 사용했던 것과는 다르게 구성된 네 가지 차원에서 일어나야 한다.

놀라움을 주지 못하는 기간이 얼마나 길어지면 브랜드가 회복할 능력을 상실하는가 하는 문제는 분명하지 않다. 이는 복잡한 이슈며 각 브랜드별로도 다르다. 일반적으로 1~2년 정도 놀라움을 주지 못하는 브랜드는 회복할 수 있지만 최근 어떤 브랜드들은 새로운 놀라움 거리가 없이 3년 이상을 지나도 살아남는 경우도 있다.

브랜드 경험 스크립트는
지속적인 브랜드 활동의 체계다

내가 '브랜드 경험 스크립트brand experience script'라고 부르는 것에 영감을 주었던 것은 영화 대본의 구조다. 나는 《시나리오 워크북The Screenwriter's Workbook》의 작가이자 할리우드를 뛰어 넘어 권위를 인정 받고 있는 시드 필드 Syd Field로부터 영감을 받아왔다. 그가 자신의 저서에서 서술한 구조는 전 세계에서 제작되는 거의 모든 영화에 존재한다.

브랜드를 극적인 형태로 개발하는 것은 브랜드가 우리의 머리 속 또는 가슴 속으로 들어올 수 있도록 해주는 것이다. 스웨덴 감독인 잉그마르 버그만Ingmar Bergman이 말하곤 했듯이 '영화의 언어는 가슴에 직접 호소한다'.

머리 속에 브랜드의 지위를 만들고, 강력하고 성공적인 관계 브랜드를 더 선호되고 사랑받으며 신뢰받는 친구가 될 수 있도록 해주는 것은 브랜드의 스토리를 구축하고 실행하는 데 달려 있다. 관계 브랜드는 직접적인 제품 혜택에 관한 기능적 차원에 전적으로 집중하는 트랜잭션 브랜드와는 다른 커뮤니케이션 방법을 필요로 한다. 트랜잭션 브랜드 커뮤니케이션은 제품에 대한 주장과, 근소하게 개선된 제품의 핵심 특성을 강요하는 것을 바탕으로 한다. 이러한 브랜드들은 자신들의 메시지가 사람들의 뇌 속에 저장될 때까지 같은 종류의 메시지를 반복했다.

관계 브랜드와의 관계를 구축한다는 것은, 고객들이 브랜드에 대한 정서적인 공간을 개방하여 브랜드가 그들의 친구가 될 수 되는 것을 허용해주어야 하고, 브랜드는 한 걸음씩 고객들의 공감을 얻어야 한다는 점을 시사한다. 이는 영화나 TV 드라마에서 선량한 주인공이 그들의 인성과 의지, 포부를 통해 우리의 공감을 얻는 방식과 정확히 같은 방식으로 작동한다. 영화제작자들의 표현에 따르면 대본에서의 이러한 장치는 우리가 공감할 수 있는 목표나 목적, 의미를 제공한다.

대본을 쓸 때는 우리의 핵심 인물들(제품, 스타일, 가치)을 잘 알고 있어야 한다. 이야기가 어떻게 시작하고(포지셔닝) 어떻게 끝나는지(비전) 등을 포함해 플롯도 잘 알고 있어야 한다. 이 모든 대본의 재료들은 브랜드 코드에 의해 제공되며, 브랜드 경험 스크립트의 작성을 더욱 용이하게 만들어준다. 아래에서 우리는 브랜드 코드가 어떻게 이 모든 아이디어와 정보를 전달하는지를 볼 수 있다. 영화의 중심적인 스토리 아이디어가 영화 대본에 담겨 있다면 브랜드 코드는 브랜드 스토리에 담겨 있다. 그렇다면 스토리는 어디에서 시작하고 어디에서 어떻게 끝나며 그 목적과 의미는 무엇인가?

- 제품은 주인공을 소개하는 것이다. (브랜드)
- 포지셔닝은 주인공이 현재 어디에 서 있는가를 말한다. 주인공은 다른 인물들과 (포부를 포함하여) 어떤 방식으로 차별화 되는가?
- 비전은 이야기의 목표며 끝이다. 10~15년 후에 주인공은 어디에 있을 것이며 어떻게 되어 있을 것인가?
- 스타일은 주인공의 개인적인 특징이자 인성이다.
- 가치는 주인공의 신념이고 삶의 가장 중요한 지

도 원칙이다.

- 미션/의미는 주인공이 가진 삶의 목적이다. 주인공은 무엇을 이루고자 하는가?

브랜드 경험 스크립트 작업하기

브랜드 경험 대본은 연극과 영화에서 많이 사용되는 고전적인 3막 구조를 따른다. 1막에서는 현재 상황이 드러나고 이야기는 첫 번째 전환점, 첫 번째 플롯 지점을 향해 전개된다. 행동과 갈등은 2막에서 전개되고 마지막인 3막에서 해결된다.

1막: 설정

여기서 브랜드는 자신이 어떻게 다르고(포지셔닝), 포부가 무엇인지 등을 포함하여 스스로를 소개한다. 브랜드는 자신의 개성(스타일과 가치)을 드러내고 우리는 이 브랜드를 움직이는 것이 무엇인지, 목표는 무엇인지(비전), 그리고 목적은 무엇인지(미션/의미) 등을 이해

하기 시작한다. 1막의 마지막 즈음에 가면 플롯 지점 1
이 나타나는데 여기서 브랜드는 놀라운 방향으로 전개
된다. 이는 신규 시장 지형에 진입하는 데서부터 제품
의 새로운 응용법이나 새로운 컨텍스트에서 새로운 용
도를 마련하는 것에 이르기까지 그 어떤 것이라도 될
수 있다. 관계 브랜드에 있어 놀라움은, 소셜 미디어를
통해 타깃들과 상호작용을 하는 새롭고 흥미로운 방법
또는 브랜드의 목적이나 의미를 실행하거나 커뮤니케
이션하는 새로운 방법만큼이나 간단한 것일 수 있다.
이러한 활동들은 브랜드의 네 가지 차원 모두를 드러
내준다.

2막: 대립

2막은 브랜드와 관련된 주된 행동과 '갈등'을 다룬다.
즉 브랜드가 그 목표(비전)에 이르는 과정에서 어떻게
장애물을 극복하는지를 보여준다. 일반적으로 브랜드
는 사람들의 전통적인 시각이나 인식에 도전하거나 경
쟁사들은 할 수 없거나 아직 하지 않은 것들을 변화시
키기 위해 우리 브랜드가 무엇을 할 수 있는지를 보여

주면서 경쟁자들을 상대한다. 이는 브랜드가 행복하고 만족한 많은 고객들로부터 어떻게 선호되고 사랑받으며 사용되는지에 관한 대하 드라마라 할 수 있다. 2막의 마지막에서 우리는 플롯 지점 2를 맞이한다. 또한 번 브랜드는 새롭고 놀라운 전환을 한다. 이번 전환은 새로운 카테고리로 진입하거나 다른 브랜드와 공동 브랜딩을 하거나 새로운 브랜드나 제품을 소개하거나, 새로운 고객들이나 사용자들에게 색다른 용도를 제공하는 것과 같이 브랜드 생애에 모든 놀라운 변화일 수 있다.

3막: 해결

여기서 브랜드는 2막을 마무리 하고 다음 편을 통한 연속에 대한 가능성을 제공하며 이번 시리즈를 끝낸다. 플롯 지점 2는 모든 영화나 TV 시리즈 에피소드들에 있어서 해결을 준비한다. 그리고 이러한 해결은 더 많은 향후 에피소드들에서 연속될 수 있는 가능성을 제공한다.

에피소드별 브랜드 경험 스크립트

이는 브랜드 경험 스크립트를 만들 때 염두에 두어야 하는 것으로 영화를 만드는 것이라기보다는 TV 시리즈를 만드는 것에 훨씬 가깝다. 우리는 여러 에피소드들로 엮어진 하나의 시리즈에서 각각의 에피소드에 대한 브랜드 경험 스크립트를 작성할 필요가 있다. 각각의 에피소드가 영화 한 편의 구조를 따르는 한편, 이 에피소드들은 또 '플롯 아크*plot arc*', 즉 여러 해에 걸쳐 많은 에피소드를 포괄하는 지배적인 중심 스토리 하에 함께 묶어진다. 이와 같이, 브랜드 경험 스크립터 작성자들은 각각의 기간에 대한 브랜드 연기법의 개요를 서술한 스크립트를 가지고 있으면 도움이 되는데 이러한 스크립트는 일반적으로 2~3년 정도 사용된다. 그러나 기억할 것은, 새롭고 예상치 않았던 아이디어와 변화를 수용할 수 있도록 이 구조를 열어두는 것이 매우 중요하다는 점이다.

브랜드 경험 스크립트에서 각 에피소드는 대개 1년을 꽉 채운다. 그러므로 매년 1막(설정 및 플롯 지점 1),

2막(대립과 플롯 지점 2), 그리고 3막(해결과 연속에 대한 단서)이 진행된다. 그러면 이듬해 다음 에피소드에서 현재의 출발점과 목표, 포부 등을 소개하면서 그 에피소드는 그 이전 에피소드들을 참고로 한 설정에서 시작한다. 그리고 이러한 순환은 현재 에피소드에 이후에 이어질 모든 에피소드에서 계속된다.

이 구조는 애플의 CEO인 팀 쿡이 연 2회 쇼를 시작했을 때 분명하게 드러났다. 우선 그는 과거의 난관들을 다시 거론하며 그들이 거둔 대단한 결과를 자랑스럽게 언급한 후 새로운 제품이나 서비스 또는 기존 제품을 향상시킨 새로운 에피소드를 무대 위로 올렸다. 애플은 신제품, 파트너와의 새로운 관계, 또는 모든 고객들에게 제공하는 스페셜 음악이나 영상 등 다양한 형태의 놀라움을 멋지게 혼합한다.

놀라움의 체계적인 제공

관계 브랜드의 세계에서는 놀라움을 반복해서 체계적으로 제공하는 것이 중요하다. 따라서 (물론 네 가지 차원을 모두 이용하여) 새로운 놀라움을 개발하기 위한 프로그램을 만드는 것과 이러한 놀라움들을 소개하는 법에 대한 규칙을 계획하는 것이 다른 무엇보다 가장 중요해졌다. 깜짝 생일 파티를 기대했던 어린 시절을 기억해보라. 유감스럽게도 어떤 브랜드의 진정하고 충성스러운 팬이자 친구가 되면 우리의 부모가 한 때 그렇게 해줬던 것처럼 놀라움의 규칙을 몇 번이고 반복해서 수행할 것을 기대한다. 이렇게 해주지 않는다면 실망하게 된다.

더 간결하고 덜 야심찬 버전의
브랜드 경험 스크립트

위에서 말한 것이 브랜드나 기업에게는 너무 어마어마하고 복잡하다는 생각이 든다면 매년 한 차례 놀라움을 공개하는 정도로 간소화 해도 된다. 이때 브랜드 마인드 스페이스를 이리저리 살펴보며 첫 해에는 기능적 놀라움을 만들고, 두 번째 해에는 자아적인 놀라움을, 세 번째 해에는 관계적인 놀라움, 네 번째 해에는 정신적 놀라움을 만들 수 있다. 그러다가 다섯 번째 해에는 기능적 놀라움으로 돌아가면 된다.

만약 비즈니스가 좀 더 빈번하게 기능적 놀라움을 필요로 한다면 그렇게 해야 할 것이나, 이때는 각각의 기능적 놀라움을 다른 차원과 결합시킬 수 있다. 이러한 방식으로 마케팅 효과를 높이고 더 강력하고 더 깊은 관계 브랜드 구축 효과를 낼 수 있는 더 다양하고 더 폭넓은 기반을 만들 수 있다.

놀라움 최고 책임자를 임명하라

아쉽게도 기업이 놀라움을 일으키는 데 도움을 주는 학술 연구나 엔터프라이즈급 소프트웨어라고 할 만한 것은 별로 없다. 이 사실이 의미하는 것은 놀라움은 개인적인 상상력과 용기의 문제라는 점과 스스로 항상 놀랄 수 있는 상황에 대해 열린 마음을 가지고 있어야 한다는 것이다.

매달 고객들에게 미스터리 뷰티 제품 박스를 보내주는 정기 구독 서비스인 버치박스Birchbox나 절대 같은 쇼를 두 번 이상 한 적이 없는 록밴드인 피시Phish는 한 기업의 비즈니스의 모델 전체가 놀라움이라는 콘셉트를 중심에 두고 구축될 수 있다는 사실을 보여준다.

그러나 브랜드가 제공하는 놀라움에 대해 책임을 지는 사람은 누구인가? 물론 이는 최고 경영 책임자인 CEO의 책임이 되어야 한다. 결국에는 CEO가 그 기업의 모든 것에 대해 책임을 지게 되어 있기 때문이다. 특히 놀라움은 브랜드의 결정적인 성공 요소이므로 여기서 말하는 책임에는 놀라움을 지속시켜야 하는 책임이 포함된다.

그러나 CEO가 항상 모든 것을 할 수는 없다. 놀라움이 그 브랜드에 너무나 중요하다면 이 역할에 집중할 수 있는 사람을 두는 것은 합리적이다. 놀라움 최고 책임자*Chief Surprise Officer(CSO)*라는 타이틀이 선뜻 머리에 떠오른다. 이는 마케팅 최고 책임자나 브랜드 최고 책임자의 부수적인 역할이 될 수도 있다. 나는 회사 내의 고위직 책임자들 중에서 CSO가 될만한 사람을 찾아보라고 격려하고 싶다.

많은 기업에서는 품질 최고 책임자나 지속가능성 최고 책임자가 있다. 과거의 트랜잭션 브랜드에서 오늘날의 관계 브랜드로의 극적인 변화가 이루어지는 동안, 이제 품질과 지속가능성은 모든 기업들이 잘 하고 있을 것으로 기대하는 문제가 되었다. 소셜 미디어가 지속적으로 우리를 지켜보는 오늘날과 같은 때에 품질이나 지속가능성에 대해 실패하는 데 따르는 위험은 어어어마한 것이다. 수 천의 또는 수 십만의 눈과 귀가 우리를 보고 들으며 전 세계에 즉각적으로 보고할 수 있는 가능성이 열린 지금, 품질 저하나 지속가능성의 관리 부재는 신속하게 알려지고 광범위하게 보고된다.

결론: 고객 경험 브랜드는 체계적인 놀라움으로 프로그래밍을 해야 한다

새로운 미디어 채널과 라이브 이벤트에서 요즘 일어나고 있는 브랜드 대화는, 우리가 어제의 기계적인 푸시 마케팅*push marketing*에서 사용하던 도구와는 다른 도구를 계획해야 한다는 점을 말해준다. 새로운 미디어 채널을 위한 콘텐츠와 스크립트가 제작되어야 한다. 이 장에서는 그 방법을 살펴보고 콘텐츠와 스크립트를 만드는 두 가지 완벽한 도구에 대해 알아보았다. 대도시의 지하철 지도에서 영감을 받은 브랜드 대화 지도는 테마와 인물, 플롯, 스토리라인 등을 배치한다. 그리고 영화나 TV 시리즈에 영감을 받은 브랜드 경험 스크립트는 이 모든 것이 통일되고 지속되는 하나의 브랜드 스토리 내에서 함께 종합한다.

12장

소셜 미디어 브랜딩

전통적인 브랜딩과 오늘날 관계 브랜드를 구분짓는 가장 중요한 단일 차별화 요소

연구에 의하면 우리 중 상당수는 수 백명의 온라인 친구를 두고 있다고 하더라도 온라인으로 커뮤니케이션을 하는 시간의 80%를 동일한 8~10명의 친구에게 쏟는다고 한다. 또한 소셜 네트워크에 대한 연구에 따르면 이러한 네트워크는 처음에는 새로운 관계를 구축하기보다는 기존 관계를 강화하는 데 사용된다고 한다. 실제로 온라인으로 커뮤니케이션을 더 많이 하면 할수록 더 많은 사람들이 물리적으로 만나고 전화로 이야기하게 된다. 이러한 사실들로부터 얻을 수 있는 것은 정기적으로 커뮤니케이션을 하는 소수의 친구들이 우리의 의사 결정에 찬성하며 (혹은 반대하며) 매우 강력한 지지를 보내는 사람들이라는 사실이다. 흔히 이는 친구들에 대한 잠재 의식적 학습을 통해 이루어지거나 이들의 행동 패턴을 통해 습득하거나 영감을 얻는 형태를 띠기도 한다. 많은 경우 사람들은 자신의 친구들이 자신에게 얼마나 많은 영향을 주는지 깨닫지조차 못한다. 내 친구들이 행복하다면 나도 행복할 가능성이 더 크다.

이러한 영향력은 또 자동차 구매 습관에서 드러나기도 한다. 사람들은 종종 그들 주변에 운전을 하는 사람들이 소유한 차에 바탕을 두고 자신의 자동차를 구매한다. 사회적 검증social proof은 더 선호되는 행동 방침이나 적절한 행동으로 우리를 인도하는 데 사용될 수 있다. 그리고 이러한 영향력은 주변 사람들이 자신과 같다고 인지할 때 훨씬 더 커진다. 그 영향은 연령이나 인종, 배경, 능력 등에서 유사한지 여부에 관계없이 사람들이 자신과 비슷하다고 생각하는 사람들과 자기 자신을 비교할 때 과도할 정도로 증가한다.

사람들은 그들이 감정적으로 가장 가깝다고 느낀 사람들에게 가장 영향을 많이 받는다. 이들은 그들이 가장 많이 커뮤니케이션을 하고 가장 자주 어울리고 가장 크게 신뢰하는 사람들이다. 일반적으로는 마케팅은 그리고 구체적으로는 소셜 미디어는, 강력한 유대 관계에 집중하고, 다수의 작고 독립적이고 연결된 친구 그룹에 초점을 맞출 필요가 있다. 많은 사람들에게 상당한 영향력을 미치는 사람들을 찾는 것은 매우 어렵다. 이들이 존재한다고 해도 말이다.

우리 모두는 어떤 주제에 대해서는 큰 영향력을 미치지만 또 어떤 주제에 대해서는 영향력을 거의 미치지 않는다. 또 여러 독립된 친구 그룹들을 서로 이어줄 수 있으므로 메시지를 널리 전파할 수 있다. 따라서 많은 사람들에게 영향을 미치는 것으로 보이는 소수의 사람들을 찾으려고 노력하기보다는 함께 묶으면 다수의 다양한 그룹의 사람들에게 큰 영향을 미칠 수 있는 이름 모를 사람들을 찾는 편이 더 낫다. 우리의 에너지를 사람들이 왜 공유하는지를 이해하는 데 쏟고, 친한 친구들로 구성된 소규모 그룹들 간에 공유될 수 있는 제품과 콘텐츠를 제작하기 위해 이러한 이해를 활용하는 데 집중하라. 이러한 과정을 관리하고 사람들이 그들의 친구들과 자연스럽게 콘텐츠를 공유한다면 이 친구들은 또 자연스럽게 그들의 친구들과 공유하게 된다. 우리의 메시지는 가장 신뢰할 수 있는 인맥을 통해 전달되며 수 백만의 사람들에게 닿을 수 있으면서도 여전히 개인적인 느낌을 줄 수 있다.

거대 항공사가 어떻게 개인적으로 다가갈 수 있었을까?

기업의 규모가 크면 작은 개별 그룹들과 커뮤니케이션을 하는 것에 대해 생각하기는 쉽지 않다. 이를 처음으로 성공적으로 해낸 대기업들 중 하나가 2010년 11월 KLM 서프라이즈*KLM Surprise*라고 불리는 프로모션을 진행한 KLM이었다. 이 항공사는 승객들을 위한 선물을 준비하기 위해 비상한 노력을 기울였을 때 행복이 어떻게 퍼져 나가는지를 보기 위한 실험에 착수했다. 승객들은 KLM 비행기 안에서 출발 직전에 이 프로모션에 대한 트위터를 날리기도 했다. KLM 승무원들은 고객들이 보안 검색대와 게이트에 도착했을 때 그들의 이름을 부르며 맞이하고 그들에게 개인 맞춤 선물을 제공했다. 승객들의 얼굴에는 진정한 놀라움의 미소가 퍼졌다.

KLM은 팔로우들을 찾고 그들과 관계를 구축하는 것을 우선순위에 두는 것으로 이 프로모션을 시작했다. 그들은 이 캠페인 전용 웹사이트와 트위터 피드를 만들었고 포스퀘어Foursquare에 참여하고 유튜브 채널과 KLM 페이스북 페이지에 비디오를 올리기도 했다. KLM은 이러한 플랫폼에서 진행되는 대화를 시작하고 이에 참여하면서 그들의 고객들이 정말로 어떤 사람들인가에 대한 감을 잡고자 했다.

그리고 나서 KLM은 이를 한 단계 더 발전시켜 자신들의 캠페인을 개인화시키는 데 이르렀다. 이 항공사는 승객들에게 일률적인 선물을 줌으로써 시간을 절약할 수도 있었지만 이렇게 하는 대신 KLM 직원들은 고객에 대한 더 상세한 정보들을 파악하기 위해 그들의 시간을 쏟고 고객들에게 진정한 가치가 있는 무언가를 선물했다.

KLM은 이 캠페인을 통해 확보한 통찰력을 소셜

미디어를 더욱 잘 활용하는 데 사용하는 것으로 만족할 수도 있었지만, 이들의 아이디어나 실행은 인상적이었다. 이들은 대기업이 놀라울 정도로 인간적인 모습으로 인지되기 위해서는 디지털 미디어를 어떻게 활용할 수 있는지를 보여주었다. 약간의 조사를 통해 놀라움을 제공하고, 이러한 놀라움 이벤트에 대한 뉴스가 멘션(트위터에 올리는 140자 미만의 단문 메시지)과 트윗, 리트윗, 구전을 통해 들불처럼 퍼져나가며 KLM은 한 달 만에 수백만의 트위터 조회 수를 올렸다.

비평가인가, 브랜드 홍보대사인가?

이러한 연결성과 투명성의 시대를 사는 고객들은 고객 서비스나 제품 경험이 나빴을 경우 그 브랜드를 노출시키는 것을 주저하지 않는다. 반면 고객들은 좋은 순간과 그들의 기대를 넘어서는 브랜드 경험도 공유하고 싶어한다. 프록터 앤 갬블*Proctor and Gamble*은 이를 '사람들을 완전히 사로잡는 순간들'이라고 불렀다. 그러나 이 순간들은 또 놀라움과 기쁨 또는 자발적인 선행의 순간으로도 알려져 있다. 이렇게 관대함을 보여주는 행동들은 개인이나 그룹의 사기를 복돋아주며 그들의 마음 속에 브랜드에 대한 인지를 끌어올리는 힘을 가진다.

기대를 넘어서고 고객들을 개인적으로 놀라게 하기 위한 노력은, 만족한 각 고객들이 소셜 미디어를 통해 수 십만의 미래 잠재 고객들에게 영향을 미칠 수 있다는 깨달음에서 시작된다. 레스토랑에서 기념일에 무료 샴페인을 받았거나 생일에 무료 케이크를 받은 이야기를 나누는 것을 좋아하는 것처럼 이러한 순간들은 친구들이나 가족과 그 브랜드가 보여준 호의에 대한 이야기를 나눌 수 있도록 독려한다.

이제 많은 브랜드들은 기존의, 그리고 잠재 고객들과 긍정적인 구전 효과를 만들기 위해 이러한 놀라움과 기쁨의 순간을 활용한다. KLM은 이를 실천한 최초의 기업들 중 하나로 이러한 실천은 KLM에서 끝나지 않았다.

코카콜라의 '행복은 집에 있다*Happiness is Home*' 프로젝트는 해외에서 일하는 1,100만 필리핀 사람들 중 몇 명을 뽑아 집으로 휴가를 보내줌으로써 행복을 전달했다. 트로피카나*Tropicana*는 '더 밝은 하루를 위한 더 밝은 아침*Brighter Mornings for Brighter Days*'이라는 그들의 새 캠페인 활동들 중 하나로 한 달간 지속되는 북극의 밤 기간 동안 바람을 집어넣는 빛나는 대형 '태양'을 만들었다. 그리고 스팬에어*Spanair*의 '뜻밖의 수하물*Luggage Surprise*'은 크리스마스 이브 저녁에 늦게 비행기를 탄 고객들에게 그들의 가방이 나오는 수하물 컨베이어 벨트를 통해 크리스마스 선물을 전달하면서 놀라움을 주는 이벤트였다. 이렇게 기분을 좋게 만들어주는 순간들은 그 순간의 일부가 되었던 사람들은 물론이고 나중에 그에 대한 비디오를 본 사람들 모두에게 따뜻한 감성을 불러일으켰다.

무엇을 통해 이러한 소셜 중심의 놀라움과 기쁨의 순간이 만들어지는가?

지금은 놀라움과 기쁨의 순간을 활용하는 데 기여하는 요소들이 수없이 많다. 브랜드나 기업에 대한 신뢰가 약해짐에 따라 사람들은 브랜드가 주는 약속과 전통적인 트랜잭션 브랜드의 광고에 대해 점점 더 의심을 하기 시작했다. 기업에 대한 사람들의 인식은 우리와 동떨어져 있고 융통성이 없으며 욕심이 가득한 조직이었다. 이에 대응하기 위해 브랜드들은 '광고ad' 대신 '행동act'을 창조해야 한다. 말보다 행동이 더 중요하며, 가치 있고 공유할 만한 소셜 관계를 만들어내는 것도 행동이다.

또한 오늘날과 같은 소셜 주도의 세계에서 많은 사람들은 작은 불편함에서부터 삶을 붕괴하는 큰 것에 이르기까지 모든 것에 관해 불평을 하기 위해 소셜 미디어 플랫폼을 만족스러운 창구로 활용한다. 이렇게 공개적으로 공유된 개인적 정보는 브랜드 오너에게 고객들의 삶과 감정, 위치 등에 대해 가치 있는 세부 정보를 제공한다. 이러한 세부 사항의 도움으로 브랜드는 기존 고객들 및 잠재 고객들을 식별하고 따르며 이들과 커뮤니케이션을 할 수 있다.

전통적인 고객 보상이나 포인트 보상과는 달리, 이러한 놀라움과 기쁨의 순간은 단순히 페이스북에서 좋아요를 눌러줬거나 트위터에서 언급해줬다는 것만으로 고객에게 보상을 제공하지는 않는다. 이러한 자발적인 선행들은 고객들이 전혀 기대하지 않은 순간에 이들을 놀라게 하는 것을 목표로 한다. 최고의 가치를 제공하는 것은 자발적인 대화와 멘션으로, 고객들은 소셜 미디어 플랫폼을 통해 이러한 순간들에 대해 이야기하고 공유한다.

브랜드는 어떤 이익을 얻는가?

처음으로 나타나는 가장 확실한 혜택은 단순히 구전 광고 효과다. 이는 오랫동안 브랜드가 누릴 수 있는 가장 좋은 형태의 광고로 여겨져왔다. 소셜 미디어를 통해 우리 고객들 각자가 엄청난 수의 잠재 고객들에게 도달할 수 있게 되면서 구전의 가치는 엄청나게 증가해왔다. 브랜드는 또 고객들이나 사용자들과의 대화를 만들고 유지하기 위해 콘텐츠를 활용할 수도 있다. 새로운 비디오가 입소문이 나는 핵심적인 이유들 중 하나는 시청자들이 경험하는 즐거운 놀라움의 순간이다.

놀랍도록 인간적인 브랜드들은 자신들과 유사한 신념 및 가치 체계를 가진 브랜드를 찾는, 사정에 밝은 소비자들의 관심사를 포착할 줄 안다. 동정심, 인도적인 사고, 너그러운 행동을 통해 브랜드는 사람들이 동일시 하거나 일부가 되고 싶어 하는 퍼스널 브랜드로서의 친밀감을 만들어낼 수 있다.

브랜드는 어떤 식으로 관여할 수 있는가?

놀라움의 순간을 만들 때 브랜드는 그들의 브랜드 코드가 주는 지침을 따라야 한다. 놀라움은 그들의 고객들에게 전후 맥락상 관련이 있어야 하고 브랜드 목표나 가치에 분명히 연결되어 있어야 한다. 이러한 방식으로 놀라움의 순간은 사람들의 머리 속에서 브랜드의 지위를 강화하고 향후의 의사 결정에 영향을 미칠 수 있는 긍정적인 연결고리를 구축한다.

디지털 정보 사이트인 클릭즈닷컴*Clickz.com*에 글을 기고하는 빈센트 테오*Vincent Teo*는 훌륭한 소셜 미디어 브랜드의 사례 세 가지를 소개했다.

- 엣지 셰이브 젤*Edge Shave Gel*은 면도 후 자극을 예방해준다는 기능적인 약속을 기반으로 했다. 그들은 트위터에서 일상적인 자극에 대한 불평을 하는 사용자들을 찾고 아침 시리얼에서부터 컴퓨터에 이르기까지 다양한 선물들과 익살스러운 답변을 보내면서 이러한 자극을 없애기 위한 도

움을 제공했다.

- 여성 생리대 브랜드인 코텍스*Kotex*는 여성들을 개별적인 하나의 개인으로 축복하는 한 방법으로 우먼스 인스피레이션 데이*Women's Inspiration Day*를 만들고 이에 관한 훌륭한 캠페인을 만들었다. 핀터레스트*Pinterest*는 사람들에게 영감을 주는 원천들을 다루는 소셜 미디어 플랫폼으로 코텍스는 이 플랫폼을 검색해서 타인에게 영감을 주는 50명의 여성들에게 접근했다. 그런 후 그들에게 영감을 주는 것은 무엇인지를 파악하고자 이 여성들의 핀터레스트 보드를 자세히 살폈고 그들이 원하는 것들로 구성된, 개인별로 꾸민 패키지를 만들었다.

- 크리넥스*Kleenex*는 기분이 별로 좋지 않다고 알려주는 페이스북 상태 업데이트를 열거한 사람들에게 접근하여 놀라움의 순간을 제공하고 이를 그들의 브랜드 목적에 연결시켰다. 크리넥스는 이들의 회복을 도울 수 있는 스페셜 크리넥스 키트를 보냈다.

왜 어떤 메시지들은 입소문이 나고
어떤 메시지들은 그렇지 않은가?

'온라인 콘텐츠를 입소문 나게 만드는 것은 무엇인가?'라는 제목의 연구 논문에서 조나 버거*Jonah Berger*와 캐서린 밀크맨*Katherine Milkman*은 실용적 가치와 관심사에 이어 놀라움이 어떻게 가장 중요한 콘텐츠 필수 요소 중 하나가 되는지를 보여준다. 실용적인 가치와 관심사는 대체로 제품 혁신과 개발 단계에서 다루어지지만 놀라움은 그 위의 단계에서 효과적으로 활용될 수 있다.

뉴로비즈니스*NeuroBusiness*의 CEO, 스리니 필레이*Srini Pillay* 박사가 수행한 연구를 보면, 우리가 사실상 어떤 메시지는 입소문이 나고 어떤 메시지는 그렇지 않을지를 미리 예측할 수 있다는 사실을 알 수 있다. 확산되는 아이디어들은 놀랍게도 전송자의 머리 속에 자리하고 있는 독특하고 식별이 가능한 특성을 가지고 있다. 확산되는 메시지들은 전송자의 머리 속에 있는 두 개의 핵심 영역을 작동시킨다. 첫 번째 영역은 보상, 즉 전송자들이 메시지에 부여해 둔 가치를 나타낸다.

두 번째 영역은 메시지 수신자의 관점에서 사물을 바라보는 능력을 다룬다.

브랜드 매니저가 자신의 메시지를 만들 때 메시지가 입소문을 탈 것이냐 그렇지 않을 것이냐를 판단하는 데 도움을 주는 것은 이 두 가지 요소들이다. 아이디어에 더욱 가치를 부여할수록 다른 사람들이 우리의 메시지를 어떻게 인지할 것인지를 더욱 정확하게 예측할 수 있고 메시지를 더욱 성공적으로 확산시킬 수 있다.

스마트폰과 관계 브랜드 미디어

인간은 매 초마다 역사를 만든다. 오늘날 20억 명의 사람들이 지금껏 만들어진 것들 중 가장 강력하고 개인적인 테크놀로지 도구인 스마트폰 모바일 기기를 가지고 있다. 이 기기를 통해 우리의 삶에서 다양한 목적들과 임무들에 대응할 수 있는 여러 가지 애플리케이션에 접근한다.

모바일 기기와 애플리케이션은 삶의 거의 모든 것과 관계를 맺을 수 있도록 해주는 미디어가 되어왔다. 스마트폰은 평생에 걸친 여정에서 우리의 동반자가 되고, 사람들뿐만 아니라 온라인이든 오프라인이든 사람들이 사용하는 대부분의 서비스나 제품 브랜드들과 매일 사람들을 연결시켜 주는, 진정하고도 신뢰할 수 있는 테크놀로지 친구가 되었다. 어떤 모델을 구매할지를 결정하는 데 도움을 주는 정보를 찾건, 거래할 딜러를 찾건, 인터넷을 사용하지 않고 자동차를 구매하는 사람은 거의 없다. 그리고 차 안에 탑재된 모바일 기기는 자동차 제품의 핵심적인 부품이다. 오늘날 차는 대개 통합 내비게이션, 커뮤니케이션 및 정보 시스템과 함께 GSM을 통해 인터넷에 연결된다. 최근에는 주로 그 자동차의 모바일 기기와 소프트웨어를 좋아하는지 여부에 따라 구매할 자동차를 결정하는 사람들을 몇몇 만나기도 했다.

1964년 캐나다의 미디어 철학자인 마샬 맥루한 *Marshall McLuhan*은 저서인 《미디어의 이해*Understanding Media: The extensions of man*》(1964)를 통해 '미디어는 메시지다*the* *media is the message*'라는 표현을 사용했다. 그의 말은 테크놀로지와 미디어 그 자체가 이를 통해 획득하려고 하는 정보보다 더 큰 영향력을 만들어냈다는 의미다. 브랜딩 사상가이자 교육자, 조언자인 나 역시 모바일 애플리케이션이 주는 브랜딩에 대한 영향력에 의해서도 마찬가지 인상을 받는다. 그리하여 나는 맥루한의 표현에 편승하여 '애플리케이션은 브랜드다'라는 표현을 만들어내려고 마음먹었다.

9장에서 서술한 바와 같이 인터렉티브한 애플리케이션은 포장된 브랜드 제품이 중심이 되는 1세대, 광고를 중심으로 하는 2세대를 이어 브랜드 윈도우의 3세대다. 애플리케이션은 고객, 브랜드, 제품과 완벽하게 통합되기 때문에 어떠한 기기(아이패드, 태블릿, 아이워치*iWatch*, 안경 내장형 기기)에서 사용되건 애플리케이션은 브랜드가 된다. 보는 사람의 눈에 따라 달라지는 것이 아니라 반복해서 사용하는, 소유자의-또한 사용자의-마음과 터치에 따라 달라지는 것이다.

핵심은 이것이다. 우리는 애플리케이션과 직접적으로 연관되어 있다. 애플리케이션은 우리가 삶을 관리하는 방법에서 필수적인 부분이다. 애플리케이션은 우리가 서식을 작성할 때 지성에 의문을 제기한다. 운동을 할 때는 애플리케이션이 도전 의식을 북돋운다. 어디에 가서 먹고 쇼핑하고 즐겁게 놀지에 대한 제안을 하기도 하며 친구처럼 조언을 하기도 한다. 애플리케이션은 심지어 우리 스스로 퍼스널 브랜드가 되고자 하는 시도의 일부가 되기도 한다.

상당수의 사람들은 자신의 휴대폰에 한 번도 사용하지 않은 애플리케이션을 많이 설치해두고 있다. 이 사실은 애플리케이션 제작자에게는 또 하나의 중요한 포인트다. 우리가 개발하는 애플리케이션은 가장 선호되고 가장 많이 사용되어야 한다!

결론: 소셜 미디어 애플리케이션은 관계 브랜드를 구축하고 고객 경험을 창조하는 열쇠다

브랜드와 기업이 더 개인화되고 더욱 개성적으로 변모하는 것을 통해 신뢰와 주목을 다시 회복하는 것은 그 어느 때보다 더 중요한 문제가 되었다. 관계 브랜드는 개인적 대화법을 마스터해야 한다.

대규모 조직이 작은 그룹 단위로 이루어지는 사람들의 개인적 대화의 일부가 되고, 대화 참여자들이 그들이 감정적으로 가깝게 느끼는 다른 사람들과 공유를 할 수 있을 정도로 이러한 대화들을 충분히 흥미롭고 예상치 못한 것으로 만들기 위해 한 방향 커뮤니케이션의 패턴을 깨는 것을 통해 브랜드에 대한 신임과 신뢰감을 회복하는 것은 특히 중요하다.

스마트폰 애플리케이션은 개인들이 그들의 브랜드와 직접적으로 커뮤니케이션 할 수 있는 훌륭한 채널이 될 수 있지만, 이때 이 애플리케이션은 관련성이 있고, 훌륭한 사용자 경험을 제공하고, 오늘날 까다로운 사용자들을 위해 가치를 창조할 수 있어야 한다.

13장

놀라움을 통한 브랜드 위기 관리

예상치 못한 방법으로 나쁜 패턴을 깨기

브랜드 어드바이저로 일하면서 위기의 상황에서 호출을 받은 사람이 우리가 첫 번째가 아니라면 우리는 두 번째가 된다. 수년 간 나는 잘못된 브랜딩 상황을 고치는 데 도움을 달라는 급박한 연락을 여러 차례 받았고, 그 덕분에 브랜딩 측면의 위기 상황에 대한 상당한 경험을 쌓았다. 이러한 브랜딩 측면은 근본적으로 위기에 처한 기업에 대한 인식이나 명성을 신속하게 관리하는 것과 관련된다.

어쩌면 이에 못지않게 똑같이 중요할 수 있는 기술적 이슈나 공급자, 조직, 재정, 주주 관련 이슈들, 정부와의 관계 등과 같이 위기의 상황에서 다루어야 하는 다른 고려사항들도 있다. 그러나 이러한 것들은 대개 사람들의 머리 속에서 일어나는 것에 관한 문제인 브랜딩 관련 주제들보다 더 쉽게 다룰 수 있다. 때때로 위기 상황 초반에는 정보의 공백으로 말미암아 어떤 일이 일어났는지에 대한 각종 추측과 순수한 공상의 시간이 발생한다. 그리고 사람들은 대개 어떤 일이 일어났건 브랜드에 나쁜 영향을 미칠 것이라고 인식한다.

조직에 뿌리를 내릴 수 있도록 방치된 나쁜 행동 패턴과 같이 기업 내부의 어떤 문제가 결국 드러날 때 가장 심각한 위기가 발생한다. 낡고 한물간 기업 문화 또는 허용되어 온 몰상식하고 잘못된 개인의 행동 등은 의식적으로 또는 무의식적으로 기업과 브랜드 문화에 매우 핵심이 되는 정직, 윤리, 투명성 등을 파괴할 수 있다.

2015년 폭스바겐의 배기가스 조작사건

폭스바겐 그룹Volkswagen Group의 최고 경영진이 배기가스 배출량 결과 조작을 용인했던 2015년의 사례에서 이러한 위기의 한 예를 볼 수 있었다. 1,000만 대에 가까운 디젤 차량의 테스트에 배출량이 낮게 나오도록 프로그래밍이 된 소프트웨어를 사용하여 배기가스 배출량을 체계적으로 위조했다는 사실이 밝혀졌다. 이는 엄청난 참사로 이어졌다. 폭스바겐 그룹 전체적으로 발생한 재정난은 심각한 수준이었고 주식 가치가 급락했고, 폭스바겐과 아우디Audi 브랜드는 모두 직접적인 영향을 받았다.

이 스캔들이 일어난 후 기자들과 비즈니스 리더들은 폭스바겐이 이 고비를 넘길 수 있을지 나에게 물었다. 나의 대답은 항상 '그렇다'였다. 물론 그렇다. 내가 이렇게 확신할 수 있었던 이유는 이 스캔들이 고객들에게는 결코 영향을 미치지 않았기 때문이었다. 그와는 반대로 이러한 환경 사기 사건 때문에 마력이나 연비의 관점에서 보면 대부분의 고객들의 차량은 실제로 발휘해야 하는 수준 이상으로 더 좋은 성능을 발휘했던 것이다. 고객에게 미친 유일한 부정적인 영향은 그들의 차가 수리를 위해 회수되어야 하고 그 후에는 운전이 예전같지 않을 수 있다는 사실을 알고 난 후의 놀라움이었다. 어쩌면 고객에게 미친 더욱 직접적인 피해가 폭스바겐에게는 더 나쁜 시나리오였을지도 모른다.

그러나 많은 일류 자동차 브랜드들이 제대로 작동하지 않은 브레이크와 거의 치명적인 결함으로 말미암아 폭스바겐의 경우와 유사한 크고 위험한 위기를 겪었지만 대부분은 재기했다. 폭스바겐의 재기보다 더 큰 우려는 그 영향이 독일 자동차 산업 전체로 확장되고 독일 산업 전반에 있어 신뢰의 문제로까지 번지기도 했다는 점이었다. '이런 일은 세상 어디에서도 일어날 수 있지만 독일에서는 일어날 수 없는 일이다'와 같은 언급이 대표적이었다. 독일이라는 브랜드에 미친 장기적인 효과는 측정하기 쉽지 않다. 설사 가능하다고 해도 말이다.

놀랍게도 자동차 산업 전반적으로 매출이 상승하

는 동안 폭스바겐의 사명과 동일한 이름을 가진 폭스바겐 브랜드의 판매량은 스캔들 후 몇 달 간 떨어진 반면, 폭스바겐 그룹의 시장 점유율은 2016년 1월에 이미 반등하기 시작했는데 이는 스캔들이 터진지 막 3개월이 된 시점이었다.

기자들과 비즈니스 리더들은 내게 이 브랜드가 회복하기 위해서 무엇을 할 수 있는지에 대해서도 물었다. 나의 제안은 폭스바겐의 마초 문화 패턴을 깨고 여성 CEO로 최고 경영자를 교체하는 것이었다. 이러한 나의 제안은 파격적으로 기존 패턴을 깨고자 하는 바람에서 온 것이었지만, 이러한 행동은 또한 폭스바겐이 지평을 넓히고 내일의 도전을 위해 준비하는 더욱 친환경적이고 사람을 보살피는 기업 문화를 도입하는 것으로 보일 수도 있었다. 지구 온난화, 엄격한 배기 가스 배출 통제, 지구상에 사는 사람들의 실생활에서 자가용의 역할 등에 대한 논의가 더욱 많은 공간에서 일어나고 있는 지금 시대에, 나는 자동차 산업에 여성들이 더 많이 종사함으로써 이 남자들의 장난감 비즈니스에 더 큰 혜택을 가져다 줄 수 있을 것이라고 느꼈다.

고객의 불평을 듣지 않는 패턴을 깨뜨린
'기타를 부순 유나이티드'

오늘날 우리는 비즈니스에서 또 다른 종류의 위기를 목격하고 있다. 이러한 새로운 위기들은 수천만의 사람들이 단체로 수천만의 불평과 보상 요구를 제기한다기보다는 과거라면 경청되지도 않았을 도외시된 개별적인 요구와 관련이 있다. 규모에 차이가 있음에도 이러한 개인적인 요구들로 인한 위기도 단체 불만 못지않게 해롭다. 오늘날과 같은 상호연결된 세계에서 이러한 요구들은 급속하게 수백만의 다른 사람들에게 알려져서 그들의 감정과 불만을 표명하도록 자극할 수 있는 잠재력을 가지고 있다. 곧 이어 우리는 눈덩이 효과라고 불리는 것을 보게 되는데, 하나의 기폭제가 되는 사건으로 말미암아 이와 관련이 있는 더 많은 개인적인 스캔들을 드러나 불평의 더미가 쌓이고, 아주 작은 것으로 보였던 불이 큰 불로 변하는 것이다.

　이러한 작은 요구들이 증가할 수 있는 이유는 소셜 미디어와 이것이 개인에게 준 믿을 수 없이 놀라운 힘이다. 소셜 미디어는 사태를 뒤집는 것과 관련해 우리 모두가 사실상 얼마나 큰 힘을 가지고 있는지를 새롭게 드러내주며 반복적으로 패턴을 깨고 우리를 놀라게 하고 있다.

개인의 불평으로 위기에 빠진 오래전 사례로는 '기타를 부순 유나이티드'가 있다. 이 사건은 대부분의 사람들이 들어본 적도 없는 캐나다 뮤지션인 데이브 캐롤Dave Carroll과 함께 시작되었다. 데이브는 2008년, 그의 밴드와 함께 유나이티드 항공United Airlines를 타고 여행을 하는 동안 그의 멀쩡한 기타가 어떻게 부수어졌는지와 그 이후 항공사의 반응에 대한 자신의 실제 경험을 담아 유튜브 비디오 기록을 만들었다. 이 노래는 2009년 7월에 발표되었고 즉각적으로 유튜브와 아이튠즈iTunes의 히트곡이 되었다. 이는 또 항공사에게는 PR면에서도 난처한 상황이 되었다. 데이브 캐롤은 유나이티드 항공사가 수하물을 보관하는 동안 그의 기타가 어떻게 부숴졌는지에 대해 이야기를 했다. 그는 동승자 중 하나가 시카고 오헤어 공항Chicago's O'Hare Airport에 착륙해 비행기 안에서 잠시 머무르는 동안 공항 활주로에서 수하물 처리담당자들이 기타들을 던졌다고 소리를 지르며 주장했고, 목적지에 도착했을 때 3,500달러짜리 그의 테일러*Taylor* 기타가 심하게 손상을 입었다고 주장했다. 이 노래의 가사에는 다음과 같은 구절이 포함되어 있다. '내 기타를 다른 사람에게 맡기거나, 아니면 자동차로 갔어야 했어. 왜냐하면 유나이티드가 기타를 부쉈거든.'

이 유튜브 비디오는 2009년 7월 6일에 포스팅 되었고 공개 첫날 15만 뷰를 기록했다. 단 한 달만에 100만 뷰에 도달했고 겨우 두 달이 지난 후에는 500만 뷰를 달성했다. 이러한 엄청난 노출 때문에 유나이티드는 캐롤과 연락을 취해 잘못된 것을 바로 잡겠다고 제안했다. 이 비디오가 온라인에 포스팅 된지 나흘 만에 유나이티드 에어라인의 주가는 10% 떨어져 주주들에게 약 1억 8천만 달러의 손실을 발생시켰다.

이 사건 이후로 캐롤은 고객 서비스과 관련된 강연의 연사로 인기를 모았는데 얄궂게도 강연을 위해 떠난 여행 중 하나에서 유나이티드 항공이 그의 가방을 분실하는 사건이 발생하기도 했다. 이 노래는 〈타임

Time〉잡지가 선정한 2009년 바이럴 비디오 톱10의 하나로 이름을 올렸고(플레처*Fletcher*, 2009년) 고객 (반) 서비스*Customer (Dis)Service*라는 CBC/CNBC의 다큐멘터리에서도 특별히 다루어졌다.

2012년 5월, 캐롤은 그의 경험을 상세하게 다룬 책,《기타를 부순 유나이티드 항공: 소셜 미디어의 시대에 목소리 하나의 힘*United Breaks Guitars: The power of one voice in the age of social media*》(2012)을 출간했다. 이러한 온라인 항의의 성공은 인터넷 시대에 기업들이 직면한 새로운 유형의 위협을 보여주는 전형적인 예로 매번 사용되었고, 소리를 지르지 않고 공손한 태도를 유지하면서도 불평을 제기하는 좋은 방법의 예로 인용되었다.

그린피스와 노르스크하이드로는
PVC산업을 어떻게 바꾸었는가?

스웨덴 서부 해안에 있는 스테넌선드*Stenungsund*에 위치한 노르스크하이드로*Norsk Hydro* PVC 공장 직원들은 1996년 어느 날 아침 일찍 출근을 하고는 오렌지색 작업복을 입은 한 젊은 남자가 마치 십자가에 매달린 것처럼 공장 정문에 사슬로 감겨 있는 것을 목격했다. 기자들과 TV 스태프들도 이미 준비가 되어 있었다. 이는 PVC 제조 과정에서 염소와 다른 독성 물질의 사용에 맞서기 위해 그 해에 그린피스*Greenpeace*가 벌인 많은 활동 중 하나였다. PVC라는 플라스틱 물질은 포장, 건축, 자동차 산업, 의료 사업 등 많은 산업에서 광범위하게 사용되고 있어 그린피스의 리스트에 우선순위로 올라 있었다. PVC를 소각하거나 태울 때 방출되는 다이옥신 때문에 그린피스는 고수익을 내는 이 공장이 반드시 폐쇄되기를 원했다.

공장의 경영진은 지역 신문인 GT에 신속하게 전면 기고문을 실었는데 이 지면을 통해 그들은 PVC는 올

표 13.1 보편적 커뮤니케이션 모델

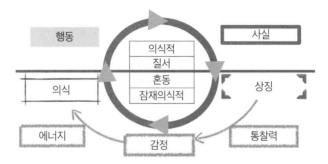

커뮤니케이션은 항상 폐쇄된 질서와 의식적 시고 엉역 내에서 사실*fact*을 행동*act*으로 바꾸는 당혹스러운 오해에서부터 시작한다. 그러나 사실*fact*은 감정적인 에너지가 부족하므로 이는 절대 성공할 수 없으며 성공적인 커뮤니케이터가 되기 위해서는 메시지를 감정*feeling*으로 채워야 한다. 이러한 감정은 상징*symbol*과 신화*myth*의 도움으로 메시지에서 감정적인 고리를 찾음으로써 만들어진다. 이제 사람들의 마음을 작동시키고 행동*act*하게 만들기 위해 감정적인 에너지*energy*가 생성되고 이 에너지는 의식*ritual*이라고도 불리는 상징적인 행동의 형태를 취한다. 그리고 행동 후에는 항상 무슨 일이 일어났는지를 설명하고 구조화하며 드러내기 위해 사실*fact*에 대한 진정한 관심이 생긴다. 그러므로 모든 좋은 커뮤니케이션은그래서 모든 좋은 커뮤니케이션은 반복적인 상향 회전을 하며 나선형의 형태로 성공적으로 지속되는데, 한 회전을 할 때마다 새로운 통찰력*insight*을 통해 향상된다.

바르게 다루기만 한다면 전혀 위험하지 않다고 설명하고자 했다. 안타깝게도 그들은 '매우 적은'이라는 말을 많이 사용했고 그린피스가 희망한대로 노르스크하이드로의 노력은 사태를 악화시키는 데 그쳤다. 논리 정연하고 유용한 정보를 제공하는 설명 대신 그들의 이러한 반응은 마치 자신들을 방어하려고 필사적으로 애쓰는 냉담하고 자기 이익만 생각하는 기업가로 비치게 만들었다.

나는 노르스크하이드로 경영진을 돕기 위한 브랜딩 및 커뮤니케이션 컨설턴트로 소환되었다. 내가 했던 첫 번째 일은 커뮤니케이션이 어떻게 작동하는지를 그들에게 설명하는 것이었다. 나는 이렇게 빤한 것 같은 단계도 이들에게는 필요하다고 느꼈는데 이 회사 경영진의 대부분은 사람들 머리 속의 인식을 관리하는 법을 알 필요가 없었던 엔지니어들과 비즈니스 행정가들로 구성되어 있었기 때문이었다. 나는 보편적 커뮤니케이션 모델을 그리면서 설명을 시작했다. (표 13.1)

나는 모든 사람들이 노르스크하이드로가 할 것이라고 기대하는 것을 지속하는 대신, 즉 사실을 들어 설명을 하려고 하는 대신, 그 반대의 행동을 하면서 그들만의 방법으로 그린피스를 사실상 공격해야 한다고 제안했다. 반응하고 방어하는 대신, 사람들이 그들에게 기대하는 패턴을 깨고 또한 플라스틱에 대한 통설, 즉 조금 전에 사용하고 무심코 던져버린 별 가치 없는 폐기물이 되는 어떤 것이라는 플라스틱에 대한 일반적인 관점의 패턴을 깨야 한다고 제안했다.

나는 그들이 어떻게 사람들 마음 속의, 일반적으로는 플라스틱, 더 세부적으로는 PVC에 대한 이러한 인식 패턴을 깰 수 있을지에 대한 두 가지 아이디어를 가지고 있었다.

첫 번째 아이디어는 몇 주 전 캐로슈카*Carouschka*라고 하는 스웨덴 예술가와의 만남에서 뜻하지 않게 생겼다. 그녀는 스톡홀름의 광고 아트디렉터가 수집한 일상적인 플라스틱 제품의 엄청난 콜렉션에 영감을 받아 플라스틱을 주제로 한 전시회를 열고 싶다고 말했다. 캐로슈카는 그 디렉터의 콜렉션에 추가해 스톡홀름의 심장인 쿨투르후세트*Kulturhuset*에서 가장 눈에 띄는 문화적 장소에서 대형 플라스틱 전시회를 열고자 했다. 그러나 자금조달이 문제였다.

그래서 나는 이 전시회가 노르스크하이드로에 대한 인식 패턴, 그리고 플라스틱과 PVC가 그 시점에 상징하고 있는 것에 대한 인식 패턴을 깰 수 있는 기회라고 언급하면서 그들이 이 전시회에 자금을 댈 수 있는지를 물었다. 그들은 동의했고 한 달 안에 전시회는 성공적으로 시작됐다. 이 전시회는 많은 언론과 스웨덴 내에서 문화적으로 영향력이 있는 사람들의 주목을 모았고 최고의 문화부 기자 중 한 사람은 전시회에 대한 그의 관람 기사에 '플라스틱-모던 골드'라는 헤드라인을 붙였다. 매체의 글 하나로 플라스틱은 문화적이고 예술적인 가치를 지닌 어떤 것으로 변형되었다. 그리고 그 전시회에서 가장 핵심적인 자리에는 고리에 걸린 혈액을 담은 플라스틱 백이 모형으로 된 인간의 팔에 생명을 구하는 혈액을 주입할 준비를 하고 있었다. 폐기된 PVC가 소각되면 독성물질이 나온다는 사실이 밝혀졌지만 PVC는 감염의 위험 없이 혈액을 담을 수 있는 유일한 물질이어서 의료계에서는 매우 유용하게 사용됐다.

내가 제안한 두 번째 활동은 폐기물을 가치로 인식할 수 있는 사고를 지지하는 것을 목표를 지향하는 활동이었다. 이 제안은 스웨덴에서 즉각적으로 플라스틱 재활용 프로그램을 시작하자는 것이었다. 이를 위해 경영진의 엔지니어들과 경제학자들을 설득해야 했는데, 두 가지 이유로 이는 힘든 제안이었다. 첫 번째 이유는, 그 전시회는 실행에 옮겨지기만 하면 되는, 즉 이미 계획이 수립되어 있었기에 훨씬 받아들이기가 쉬웠지만 재활용 프로그램은 아무것도 없는 데서 만들어져야 했다. 두 번째 이유는, 플라스틱의 재활용은 기술적으로 관리가 어려웠고 경제성도 없는 것으로 여겨졌다. 나는 재활용은 돈을 버는 것과는 아무 상관이 없고 자체적인 비용이 수반될 필요조차 없다는 것을 설명하기 위해 보편적 커뮤니케이션 모델을 다시 한 번 상기시켜야 했다. 재활용은 사람들로 하여금 플라스틱은 다 쓰고 나면 그저 버리는 쓸모없는 어떤 것이 아닌, 본연의 가치를 지닌 어떤 것이라고 인식하도록 만드는 데 상징적으로 필수적인 활동이다.

이 모든 것으로 인한 놀랍고도 예상치 못했던 결과는 노르스크하이드로와 그린피스 사이에 전개된 일종의 휴전이었다. 이 사례는 PVC에 대한 전 유럽 연합의 금지조치를 위해 로비를 벌였던 그린피스와 같은 비영리조직들이 노르스크하이드로와 같은 영리기업에 얼마나 심각한 영향을 미칠 수 있는지를 보여주는 이야기가 되었다.

스웨덴에서 시작되어 전 세계적으로 급속하게 퍼져나간 그 영향력은 PVC 비즈니스의 판도를 바꾸는 효과를 만들어냈다. 이는 근본적으로 이 산업계의 접근법을 바꾸었고 지속 가능한 경영전략과 유독한 독성 물질을 안정된 무독성 대체재로 바꾸는 PVC 제조 기술의 발전을 위한 추진을 촉발시키는 계기가 되었다.

결론: 위기는 예상된 패턴을 깨뜨림으로써 해결될 수 있는 중요한 브랜드 이슈다

우리는 한 산업이 위기의 상황에서 어떻게 행동하는지에 대한 매우 분명하고 정형화된 예상을 가지고 있다. 처음에는 침묵하고 다음에는 부정이나 설명 시도, 위협 등을 하는 것이 우리가 예상하는 것이다. 단순히 이러한 예상 패턴을 깨는 것만으로도 반대자들을 존중하고 피해를 최소화하면서도 위기에서 빠져나올 수 있는 기회를 찾을 수 있는 가능성을 만들어준다. 오늘날은 뒤를 돌아보며 실수를 인정하는 것으로는 충분하지 않다. 이제 지난 날의 선택을 설명할 수 있는 타당한 논리를 제시하고 기업의 실수로 빚어진 피해를 바로잡을 방법을 찾아야 한다. 노르스크하이드로 사례에서 볼 수 있듯 사람들을 화합시켜줌으로써 위기의 상황을 호평을 받는 성공으로 바꾸는 것조차 가능하다.

14장

기업의 놀라움 문화

직원들이 특별한
느낌을 받게 만들기

기업 문화는 브랜드와 마찬가지다. 한 기업이 훌륭한 고객 경험과 놀라움을 만들고자 한다면 분명히 그 기업 내부적인 문화의 지원을 받아야 한다. 매우 차별화되고 놀라움을 주는 기업 문화가 어떻게 비즈니스 성공을 이끌어낸 진정한 근원이 되는지를 보여주는 예는 많다. 덜 흥미롭고 심지어는 따분하거나 놀라움에 관한 한 어떠한 기대도 만들지 못하는 것으로 알려진 비즈니스 카테고리에서는 더욱 이러한 문화의 효과는 크다.

설립자가 도입한 기업 문화를 통해 비즈니스 성공을 거둔 놀라운 사례는 마윈*Jack Ma*의 알리바바*Alibaba*로, 이 기업은 웹사이트를 통해 다양한 판매 서비스를 제공하는 전자상거래 기업이다. 스스로 광대짓을 하며 자신의 핵심 비즈니스 원칙 중 하나인 '진지하게 여겨야 할 것은 자기 자신이 아닌 비즈니스'(Zakkour, 2014)에 부응하는 엄청난 파티 이벤트에서부터 그가 주선한 단체 결혼식에 이르기까지 알리바바가 그들의 원칙을 어떻게 실행했는지에 대한 사례는 인터넷이 많이 나와 있다. 매년 마윈은 신혼부부들을 그의 큰 회사로 초청하여 '단체 결혼식'을 열고 그들의 결혼을 축하하는 거대 이벤트를 진행한다. 물론 그의 회사 사람들은 이 괴짜 보스를 사랑한다. 그를 위해 일한다는 것만으로도 특별하다는 느낌을 받는 것이다.

　마윈의 카리스마 있는 리더십은 그를 롤모델로, 성공 사례로 우러러 보는 사람들로 가득 채워진 조직을 탄생시켰다. 영어 교사였고, 주방에서 비즈니스를 시작했으며, 그렇게 시작한 사업이 인터넷과 세계에서 가장 큰 기업 중 하나로 발전했다는 점과, 따라서 그가 세계에서 가장 부유한 사람들 중 하나가 되었다는 사실들은 그가 말하는 거의 모든 것에 내포된 다음과 같은 문화적, 브랜드적 메시지를 구현한다. '모든 것이 가

능하며 당신은 당신이 원하는 모든 것을 할 수 있다. 그것은 당신에게 달려있다.'

또 하나의 유명한 사례는 온라인 신발 소매업으로 시작한 자포스Zappos에서 찾을 수 있다. 좀처럼 멋지거나 진보적으로 것으로 여겨지지 않는 비즈니스 카테고리에서, 자포스를 수백만의 유사한 기업들과 구분되게 해주는 차별화 요소는 그 기업의 문화였다. CEO인 토니 셰이Tony Hsieh는 열 가지 핵심 가치들 중 하나를 재미와 약간의 괴상함을 창조하는 것이라고 규정한, 조금 괴상한 기업 문화를 유지하고 있다. 조금 괴상하다는 것은 애초에 고용될 때 부터 중요한 특성으로 평가된다. 연수 후 어떤 직원들은 기량을 발휘하지 못해서가 아니라 그 기업의 문화에 맞지 않는다는 이유로 연수비를 지급받고 떠난다. 자포스는 아마존Amazon이 2009년 7월에 10억 달러에 인수하면서 이제 아마존의 독립 부문이 되었다. 이 금액은 고객 경험 기록에 있어서 아무리 돌풍을 일으킨 기업이라고 해도 놀라운 액수였다.

강력하고 효과적인 브랜드 문화를 보여주는 세 번

째 사례는 가구 및 가정용품 분야의 세계적인 선두 소매기업인 스웨덴 기업, 이케아IKEA다. 다른 많은 글로벌 비즈니스 문화와 비교할 때 놀라운 것은 이케아의 브랜드 문화 속에 통합된 스웨덴의 경영 스타일이다.

이케아의 기업 경영 문화는 상하이 이케아 매장의 매니저인 중국인 직원 안젤라 추Angela Zhu의 아래 표현을 통해 가장 잘 묘사된다:

위계가 없는 IKEA의 팀 접근방식은 매우 높게 평가된다. 그러나 이 때문에 모든 사람들에게 각자의 특정한 책임을 부과하는 것은 힘든 일이 되기도 한다. 우리는 책임을 져야 한다. 동료들이나 전문인력들 중 일부는 B&Q나 까르푸Carrefour, 월마트Wal-Mart와 같은 외국계 기업에서 일한 적이 있다. 그들은 큰 차이를 느낀다. 여기서 그들은 행동을 취하는 것이 옳다고 느낀다. 새로운 사람들을 고용할 때 가치 기반의 리쿠르팅 방식에 따라 사람을 고용한다. 우리는 비전과 가치, 즉 솔직함, 겸손, 솔선수범 등을 매우 분명하게 규정한다. 겸손하다는 것은 중국에서는 새로울 게 없지만 이케아에서 겸손함의 방법은 우리의 강력한 희망과 결단을 겸손한 방식으로 표현하는 것이다.

탁월한 고객 경험 문화를 구축하는 법

때때로 나는 기업가들이 브랜딩보다 문화에 더 관심이 많다는 것을 깨달았다. 내가 그들에게 그 두 가지가 결국은 같은 것이라고 말해주기 전까지는 말이다. 이렇게 그들은 조기에 브랜딩을 도입하고자 하는 동기를 부여받는다. 브랜딩 비즈니스에 종사하지 않는 대부분의 사람들은 브랜딩이 마케팅과 밀접하게 연결이 되어 있다고 추측하지만 사실 기업 문화는 브랜드와 기본적으로 같은 것이다. 혹은 최소한 기업 문화는 브랜드의 기초를 아주 유사하게 적용해 놓은 것이라 할 수 있다.

고객 경험 브랜드를 구축하고자 할 때 강력하고 차별화된 내부 기업 문화를 활용할 수 있도록 도움을 주는 다섯 가지 기초적인 통찰력은 다음과 같다.

1. **직원들이 자유를 느끼도록 하라.** 직원들이 내부적으로 자유롭다고 느끼면서도 동시에 개인적으로는 우리의 기업 문화에 의존하고 있을 때, 이들은 더 좋은 급여 조건이라고 해도 다른 직업을 찾아 절대 떠나고 싶지 않을 것이다. 이들이 자랑스럽게 여길 수 있는 최고로 매력적인 직장을 제공해야 한다.

2. **놀랍고 예상치 못한 문화를 창조하라.** 삶에 대한 그 설립자의 개인적이고 진정하며 괴짜스러운 생각이나 관점에서 놀라움을 느끼게 되기도 한다. 이러한 놀라움의 목적은 우리의 직장을 다른 직장과 다르게 만드는 것이다. 과감한 차별화를 시도한 기업에서 일한다는 것은 사람들에게 특별하다는 느낌을 주는데 이것이 핵심이다. 오늘날 사람들은 비슷한 일을 하고 비슷한 삶을 살지만, 강력하고 차별화된 문화를 가진 곳에서 일을 한다면 그들은 남들과 다르다는 느낌을 받을 것이다.

3. **다름의 느낌을 지속하라.** 마윈이 연례적으로 주최하는 '단체 결혼식'과 같이 설립자가 주도하는 의례 행사들은 그 설립자와 함께 일하는 직원들로 하여금 설립자와 개인적으로 연결되어 있다는 느낌을 받도록 만든다. 그리고 이렇게 인지된 친밀함과 공감은 강력한 기업 문화를 이루는 근간이 된다.

4. **다른 어떤 이유보다도 매력적인 일터로 만들기 위해 강력한 기업 브랜드와 문화를 구축하라.** 브랜드를 통해 우리와 함께 일하고자 하는 사람들을 끌어들인다면 급여 수준은 부차적인 문제가 되고 경력 추구도 부차적이며 심지어 업무 만족도 부차적인 문제가 된다. 강력한 내부 문화를 가진, 멋진 일터가 된다는 것은 오늘날과 같은 관계 브랜딩의 맥락에서 그 기업과 그 기업이 만든 제품을 브랜딩 하고 마케팅 하는 데 커다란 가치를 지닌다.

5. **좋은 '왜'를 통해 기업 문화를 시작하거나 강화하라.** 사이먼 사이넥Simon Sinek이 그의 책 〈나는 왜 이 일을 하는가?Start with Why〉에서 언급한 바와 같이 '모든 조직은 그들이 하는 것을 설명할 수 있고 어떤 조직은 그것을 어떻게 하는지까지도 설명할 수 있지만, 왜 하는지를 분명히 표현할 수 있는 기업은 매우 드물다.' 리더들이 저지를 수 있는 가장 큰 실수는 우리에게 매출이나 이윤을 달성하기 위해 일해야 한다고 말하는 것이다. '왜'는, 즉 그 이유는 돈이나 이윤이 아니다. 돈이나 이윤은 결과다. 우리는 자사의 '대의명분'을 알아야 한다. 왜 우리 조직이 존재하고 왜 우리의 프로젝트가 중요한지를 알아야 하는 것이다.

대의명분의 예

브랜드의 '왜'(또는 대의명분)를 표현하는 슬로건의 예는
다음과 같다:

- '디자인의 힘을 통해 더 나은 세상을 만들기' - 로
  드 아일랜드 디자인 스쿨*Rhode Island School of Design*
- '우리는 생명을 연장합니다' - 암젠*Amgen*
- '누구나 승리한다' - NASCAR
- '우리는 연방정부의 모든 직원들이 존엄성과 존
  경심으로 대우받을 수 있도록 하기 위해 활동
  하는 조합이다' - 미국 재무성 노조*National Treasury
  Employees Union*
- '모두를 위한 놀이와 상호 연결의 세계' - 익스플
  로라티*Explorati*
- '모든 선수들을 위한 기회의 창출' - 스페셜 올림
  픽*Special Olympics*
- '전 세계 모든 사람들이 정보에 접근할 수 있도록
  하기 위하여' - 구글*Google*

- '인류를 진보시키고자 하는 지성을 위한 도구를 만듦으로써 세계에 기여하기 위하여' - 애플*Apple*
- '고객과 직원, 거래처에게 행복을 제공하기' - 자포스*Zappos*
- '효율성을 증진하고 CEO들의 삶을 향상시키기'- 비자 인터내셔널*Vista International*

SAS는 가장 중요한 승객들을 태우고 어떻게 다시 날아오를 수 있었는가

21세기가 막 시작되었을 무렵, 스칸디나비아의 최고 광고회사들은 스칸디나비아의 가장 명망 있는 광고주인 스칸디나이바 항공*Scandinavian Airlines System(SAS)*을 위한 경쟁 프레젠테이션에 초청을 받았다. 유럽에서 가장 오래된 항공사 중 하나인 SAS의 지분의 상당 부분은 노르웨이, 스웨덴, 덴마크 정부에 있었다.

이 경쟁 프레젠테이션은 반 년이 소요되었고 우리 대행사가 성공했는데 나는 스칸디나비아 대표 크리에

이티브 디렉터로 이 3개국에서 차출한 3개의 광고팀을 이끌고 있었다. 그러나 곧 시작할 것이라고 예상한 광고를 위한 브리핑 자리에서 SAS의 담당자들과 만난 우리는 충격을 받았다. 이 항공사와 고객들 사이에는 전적인 불신이라는 장벽이 놓여 있었다. 그 상황은 너무나 심각해서 고객들에게 다른 대안이 주어진다면 대부분은 SAS를 떠나 다른 항공사를 선택할 것으로 전망되었다. 상황은 이러했지만 최근 저가 항공사가 등장했음에도 2000년에 SAS는 대부분의 노선에서 사실상 독점을 유지했다. 실질적으로 대안이 없었던 것이다.

우리의 새 광고주는 그 상황을 설명하면서 그들이 고객들의 불평을 처리하고 서비스 경험을 향상시키기 전까지는 어떤 광고도 할 수 없다고 알려왔다. 당시 SAS는 새로운 광고 캠페인을 시작한다면 고객들은 분노로 대응할 것이라 믿었던 것이다.

우리는 광고팀이었고 그날 오후 낙담한 채 에이전시로 돌아왔다. 그후 나는 오로지 한 가지에 대해서만 생각했던 기억이 난다. 어떻게 그 전면 광고 보류의 상황을 극복할 것인가에 대한 생각이었다. 광고를 하지 않고도 어떻게 고객들 머리 속에서 그 항공사에 대한 인식을 변화시키는 작업을 시작하고, 재기의 바탕이 될 수 있는 신뢰를 구축할 수 있으며, 서비스를 바꾸고 나중에는 이 과정을 지원하기 위한 광고를 만들 수 있을까?

열쇠는 기업 안팎으로 모든 사람들이 SAS에서 경험한 패턴을 깨뜨리는 데 있었다. 이 기업의 문화는 내성적인 것으로 인식되고 있었다. SAS는 비즈니스 클래스를 홍보함으로써 SAS를 '비즈니스맨들을 위한 항공사'로 성공적으로 바꾼 전임 CEO인 얀 칼슨^{Jan Carlzon} 체제에서 누렸던 카리스마를 잃었다. 스칸디나비아는 더 평등한 사회구조를 갖춘 곳인데도 이러한 홍보는 규제가 강화되고, 새로운 경쟁자들이 나타나 비즈니스 클래스 서비스 모델의 효과를 희석시키기 전까지는 성공적으로 유지되었다. 칼슨은 그의 책을 통해, 더 하위 단위에서도 의사결정을 내릴 수 있고, 더욱 평등하고 분권화 되고 더욱 효과적인 조직을 만들도록 격려하기 위해 기업 문화를 어떻게 재건했는지에 대해 설명했다

(Carlzon, 1989). 이는 새로운 변화를 일으킬 수 있는 환상적인 환경이었다. 내부 문화는 이미 자리잡혀 있었고 두 번째의 변화 프로그램을 위해 활용될 준비가 되어 있었다. 이번에는 한층 더 참여적인 문화를 만들어야 했다.

나의 아이디어는 모든 사람을 참여시켜 낡은 시계의 태엽을 다시 감고 활기를 돋우며 패턴을 벗어나는 것이었다. 처음에는 내부적으로 시작하다가 SAS의 고객들을 참여시키기 시작하면서 외부의 참여로 확대시켰다. 우리는 항공사의 변화를 도와줄 고객들을 문자 그대로 비행기에 태웠다. 이는 참여의 힘, 직원들과 고객들이 모두 참여하여 성공을 위해 전념하며 함께 일할 때 나오는 힘을 진정으로 이해한 첫 순간이었다. 낙오된 채 불평을 하는 사람이 없도록 모든 사람들을 참여시켰다.

당시 나는 또 하나의 중요한 교훈도 얻었다. 고객들이 우리에게 맹렬하게 화를 내면서 잘못된 서비스에 대해 큰 소리로 불평을 할 때는, 비즈니스가 재기할 기회가 여전히 존재한다는 교훈이었다. 고객들이 침묵하고 조용히 등을 돌릴 때가 가장 두려워해야 하는 순간이며 더 이상의 금전적인 출혈을 멈추기 위해 최대한 빨리 사업을 접어야 하는 순간이다. 사람들이 불평을 할 때는 여전히 관심이 있고 우리가 그 위기를 깨뜨리고 나와 개선되는 것을 보고자 하는 것이다. 고객들은 관심을 보이는 동안에는 비록 다른 대안이 없어 관심을 유지할 수밖에 없는 상황이라고 해도 여전히 해당 브랜드의 회복에 도움을 주고자 한다. 사실 그들은 우리가 그들을 어드바이저로 활용하기를 원한다. 그들은 우리가 그들에게 귀를 기울이고 아무리 작은 역할이라고 해도 참여할 기회를 주기를 원한다. 고객들이 브랜드에 중요한 사람들이고 우리가 그들을 고객으로서 존중한다는 느낌을 주는 것은 중요하다. 그들이 이러한 느낌을 받는다면 그들은 우리를 존중하고 우리가 그들을 위해 비즈니스를 더 바람직하게 바꿀 수 있다는 것을 믿기 시작한다.

결국 광고를 할 수 없다는 이야기를 들었기에 나는 광고 대신 큰 리서치 프로젝트를 수행하기로 결정했다. 팀원들은 내가 미쳤다고 생각했다. 우리는 광고회사였지 리서치 회사가 아니었기 때문이었다. 그럼에도 우리 회사는 이 클라이언트에게 조직을 전체적으로 점검하고 서비스 발전과 향상을 위해 내부 직원들이 어떤 아이디어를 가지고 있는가를 파악하기 위해 경영 컨설턴트를 참여시켜도 될지를 물었다.

모든 영속적인 변화는 조직에 속한 사람들의 마음속에 확신을 심는 과정을 통해 내부적으로 시작하기에 이는 매우 성공적인 아이디어로 판명되었다(이에 대한 더 많은 정보를 찾으려면 15장을 참조하라). 대대적인 조사 프로젝트를 수행한 결과, 티켓 없는 여행에서부터 새 유니폼, 새 기내식, 새 라운지에 이르기까지 모든 것을 포괄하는 100여 개의 변화 프로젝트를 담은 카탈로그가 제작되었다. 여기에는 최신식 항공기와 정확한 시간 엄수와 같은 몇몇 자명한 솔루션도 포함되었다.

이 리스트에서 우리는 90개의 프로젝트를 골라 클라이언트에게 그들의 진짜 상용 고객에게 그 각각에 대해 어떻게 생각하는지를 물어볼 것을 제안했다. 이 25만의 골드 멤버*Gold Member*들은 어쩌면 진정한 의미에서 이 항공사의 운항을 지속시켜주는 사람들이었다.

비행기를 채운 나머지 1,000만의 승객들은 비즈니스에 아주 미미하게 기여할 뿐이었다. 클라이언트는 처음에는 주저했다. 그럴만도 할 것이 그들은 비록 1점에서 5점의 척도로 대답을 하면 되는 것이라고 해도 90여 가지의 질문을 하면서 그렇지 않아도 불평을 하는 핵심 고객들을 성가시게 하고 싶지는 않았던 것이다. 그들의 상용 고객들은 비즈니스맨들로 긴 설문지에 낭비하기에는 너무나 귀중한 시간을 가진 중요하고 바쁜 사람들이었다. 혹은 SAS는 그렇게 믿었다. 다행히도 우리는 이것이 인식의 문제라는 점을 그들에게 설득시켰다. 30개의 질문을 담은 조사는 그들에게 진지하게 인식되지 않았을 것이다. 90개의 질문이 포함된 조사는 준비하는 데만도 확실히 시간과 노력이 많이 들어가고 이는 고객들의 대답에 정말로 관심을 기울이기 위해 이 설문지에 이미 충분한 투자를 했다는 사실을 암시해주었다.

SAS는 결국 승인을 했고 설문지 회수율은 95%였다. 즉 거의 모든 비즈니스 클래스 상용 고객들은 변화를 만드는 데 참여하고자 했다. 그들은 서비스의 변화를 기대했다. 그들은 개선을 기대했고 SAS는 이를 할 수 있다고 믿었다. 이는 SAS 내부적으로 자신감을 엄청나게 고취시켜 주었고 수행 능력 또한 향상시켜주었다.

마침내 광고회사라는 우리의 업무에 돌아왔을 때 우리는 사정을 살피기 위해 작은 포맷의 광고를 시작했다. 대부분의 개선은 아직 시작조차 안 되었지만 클라이언트의 두려움에도 어떤 누구도 화를 내며 대응하지 않았다. 모든 광고는 기능적이었다. 각각의 광고는 하나씩 개선된 포인트를 소개하며 새로운 서비스나 제품의 개선에 대해 설명했다. 각각의 광고에는 '계기판'이 장착되어 있었는데 이 계기판은 우리가 진행한 조사에서 얼마나 많은 수의 기존 비즈니스 승객들이 투표를 했고 특정 개선 사항에 대해 얼마나 높게 평가했는지를 보여주었다.

더욱 놀라운 것은, 후속 인터뷰를 통해 고객들은 그들이 진정으로 SAS가 매끄럽고 성공적으로 운항하며 다시 정상 궤도에 오르게 하는 데 참여했다고 느꼈다고 말했다. 전반적인 고객 경험의 회복은 예상했던 것보다 더 빨리 효과가 나타나기 시작했다. 반 년이 지난 후 고객들의 태도에서 큰 변화가 일어났다. SAS를 개선시키는 마지막 단계는 훌륭한 디자인 회사를 참여시켜 모든 개선 사항을 멋지게 포장하는 것이었다. 새로운 항공사 상징 컬러와 새 유니폼, 새로운 라운지와 함께 새로운 CI가 발표되었다.

그 새로운 디자인은 '이것이 스칸디나비아입니다 *It's Scandinavian*'이라는 브랜드 아이디어 하에 개발되었다. SAS는 더욱 활기차고, 더욱 현대적이며, 더욱 스칸디나비아다운 모습을 갖추었고 직원들은 자신만만해 보였고 다시 한 번 그들이 자랑스러워 했던, 10년 전에 거의 무너졌던 '비즈니스맨들을 위한 항공사'가 되었다. 그리고 그들의 고객들은 행복한 모습으로 다시 비행기에 올랐다.

결론: 기업 문화가 브랜딩이며,
참여가 가장 중요하다

SAS는 직원들과 고객들을 모두 개선 프로젝트에 참여시키고 모두가 특별한 느낌을 받도록 만듦으로써 쇠락하는 고객 서비스 경험을 호전시킬 수 있었다. 내외부적으로 사람들에게 무엇을 원하는지, 어떻게 기업을 개선시킬 수 있을 것인지를 물어봄으로써 우리는 그들에게 최고의 존경심을 보여줄 수 있고 그들은 결과적으로 우리를 존중할 것이다.

이러한 이유로 기업은 조직을 체계적으로 구성하고 지나치게 관료적인 태도를 갖지 않는 것이 중요하다. 성과를 만들어 낼 수 있는 훌륭한 사람들, 이끌기가 쉽지는 않은 약간의 독립적 성향을 가지고 있으며 약간 괴짜인 사람들을 고용하는 것은 중요하다. 이러한 기업 문화의 인격화, '문화'에 대해 더 강조하고 '기업'에 대해 덜 강조하는 태도는 스스로에게 동기를 부여해주고 스스로를 이끌어 갈 수 있도록 사람들의 능력을 끌어내는 데 중요하다.

놀라움의 문화는 내부적으로 시작해서 외부의 고객들과 파트너, 공급업체로 확산된다. 그러므로 잇단 위기로 기업의 문화가 활기를 잃고 침체되었을 때 괴짜스럽게 굴든지 아니면 단순히 도움을 요청하든지 간에, 경영진은 기업 내부에서 일하는 사람들을 위해 긍정적인 놀라움을 만드는 것이 중요하다.

마지막으로 참여는 그 의미로 볼 때, 직원들과 고객들이 모두의 이익을 위해 함께 일하고 있다는 느낌을 받을 수 있는 협력적인 문화를 만든다. 우리는 사회적 존재며 사회적 맥락을 받아들이는 기업을 원한다. 우리가 어디에서 일하는지는 우리가 누군지를 정의해준다. 이러한 사회적 맥락이 큰 조직을 위해 일하고 싶은 이유가 된다. 그동안 자신의 문화와 자신의 자신감을 이해하고 함양해야 한다.

15장

개인이 가진 놀라운 힘

자신감은 어떻게
고객 경험을 주도하는가

우리는 셀카의 시대에 살고 있다. 역사상 어떤 순간에도 지금처럼 자신의 개인적인 차별점과 자아실현에 집중을 한 적이 없었다. 고용자에게 이는 하나의 문제로 부상했다. 특별히 자아실현을 촉진시켜주는 일을 하지는 않는 사람들에게 어떻게 성과를 내도록 격려할 것인가?

오늘날 기업 내부적으로 이러한 개인주의에 대해 집중하는 데 또 하나 중요한 측면은 지속적으로 파괴하고 놀라움을 주기 위해 조직의 자신감을 만드는 것이다. 어떤 사람들은 이는 전적으로 동기부여와 금전적 보상의 문제라고 말한다. 또 어떤 이들은 (지난 몇 십년 전보다 오늘날에는 이런 사람들의 수는 더 적다) 성과를 보이지 않는 사람들을 징계하는 것이 더 효과적이라고 믿는다.

사실, 기업의 자신감은 주로 핵심 직원들의 자아실현과 자신감에서 비롯된다. 어떤 기업들의 경우 이러한 직원들에 그 기업의 전 직원을 포함시키기도 한다.

최고의 고객 경험 브랜드에서
고객들이 가장 인정하는 부분은 무엇인가?

고객들과 상호작용을 하는 각각의 직원들은 그 브랜드의 대리인이라 할 수 있다. 이들이 잘못된 행동을 보여준다면 그 피해는 엄청난 비용을 치러야 할 수도 있는 반면 이들을 제대로 이해시키는 데는 드는 비용은 그리 엄청나지 않다. 대부분은, 좋은 고객 경험은 그 개인의 긍정적이고 협조적인 태도와 함수 관계에 있다.

수년 간 나는 매우 훌륭한 고객 경험 브랜드를 보유한 기업에서 일하는 사람들에게 가장 중요하고 가장 크게 인정을 받는 개인의 특성을 무엇이라 생각하는지

물어왔다. 같은 대답이 반복해서 나왔다. 우리는 우리의 이야기를 들어주고 우리에게 관심을 보이는, 공손하고 친절한 사람들, 그리고 진실하고 행복하며 지나치게 강요하지 않는 사람들과 교류하는 것을 좋은 고객 경험이라고 인식한다.

놀랍겠지만, 사람들은 대개 한 개인이 얼마나 지적인가에 대해서는 그다지 큰 감동을 받지는 못해도 그가 얼마나 긍정적이고 문제에 대한 해결책을 찾을 때 얼마나 주도적인가에 대해서는 더 많은 감동을 받는다. 동료를 존중하고 그들에게 도움을 청하는 것을 두려워하지 않는 사람들은 모든 대답을 막힘없이 말할 수 있는 사람들보다도 더 많은 도움을 주는 사람들로 비칠 수 있다. 제품이나 서비스에 대해 참여적이고 열정적이며 자랑스럽게 여기는 태도는 빛을 발할 뿐만 아니라 고객들에게도 인정을 받는다.

이러한 특성들이 어떻게 좋은 고객 경험으로 이어지는지 이해하기는 쉽다. 이 각각의 특성들은 관심과 존경의 마음으로 고객을 대하는 것에 초점을 맞춘다. 그리고 고객이 궁극적으로 해결될 수 없는 문제를 가지고 있다 하더라도 자신이 존중을 받았고 상대가 진심으로 도와주려고 노력했다는 것을 안다는 것만으로도 어찌 되었건 긍정적인 고객 경험으로 이어진다.

최고의 고객 경험 브랜드들은
어떻게 개인화를 관리하는가?

우리는 모두 개인이고 그렇게 대우받는 것을 좋아한다. 공감할 수 있는 진짜 사람들에게서 받는 맞춤형 고객 서비스를 받을 때, 그 브랜드에 대해 가지는 긍정적인 감정은 강화되고 나쁜 느낌은 감소한다. 최고의 고객 서비스를 창조하는 데 성공한 브랜드들은 대개 올바른 방법으로 개인화를 하기 위한 노력을 한다.

니즈를 이해하고 갈망을 예측하며 고객 경험에 주도적인 태도를 취함으로써 훌륭한 고객 경험을 위한 탄탄한 기반을 구축할 수 있다. 고객들이 주는 정보에 따라 행동하고 그들에게 관련있는 정보를 계속 제공함으로써 우리가 고객들에게 귀를 기울이고 있다는 사실을 보여주어야 한다. 고객들과 직원들 사이의 상호작용은 항상 개인적이어야 하며 절대 또 하나의 거래가 되어서는 안 된다. 고객들과 연결고리를 만들고 그들을 이해하는 데 시간을 들이도록 하라. 또 융통성 있고 변통성이 있는 태도를 보여주어 고객들을 편하게 해주려고 노력해야 한다. 빈도와 내용이라는 측면에서 개인화의 정도를 고객들이 제어할 수 있도록 해주는 것은 고객에게 존중과 자신감의 느낌을 준다.

자신감을 향상시키는 법

우리가 스스로 자신감을 가지면 우리와 교류하는 고객들이 스스로 자신감을 느끼게 도와줄 수 있다. 그러나 사람들은 저마다 자신감이 떨어진 시간을 경험하게 되는데 이러한 시기에는 우리가 추구하는 맞춤형 고객 경험을 제공하는 것이 훨씬 더 어려워진다.

스스로 자신감을 북돋우는 것이 종종 불가능한 것처럼 느껴지기도 하지만 나는 우리 모두가 필요할 때면 언제나 자신감을 끌어올릴 수 있다고 믿는다. 다른 사람들에게 의존할 필요가 없는 것이다. 능력이 부족한 것 같다는 우려, 현명하지 않은 것 같다는 생각 혹은 성공하지 못한 것다는 좌절 등과 같이 우리가 일시적으로 믿고 있는 것이 무엇이든 우리는 자신의 인식을 바꿀 수 있다. 그리고 구체적인 행동을 함으로써 이러한 인식 전환을 꾀할 수 있다.

아래에 서술된 행동들은 자존심을 고양시킬 수 있는 행동들에 관한 최종적인 리스트는 아니다. 그리고 이 모든 것을 다 하거나 여기에 늘어놓은 순서를 똑같이 따를 필요는 없다. 한 가지부터 시작하거나 몇 가지를 섞어서 시작한 후에 다른 것들을 시도하라. 어떤 것은 효과가 있고 어떤 것은 없을 것이다. 어떤 것은 대체로 효과적이지만 항상 그런 것은 아니다. 낮은 자신감은 바꾸기가 쉽지 않은 마음가짐일지도 모르며 시간도 걸린다.

스스로를 보살피도록 하라

이 간단한 행동이 우리의 자신감을 호전시킬 수 있다. 자신에 대해 어떻게 느끼는가에 샤워가 얼마나 큰 차이를 만들 수 있는지를 알게 되면 놀라울 것이다. 몸을 단정하게 유지하고 우리가 좋아하고 입고 있으면 행복한 옷을 편안하게 입도록 하라. 거울을 통해 자신을 보고 만족감에 고개를 끄덕이게 될 때 성공할 수 있다는 느낌, 남 앞에 설 만하다는 느낌, 그리고 우리를 기다리는 어려운 과제들을 직면할 준비가 되었다는 느낌을 받게 될 것이다.

음식을 너무 아껴 먹거나 급하게 먹지 않도록 하라. 엄격한 식이조절을 따르거나 건강과 운동에 전문가가 될 필요는 없지만 가만히 앉아서 먹는 것을 즐기는 데 시간을 들이는 것은 우리가 충분히 좋은 사람이 아닐지도 모른다는 느낌으로부터 오는 스트레스를 감소시키는 데 큰 도움이 된다.

자아상을 향상시키도록 하라

자신을 돌보는 것이 외양을 향상시킨다면, 진정하고 지속적인 자신감을 쌓기 위해서는 우리의 자아상을 향상시킬 필요가 있다. 이러한 자아상은 스스로에 대한 자신감을 분명히 보여주지만 바꿀 수 없는 것은 아니다. 시각화는 이때 사용하기에 유용한 도구다. 스스로 달라졌으면 하는 어떤 점이 있다면 5분을 투자하여 행동하고 싶은 대로, 원하는 모습대로 행동하는 자신의 모습을 마음 속에서 그려보도록 하라. 우리의 자아상은 생각에 의해 만들어지고 우리는 이러한 생각을 제어할 수 있다. 의식적으로 자신에 대해 긍정적으로 생각하다 보면 시간이 흐를수록 자아상이 향상될 수 있다.

긍정적으로 생각하라

긍정적으로 생각하기 위해 스스로를 훈련시키는 데 의식적인 생각의 힘을 사용할 수 있다. 자신의 생각을 파악하기 위해 매일 얼마간의 시간을 확보하는 데서부터 시작하라. 긍정적인 생각에 머무르고 그러한 생각들이 우리의 삶에 긍정적으로 영향을 미치는 모든 방법들을 살펴보도록 하라. 그러나 부정적인 생각을 무시하지는 말아야 한다. 대신, 부정적인 생각이 생길 때마다 이를 전환시키도록 하라. 부정적인 생각과 완전히 반대인 그 생각의 긍정적인 버전이 무엇인지를 파악하고 이에 집중하라. 자연스럽게 찾아오는 긍정적인 생각들을 다루는 것과 정확히 똑같은 방식으로 부정적인 생각을 다루고, 이러한 부정적인 생각의 긍정적인 버전은 우리의 삶에 어떤 영향을 미칠 것인가에 집중하라.

부정적인 생각들을 알아차릴 때마다 이를 긍정적인 생각으로 전환함으로써 더욱 긍정적인 생각을 하도록 자신을 훈련시키도록 하라. 긍정적인 생각은 내가 아는 최상의 자신감 촉진제 중 하나다.

긍정적인 생각을 하는 것이 어렵게 느껴진다면 이러한 생각을 조장하는 간단한 방법 하나는 그저 감사하게 느끼는 것이다. 우리가 감사하게 느끼게 되는 삶의 모든 것에 대해 생각하는 데 매일 10분을 확보하라. 아무것도 생각할 수 없다면 가장 간단한 것들에 대해 감사하게 생각하라. 숨을 쉬고 있는 것에 감사하라. 음식이 있고 머리를 가려주는 지붕이 있다는 사실에 감사하라. 친구에 대해 감사하고 먼 과거에 일어났던 어떤 일에 대해서조차도 감사하라. 반드시 10분을 꽉 채워서 사용하고 그 잠깐의 시간동안에는 감사함을 느끼는 데만 온전히 집중하라. 긍정적인 생각을 연습하는 것에 더해 이러한 간단한 실천은 그 자체로 매우 긍정적인 자존심 촉진제가 된다.

자신을 파악하도록 하라

자신의 생각에 집중하기 위한 시간을 가질 때 당연하게도 예전에 알았던 것보다 자신에 대해 더 많은 것을 배운다. 이것이 항상 즐거운 경험은 아니지만 항상 유용하기는 하다. 어떤 문제라도 해결을 하려면 반드시 그 문제가 무엇인지를 먼저 이해해야 한다. 그 문제가 자신감의 부족이라면 우리가 이해해야 하는 것은 어디에서 그 부족이 비롯되었는가 하는 것이다. 자신에 대해, 그리고 자신에 대한 생각을 일기로 기록하는 데서 시작하라. 부정적인 생각들이 어디에서 왔는지, 그리고 그 원인의 영향력을 제거하거나 최소화하기 위해 우리가 할 수 있는 것이 무엇인지를 분석하라. 긍정적인 생각 역시도 분석하고 이를 더 부추길 방법을 찾도록 하라. 우리의 한계를 생각하고 이것이 진정한 한계인지 아니면 스스로 초래한 것인지를 밝히도록 하라. 자신에게 지운 한계는 긍정적인 기회로 바뀔 수 있고 진짜 한계라면 그것이 얼마나 제한적인지를 밝히기 위한 분석을 해볼 수 있다. 이러한 행동은 자신을 깊게 들여다봐야 하기에 많은 용기를 필요로 하지만 결국에는 엄청난 자신감의 향상으로 이어질 수 있다.

긍정적으로 행동하라

긍정적으로 생각하는 것은 그 자체로도 엄청난 이득을 주지만 이러한 생각들을 긍정적인 행동으로 만들면 그 효과는 더 증대된다. 우리가 하는 것을 바꿈으로써 우리가 누군지를 바꿀 수 있다. 우리의 행동을 긍정적으로 바꾸라. 미소를 짓고 친절하고 너그럽게 굴고 행동에 에너지를 불어넣도록 하라. 우리가 미소를 지을 때 다른 사람에게 행복하게 보일 뿐만 아니라 스스로 행복하다고 믿도록 마음을 속일 수도 있다.

친절한 행동과 너그러움은 자신뿐만 아니라 다른 사람들에게도 엄청난 자신감 촉진제다. 이는 잠깐동안 자신에 대해 좋은 느낌을 가지도록 해주고 자아상을 향상시킨다. 앞에서 말한 바와 같이 자아상을 향상시키는 것 자체가 자신감을 향상시키는 한 방법이다.

스스로에게 자율권을 주라

스스로에게 자율권을 주는 것은 자신감을 쌓을 수 있는 최상의 전략 중 하나로 이는 여러 가지 다양한 방법으로 가능하다. 가장 확실한 방법 중 하나는 지식을 늘리는 것이다. 아는 것이 많아지면 더욱 자신감을 가지게 된다. 그러므로 무언가를 공부하는 데 시간을 투자하라. 관심을 가지고 있거나 우리의 삶이나 비즈니스에 영향을 미치는 리서치 주제를 연구해보자.

공부한 것은 실천을 함으로서 경쟁력을 재고하도록 하라. 경쟁력은 자신에게 권한을 주는 또 하나의 매우 성공적인 방법이다. 새로운 어떤 것을 배울 때 그것을 잘 할 수 있는 유일한 방법은 실제로 해보는 것이다. 한 번에 모든 것을 마스터할 필요는 없다. 연습하는 데 매일 30분을 사용하면 경쟁력은 점차 올라갈 것이다.

준비를 통해서도 권한을 부여할 수 있다. 충분히 알지 못하거나 충분히 하지 못했다는 생각이 들 때 자신에 대해 자신감을 가지기는 어렵다. 최대한 준비를 하는 것은 자신감을 증진시킬 수 있는 꽤 간단한 방법이다. 연설을 해야 한다면 수많은 낯선 이들 앞에서 제대로 말을 할 수 있다고 믿어서는 안 된다. 처음에는 거울을 대상으로, 그런 후 나와 친하고 나를 지지해주는 친구들 앞에서 연설을 하면서 준비를 하라. 노트나 슬라이드, 소도구 등을 반드시 미리 준비해두고 연습할 때도 사용함으로써 연설에 실제 사용할 수 있도록 완벽히 준비하도록 하라.

자신의 원칙을 파악하라

우리의 삶을 인도하는 원칙을 모른다면 삶에 방향이 없다는 느낌이 들 수 있다. 길을 잃고 어디로 가야 할지 모를 때 자신감을 가지기는 어렵다. 우리의 원칙이 정말로 무엇인지 골똘히 생각해보고 실제로 그렇게 살도록 하라. 말만 하는 것으로는 충분하지 않다. 우리의 행동도 이끌어 가야 한다.

해결책에 집중하라

항상 불평만 하고 마주친 문제들을 곱씹는 것만으로는 문제를 해결할 수 없다. 자신감을 영구히 신장시키고자 한다면 이를 바꾸어야 한다. 문제 대신 해결책에 집중함으로써 자신감을 무너뜨리는 나약함의 소용돌이를 깨고 나올 수 있다. 문제가 생길 때마다 '어떻게 이를 해결할 수 있지?'라고 생각하라. 곧바로 해결책을 떠올릴 수 없을 수도 있고 처음 떠올린 생각이 바보같아 보일 수도 있지만 그 옵션을 버리기 전까지는 진지하게 생각할 시간을 가져야 한다.

작은 목표를 설정하고 그것을 성취하라

어떤 것도 성공만큼이나 자신감을 고양시키는 것은 없다. 그리고 목표 달성을 통한 희열을 느끼려고 야심에 찬 목표를 세울 필요는 없다. 이는 달성할 수 있을 목표를 세우고 그것을 달성했을 때 받는 느낌과 정확히 똑같다.

목표를 달성하는 패턴을 만들려고 노력하라. 작은 목표를 세우라. 그것을 달성하라. 그런 다음 또 다른 목표를 설정하고 그것 역시 달성하라. 이런 방법을 사용하면 단 하루만에 여러 가지 목표를 달성할 수 있다. 달성할 수 있는 목표를 세워 더 많은 목표를 달성할수록 기분이 더 좋아지고 자신감도 더 고양된다. 그리고 자신감을 더 많이 가지면 가질수록 설정한 목표를 더 잘 달성할 수 있을 것이다. 그런 다음 더 크고 달성할 수 있는 목표를 설정할 수 있게 되고 이 또한 달성할 수 있을 것이다.

작은 것들부터 하라

작은 목표를 세우는 것은 크고 다루기 힘든 프로젝트를 쉽게 완수할 수 있도록 여러 부문으로 잘게 나누어 목표를 달성하는 훌륭한 방법이다. 벅차고 겁나는 일을 단번에 처리하는 대신 우리가 맨 처음으로 해야 하는 것이 무엇인지를 자신에게 물어보고 그것을 첫 번째 목표로 삼자. 브랜드북을 만든다면 밟아야 하는 첫 단계는 각 부문별 제목을 뽑는 일일 것이다. 그런 다음 첫 부문의 소제목을 뽑고 두 번째 부문의 소제목을 작성하면 된다.

프로젝트가 크고 복잡할수록 각 단계를 더 작게 만들 수 있다. 작은 업무들에 매진하면서도 각 단계가 끝날 때마다 성공 사례를 축적할 수 있어 이중의 이익을 누릴 수 있다. 진행상황을 평가할 때 앞으로 더 해야 할 것에 대해 생각하지 마라. 대신 점점 늘고 있는 우리가 해놓은 일들의 목록을 살펴보도록 하라.

위에서 서술된 행동들은 자신감을 끌어올릴 수 있는 가장 효과적인 방법들 중 일부지만 이 방법들만이 유일한 효과가 있는 것은 절대 아니다. 활동적인 태도를 가지고 한동안 미루어 두었던 무언가를 하면 자신에 대해 더 긍정적으로 느끼게 될 것이다. 이렇게 해서 스트레스를 경감시키고 긍정적인 느낌을 촉발시키는 엔도르핀이 방출된다. 당당한 자세로 천천히 말하는 사람들은 종종 다른 사람들보다 더 자신감이 많은 사람으로 인식되는데 이러한 행동을 흉내내는 것만으로도 자신감을 일으킬 수 있다. 자신의 책상을 정리하는 것과 같이 작은 일조차도 자신감을 크게 끌어올릴 수 있다.

그리고 자신감이 고양되면 다른 사람의 자신감도 더욱 쉽게 고무시켜줄 수 있다.

퍼스널 브랜딩에 대한 기업가의 새로운 관심

100년 전 헨리 포드*Henry Ford*, 앤드류 카네기*Andrew Carnegie*, 알프레드 노벨*Alfred Nobel*과 같은 위대한 기업가들은 엄청난 대중의 관심을 끌었다. 더욱 최근에는 스포츠 스타들이 그들의 종목에 대한 관심을 끌어올렸다. 비에른 보리*Bjorn Borg*는 세계 각지에서 테니스에 대한 열정적인 관심을 불러일으켰고 타이거 우드*Tiger Woods*는 장차 골프 선수가 되려는 젊은 사람들에게 관심을 일으켰다. 오늘날 리차드 브랜슨*Richard Branson*, 일론 머스크*Elon Musk*, 제프 베조스*Jeff Bezos*와 같은 기업가들에 대한 대중의 관심은 위에서 언급한 위대한 기업가들이 그들의 기업을 구축한 이래로 그 어느 때보다도 더 지대하다.

그리고 이렇게 비즈니스 경영자들을 롤모델의 지위로 올려놓는 현상은, 이러한 기업가들이, 그중에서도 특히 젊은 기업가들이, 현재 브랜딩에 대해 보이고 있는 관심을 일으키는 데 매우 중요하다. 롤모델이 되는 것은 기업의 리더가 되고 기업에 대한 신뢰와 확신을 구축하는, 널리 알려지고 높은 평가를 받는 길이다.

언젠가는, 그것도 매우 이른 어느 시점에, 우리도 회사의 모든 개인들 사이에서 자아 통찰력과 자신감을 구축하는 방법에 대해 신경을 써야 한다. 기업의 브랜드 리더로서 자신을 공동 브랜딩해야 할 뿐만 아니라 직원들도 공동 브랜딩을 해야 한다. 바로 이 지점에서 퍼스널 브랜딩의 도움을 받을 수 있다. 아래에서 우리의 브랜드와 우리가 설립했거나 일하고 있는 기업 브랜드 사이에서 '공동 브랜딩' 상황을 다루는 간단하고 실천적인 방법을 소개하고자 한다.

자신의 '브랜드 미^{Brand me}' 전략을 만들라

퍼스널 브랜딩은 우리가 누구인지를 찾는 데서 시작한다. 그리고 우리가 누구인지를 아는 유일한 전문가는 우리다. 그 과정에서 약간의 지도만 필요할 뿐이다. 기업이 직원들을 위해 매우 인기 있는 프로그램으로 이러한 지도를 제공할 수도 있고 혹은 개인적인 지도를 받느냐의 여부에 상관없이 스스로 할 수도 있다.

나름의 퍼스널 브랜딩 과정은, 자신의 퍼스널 브랜드를 코드화하는 데서 출발하고 그 퍼스널 브랜드를 기업 브랜드와 연결시키는 것으로 끝난다. 즉 처음부터 마지막까지 다음의 여섯 가지 단계를 거친다:

1. **우리가 누구인지에 대한 다른 사람들의 관점에 근거하여 퍼스널 브랜드를 구축하라.** 가장 중요한 친구나 가족, 직장 동료, 클라이언트, 혹은 파트너 10명에게 양식을 보내 그들이 우리의 브랜드와 평판을 어떻게 인지하고 있는지를 설명해 달라고 요청하라. 이는 6장에서 기업 브랜드에

대해 내가 설명한 4D 방식과 유사하다.

2. **자신의 브랜드를 구축하기 시작하라.** 친구, 가
   족, 동료, 클라이언트를 통한 4D 브랜드 차원에
   대한 묘사를 읽기 전에 스스로 만든 퍼스널 브랜
   드에 대한 네 가지 차원을 정의해보라. 여러분만
   의 버전을 완성했을 때 이를 친구들의 버전과 비
   교해보라. 최종 '브랜드 미brand me' 마인드 스페이
   스에서 추가하거나 바꾸어야 하는 게 무엇인지
   를 파악하기 위해 자신의 관점과 그들의 관점을
   모두 활용하라. 그래야 그 결과가 다른 사람의
   인식 속에서 자신의 모습이 어떻게 되기를 원하
   는지를 묘사할 수 있다.

3. **'브랜드 미' 코드를 완성하라.** 8장에서 설명한,
   브랜드 코딩과 대체로 같은 원칙을 적용하여 자
   신을 위한 '브랜드 미' 모토를 만들어보라.

4. **'브랜드 미' 코드를 테스트 하라.** 다른 사람의 인

식 속에서 우리의 퍼스널 브랜드를 잡아 늘리
는 데 도움을 줄 수 있는 네 가지 차원의 활동을
구상하기 위해 '브랜드 미' 활동 발전기를 활용
하라.

5. **자신을 재프로그래밍 하라.** 우리의 퍼스널 브랜
드가 우리의 성격을 약간이라도 바꾸고, 원하는
모습과 가까워지는 데 영향력을 발휘하기 위해
서는 할 일이 한 가지 더 있다. 기억을 더듬어 우
리를 과거 속에 묶어 두던 삶의 큰 사건으로 돌
아가서 그 기억을 바꿀 필요가 있다. 어렵게 들
리겠지만 '브랜드 미' 스케줄의 도움을 받으면 매
우 할 만 하다. 이러한 신경 언어학 프로그래밍
테크닉은 《브랜드 미 관리하기_Managing Brand Me_》
(Gad and Rosencreutz, 2002)에 상세하게 설명되
어 있다.

6. **'브랜드 미'와 기업의 브랜드를 동기화하라.** 마
지막으로 자신의 '브랜드 미'와 기업의 브랜드를

공동 브랜딩 하기 위해서는 기업을 위한 브랜드를 만들어야 한다. (혹은 기존 브랜드를 디코딩해야 한다) 이를 하는 방법은 이 책에 상세히 설명되어 있다. (6장 및 8장을 참조하라) 브랜드 창조 모델은 기본적으로 같으므로 이 과정은 대체로 쉽다. 그런 후 '브랜드 미'가 기업의 브랜드와 어디에서 동기화 되고 어디에서 그렇지 않은지를 파악할 수 있다.

갈등, 의견 차이, 관점 차이, 충격적으로 조화되지 않는 기업 문화 등과 같은 차이가 우리에게 어떤 의미를 가지는지에 대해 생각해보라. 기업의 브랜드와 자신의 브랜드 사이에 나타나는 이러한 부조화가 얼마나 중요한지를 평가하라. 만일 그 차이가 상당하다면 다른 회사나 다른 일자리를 알아보는 것을 고려해야 할 수도 있다. (그리고 같은 방식으로 그들의 브랜드를 디코딩하고 맞춰보도록 하라.) 기업과 브랜드를 창조할 때 이러한 차이들은 보통 크지 않고, 상황은 어느 정도 동질적이며 모든 것은 대체로 긍정적이다.

이러한 프로세스를 따름으로써 얻게 된 통찰력은 한 기업의 기업인으로서, 혹은 설립자나 리더로서 가지는 퍼스널 브랜드와 그 기업 사이의 관계에 대한 공동 브랜딩을 강화해줄 것이다. 그리고 이는 기업의 브랜드와 자신의 브랜드 간의 시너지를 어떻게 활용해야 두 브랜드를 구축하고 공동으로 강화할 수 있는지에 대해 깨닫게 해줄 것이다.

결론: 이 모두는 결국 개인의 자신감이 핵심이다

우리의 내적인, 우리 직원들의, 그리고 우리 고객들의 자신감은 긍정적인 고객 경험을 구축하는 데 열쇠가 된다. 큰 조직이라고 해도 고객 경험 영역에 대한 평가는 종종 한 개인의 실행에 따라 측정된다. 이러한 이유로 조직에 있는 개인들에게 집중하고 각 개인의 자신감을 북돋우는 것이 극도로 중요하다. 자신감을 가지면 다른 사람들의 자신감을 북돋울 수 있고, 모든 사람들을 존경과 당당함을 가지고 만날 수 있게 된다. 자신감을 북돋우는 것은 여러 가지 구체적인 행동의 실천을 통해 가능하다. 퍼스널 브랜딩은 개인을 존중하고 자신의 '브랜드 미'는 물론이고 고객들이나 동료들이 우리의 개인적인 성과를 인지하는 방식에 대해서도 공을 들일 수 있는 자유를 준다.

오늘날과 같이 서로 연결된, 그리하여 강력해진 개인들이 살고 있는 디지털 세계에서 개인의 행동은 우리 고객들의 경험이 나쁜지 좋은지를 결정하는 가장 중요한 핵심요소 중 하나가 되었다.

16장

여러 가지
놀라움의 사례들

사람들은 제 아무리 좋은 아이디어라고 해도 새로운 구조적인 아이디어를 진정으로 받아들이기 전에 몇 가지 확실한 사례부터 파악하고 싶어한다. 이는 물론 이 책에서 다루어진 개념들에도 적용된다. 따라서 내가 좋아하는 사례를 몇 가지 제시하고자 한다. 사례들을 읽고 자신에 대해 한 번 생각해보라. 브랜드와 기업에 대한 각자의 경험에서도 훨씬 많은 예들을 찾을 수 있을 것이다.

여기에 나온 몇 가지 사례는 이미 이 책의 다른 부분에서 소개한 바 있다. 그 사례들을 여기에 모아서 한 곳에서 살펴볼 수 있도록 해두었다. 사례들 중 몇 가지는 앞에서 설명한 것을 그저 요약하는 정도로만 정리하였다. 어떤 사례들의 경우 더 많은 정보와 깊은 통찰력을 제공하기 위해 약간 더 살을 붙였다.

아래 나오는 사례 중 일부는 잘 알려져 있다. 그러한 사례들의 경우 내 논평은 더 짧게 하고, 그들이 제공한 놀라움과 고객 경험 브랜딩 전략, 그리고 성과의 차이에 주로 초점을 맞추었다.

나머지 사례들은 이러한 사례들보다는 덜 알려졌거나 혹은 완전히 새로운 이야기일 수 있다. 이 사례들을 선정한 이유는 이 예들이 흥미롭고 다르고 교육적이기 때문이다. 이러한 사례들과 기업들의 경우 의미 있고 흥미롭다는 사실을 설명하고 보장하기 위해 더 많은 지면을 할애했다. 이는 반드시 이런 사례들이 더 훌륭하다는 의미가 아니라 그저 좀 더 많은 스토리텔링을 필요로 하는 것일 뿐이다.

애플: 사용자에 대한 이해가 낳은 놀라운 결실

애플은 크고 복잡한 브랜드 아이디어를 쉽고 즐겁게 만든, 지구상에서 가장 가치 있는 브랜드들 중 하나다. 모든 위대한 브랜드들은 소비자들을 괴롭히는 적과 씨름을 하고 그러한 소비자들의 문제에 대한 솔루션을 제공하고자 노력한다.

애플은 소비자들이 테크놀로지에 대해 곧잘 느끼는 좌절감과 위기감에서 출발했다. 애플의 브랜드 약속은, 테크놀로지를 사랑하는 것을 더 쉽게 해주고 누군지에 상관없이 모든 사람들이 미래를 경험할 수 있도록 해주는 것이다.

애플은 가장 복잡한 테크놀로지가 적용된 제품을 만들고 제공하여 모든 사람들이 사용할 수 있도록 하는 데 광범위한 노력을 기울여왔다. 애플은 테크놀로지 측면에서는 최첨단에 있지 않으며 기존에 존재하던 테크놀로지를 복제하여 독특하고 새로운 것이라 부를 뿐이라는 비판을 받아왔다. 그러나 독특하고 새로운 것은 애플에 관한 것이 아니다.

이는 이 책의 전부를 요약한다고 할 수 있는, 거듭 반복되는 스티브 잡스의 이 명언 속에 압축되어 있다.

'고객 경험에서 시작해 테크놀로지로 가야 한다. 거꾸로 해서는 안 된다.' (Jobs, 1997)

다른 괴짜스러운 IT 기업들이 테크놀로지에서 시작하여 소비자들이 힘들게 사용법을 파악하도록 애쓰는 동안 애플은 같은 테크놀로지를 사용하면서도 이를 더 간단하게 만든다. 그것이 아이폰이건, 아이패드나 맥북이건 혹은 애플 에어포트 익스트림*Apple AirPort Extreme* 으로 와이파이 네트워크를 설정하는 것이건 애플은 모든 사람들이 테크놀로지에 접근할 수 있게 만든다.

애플은 또 제품 출시를 시작으로 자신들의 이야기를 어떻게 들려주어야 하는지를 안다. 애플의 출시 행사는 주요 언론과 전문 매체에서 다루어지고, 출시 몇 주나 몇 달 전부터 블로그에서 회자된다. 애플은 항상 대단한 자신감을 보여주고 중요한 톱 뉴스 속보인 것처럼 온라인으로 출시 행사를 생방송한다. 애플이 수

년 간 만든 광고는 극소수였지만 그들이 만든 것은 성공했다. 애플은 CNN에서부터 테크크런치*TechCrunch*를 비롯한 테크놀로지 채널, 그리고 트위터나 페이스북과 같은 소셜 미디어 채널에 이르기까지 어떻게 미디어를 작동시키는지 배워왔다. 애플은 꽤 간단하게 관계 브랜드의 구축과 이행을 마스터해왔다.

애플은 브랜드 경험을 완벽하게 관리한다. 애플의 브랜드 경험은 고대하던 출시에 대한 홍분 생성과 지니어스바의 도움에서 시작하여 애플의 전 제품이 보여주는 독창적인 스타트업 경험으로 지속된다. 그러나 애플이 얼마나 많은 홍분을 만들어내는지에 상관없이 애플은 항상 이를 초과해서 이행하는 것처럼 보인다. 사람들이 자신의 아이폰이나 아이패드에 얼마나 들뜨는지를 보기만 하면 된다. 그리고 이는 애플 브랜드를 향해 팬들이 가지는 사랑에 대한 이유가 되고 충성스러운 추종을 이끌어낸다.

애플이 지나치게 극적인 연출을 하는 것처럼 보인다 해도 우리는 여전히 놀라고 싶어한다. 그리고 물론 놀란다. 애플의 차기 출시 제품에 대한 온라인상의 토론을 쭉 모니터 해왔다고 해도 여전히 놀라게 된다. 애플은 내가 부활절 달걀 효과라고 부르는 것을 전적으로 잘 활용하고 있다. 그 안에 무엇이 들어 있는지 거의 정확하게 알고 있다고 할지라도 뚜껑을 열면 여전히 놀라는 것이다. 애플의 사례는 사람들은 그들의 기대가 확정되었기에 놀란다는 사실을 알려준다.

스타벅스: 커피광에서부터
공공 거실로의 놀라운 여정

놀라움이란 예상치 못한, 차별화된 방법으로 무언가를 하는 것이다. 패스트푸드에 대한 대중적인 생각은 더 중요한 일들을 처리하면서 이동 중에 먹는 '패스트*fast*'를 강조하지만 스타벅스는 이와 반대로 한다. 커피잔을 들고 얼마간 앉아서 책을 읽거나 스마트폰이나 컴퓨터로 메시지를 보내거나 혹은 그저 친구와 긴 대화를 나누며 시간을 보내는 것이 옳다고 느껴질 뿐만 아니라 그렇게 하라고 격려를 받기도 한다.

이 이야기를 통해 보면, 스타벅스를 다른 유사 비즈니스와 차별화하는 방법에 대한 통찰력은 그 자체가 예상치 못한 것이다. 안목이 있는 커피 마니아를 위한 우수한 품질의 커피 공급업자로 시작한 스타벅스는 노동쟁의와 더불어 1997년에는 커피 가격을 끌어올린 남아메리카 커피 재배 지역의 재고 하락으로 인한 영향을 받았다.

스타벅스는 한동안 그들이 약속했던 고품질의 커피를 약속할 수 없었지만 중요한 한 가지를 배웠는데, 그것은 대부분의 지역에서 그들의 고객들은 커피 하나만의 품질에 끌려서 스타벅스를 찾는 것은 아니라는 사실이었다. 심지어는 그들이 한시적으로 제공할 수밖에 없었던 좀 더 낮은 등급의 커피를 제공하면서도 비즈니스는 평상시와 같이 운영되었고 스타벅스의 통찰력은 한층 더 풍부해졌다. 고품질의 커피를 일시적으로 누릴 수 없게 되었지만 그럼에도 사람들은 스타벅스를 사랑했다. 스타벅스는 패스트푸드 업계에서는 차별화 요소가 된 너그러운 공공 거실이었고 이것이 그들이 거둔 성공의 핵심이었다.

스타벅스는 그들이 진행한 많은 캠페인 중 한 캠페인을 통해 책을 읽는 가치를 강조하며 이러한 통찰력을 활용했다. 혹은 그렇다기보다는 좋은 커피 한 잔을 마시는 동안 책을 읽고 무언가 중요한 것을 생각하는 시간을 가지는 것의 가치를 강조한 것일 수 있다. 조급해 하지 마라!

버진: 예측 가능한 것을 유지하고 예측하지 못한 것을 추가하기

버진Virgin은 관계 브랜드라는 개념이 생기기 한참 전부터 존재한 최초의 관계 브랜드들 중 하나다. 리처드 브랜슨Richard Branson이 여러 다른 카테고리의 제품들에 버진 브랜드를 붙여 소개했을 때 당시 브랜딩 전문가들 중 상당수가 그에게 조소를 보냈다. 그러나 브랜슨은 새로운 세대의 관계 브랜드 설계자들에게는 신호등이었고 여전히 대부분의 다른 사람들보다 관계 브랜딩이라는 면에서 더욱 성숙된 단계에 있다.

브랜슨이 개인적으로 선언했듯이 버진은 아주 초창기부터 관계 브랜드였는데 이는 버진의 혁명적이고 즐거움을 주는 태도를 통해서도 드러났다. 이는 영국 항공British Airways으로 상징되는 기득권층과의 다툼에 따라 마련된 항공 규정의 적용 초기부터 입증되었고, 레코드 사업의 설립 과정에서도 드러났다. 물론 이 레코드 사업은 전적으로 엔터테인먼트였다. 얄궂게도 후자는 여전히 버진 제국에 속하지 않는 거의 유일한 비즈니스다. 버진은 전 세계 브랜드들에게 영감을 주고자 애써왔다. 그러나 그러한 브랜드들 중 상당수는 관계 브랜드가 되는 데 필요한 것이 무엇인지를 이해하지 못했다. 관계 브랜드가 되는 데 중요한 측면들 중 하나는 제품의 한 카테고리에 집중하는 것이 아니라 브랜드 그 자체와 관계에 집중하고, 제품보다 더 큰 이슈를 만들어가는 것이다. 관계의 핵심 그리고 관계 브랜드의 스토리는 '혁명적이고 즐거움을 주는'이라는 버진의 전략 키워드에 잘 압축되어 있다.

구글: 끊임없이 놀라움을 주는, 거대한 온라인 크리에이티브 워크샵

우리 삶의 모든 부분에서 구글이 하는 일은 정말로 놀랍다. 구글은 모든 영역에서 지구상의 삶을 더 향상시키기 위한 지속적이고 거대한 실험과 탐구를 하고 있다.

구글은 인터넷 검색 도구 시장에 진출한 후반 검색 엔진들 중 하나다. 구글 전에는 넷스케이프Netscape, 야후Yahoo, 알타비스타AltaVista와 같이 매우 강력한 브랜드들이 시장을 잡고 있었지만 구글은 처음부터 놀라운 방법으로 검색 엔진 시장에 접근했다. 이들은 등급별 검색 기능을 제공했는데 이는 웹사이트의 중요도를 평가하고 관련도의 순서에 따라 페이지를 나열하는 검색이었다. 구글은 또 예상할 수 없을 정도로 수용하기 쉬운 간단한 방식으로 검색을 통화로 환산하고 상업화하는 방법을 제공했다. 구글은 사용자들에게 상업적 추천과 상업적으로 편향되지 않은 검색 결과를 뚜렷하게 구분하여 제공하거나 이를 인식할 수 있도록 해주었다.

또 하나 놀라운 것은, 구글의 최고 경영진의 호기심은 검색 엔진에 국한되는 것이 아니라 인터넷이 영향을 미쳤거나 미칠 수 있는 모든 것을 총망라한다는 사실이었다. 구글은 자연스러운, 거의 매력적으로 보이는 이러한 자신감을 통해 소비자들을 이러한 미션의 일부가 되도록 초대했다. 구글메일Google Mail, 구글맵Google Maps, 구글어스Google Earch, 유튜브YouTube, 안드로이드Android, 구글글래스Google Glasses, 식재료 배송 서비스, 의학 프로젝트, 우주 프로그램, 인공 지능 프로그램 등 그 무엇이든지 간에 구글에서 나오는 것이라면 놀라지 않기가 어렵다.

구글은 수익을 창출하는 것을 포함하여 지구에 사는 인간의 삶을 더 낫게 만드는 데 매우 생산적인 '인간 기계'다. 놀라움, 예상치 못한 것에 도전하는 과감함, 그리고 호기심을 창조하는 태도는 세계에서 가장 강력하고 (그리고 가장 가치 있는) 브랜드, 이 시대에 가장 성공적인 기업들 중 하나를 만들었다.

나이키: 영원히 놀랍도록 성공적인 기업

나이키는 입증된 장기적인 성공을 통해 매우 경험이 많은 대기업이 되었음에도 세대를 걸쳐 건강하고 활기찬 라이프스타일을 위한 가장 강력한 브랜드로 자리해왔다. 그리고 나이키는 다음에는 무엇을 할 것인가를 통해 우리를 놀라게 하는 능력을 유지해왔다. 2012년에 출시된 퓨얼밴드*FuelBand*는 이제는 웨어러블*wearable* 헬스 기기라는 독자적인 카테고리의 첫 제품이다. 놀라움은 오랫동안 나이키의 추진력이 되었고 지속적으로 그러할 것이다.

레고: 놀라운 아이디어를 가지고 놀기

레고 무비*Lego: The movie*는 시작부터 놀라움을 주는 스토리텔링의 명작이다. 너무나도 상식적인 이치에 닿는다는 점이 놀랍고, 덴마크의 한 장난감 회사가 장난감 회사에서 기대할 수 있는 것을 훨씬 뛰어넘어 훌륭하고 간단한 아이디어를 사용하여 그토록 많은 에너지를 만들 수 있다는 점이 놀랍다. 영화에 나오는 익명의 경찰의 말을 인용해보자. '너는 장난감 이상이야. 이해하겠니?'

플라스틱 조각에서 정신적인 차원이 있다는 점을 깨닫는 것도 매우 놀랍지만 레고는 눈에 보이는 것 이상의 세계를 구축하고 있다. 또 하나 놀라운 점은, 대형 빌딩을 만드는 스페셜 세트, 스마트 테크놀로지 로봇식 장난감, 조립식 총 등을 통해 성인이 그 기업의 가장 중요한 타깃층 중 하나가 되었다는 사실이다. 분명 레고는 반복해서 세계를 놀라게 해야 할 필요성을 매우 잘 인식하고 있는 브랜드다.

고프로: 스마트폰 카메라 세계에서
놀라운 경쟁력을 가지기

대부분의 사람들이 자신의 스마트폰에 고성능 카메라를 이미 가지고 있을 때 누군가가 10억 달러의 돈이 드는 카메라 사업을 새로 시작할 수 있다는 것은 놀랍다. 그리고 그 기업이 익스트림 경험을 공유하는 사람들의 힘을 어떻게 활용했는지를 살펴보는 것도 놀랍다. (5장에서 고프로의 놀라운 경쟁력에 관한 내용을 더 읽을 수 있다.)

KLM: 놀랍도록 후한 항공사

우리는 대량 수송 회사가 각 개인들에게 관심을 가지거나 우리의 여행과 관련하여 어떤 개인화된 선물을 줄 것인지를 파악하는 데 신경을 쓸 것이라고는 기대하지 않을 것이다. 그래서 KLM이 이 일을 했을 때 KLM은 항공사를 초월한 그 무언가가 되었다. 이 항공사는 승객으로서 우리에게 놀라울 정도의 관심을 보인 것처럼 보였다. 혹은 우리는 그렇게 믿고 싶을 것이다. (12장에서 KLM의 놀라움 실험에 대해 더 많은 내용을 읽을 수 있다.)

인스타그램: 사진 공유에 대한 놀라운 통찰력

사진은 아무리 더 이쁘게 보이도록 만들기위해 사용하는 필터나 기술적인 요령을 사용한다고 해도 공유하지 않으면 아무것도 아니다. 놀랍고도 관리하기 쉬운 사진 앨범을 창조하는 데 있어 인스타그램Instagram은 우리에게 친구나 가족들과 이미지를 공유하는 것이 얼마나 빠르고 재미있는지를 지속적으로 상기시킨다.

2012년 4월, 페이스북은 인스타그램을 10억 달러에 인수했다. 페이스북, 트위터와 함께 인스타그램은 가장 강력한 소셜 네트워크 중의 하나가 되었고 그 자체로 매우 귀중한 브랜드 강화 도구가 되었다.

H&M: 놀랍게도 일관적인 비일관성

패션은 무리 행동으로도 보일 수도 있고 차별화를 위한 욕구로도 특징지어질 수 있다. 소비자들은 하나의 사람으로서 그리고 또 그들의 스타일을 통해서 각자의 개성을 주장하기 원하면서도 동시에 그룹에 속하고자 한다.

H&M이 그들의 브랜드와 경험을 정의하려고 했을 때 그들은 새롭거나 차별화된 무언가를 찾거나 발명하지 않기로 선택했다. 그 대신 이들은 간결하고 범용적인 노선을 선택했다. 이들의 비즈니스 콘셉트는 많은 소매업자들이 주장할 수 있는 것으로 '최상의 가격으로 패션과 품질을 제공'하는 것이었다.

H&M을 다르게 만드는 것은 이들의 매장이 지속적으로 변화한다는 점이었다. H&M은 지속적으로 새로운 제품을 공급하는 데 기반을 두기로 결정했고 무엇을 하는가가 아닌 어떻게 할 것인가에 집중하기로 했다. 이 기업은 패션에서 '재미'를 추구하고자 하는 포부를 가지고 매일 매장에 채워지는 새로운 아이템들

로 구성된 다양한 구색과 적정한 가격, 예상치 못한 콜라보레이션 등을 통해 이러한 재미를 정의했다. 이러한 콜라보레이션은 2004년에 칼 라거펠트*Karl Lagerfeld*로부터 시작됐다. 패션 소매업체가 지조를 지키는 것으로 유명한 디자이너를 끌어들이는 것은 H&M이 보여준 가장 큰 놀라움 중 하나였다. 그리고 칼 라거펠트와의 콜라보레이션은 지속적인 변화라는 그들 자신의 콘셉트를 강조했다. 칼은 변화라는 패션의 본질을 상징하는 사람이었다. 그는 자신에게 이렇게 말한 바 있다. '나는 같은 것을 두 번 이상 하거나 말하지 않는다.'

우버: 택시를 부르는 것을
놀랍도록 즐거운 경험으로 바꾼 사례

우버는 운수 산업을 바꾸고 있다. 우버는 바꿀 수 없을 것처럼 보이는 것들이 경험되는 방식을 바꾸기 위해 놀라움을 사용하고자 하는 모든 기업가들에게 성공적인 예를 보여준다. 우버가 처음 도입되었을 때 자신의 스마트폰을 통해 우리를 태울 택시가 다가 오고 있는 것을 볼 수 있다는 점은 놀라웠다. 재이용 고객들도 자신들의 택시가 가깝게 다가오는 것을 보면서 동일한 놀라움과 기쁨을 반복적으로 느낀다. 그리고 운전사의 이름을 안다는 것은 과거에는 가지지 못했던 통제력을 가진다는 놀라운 느낌을 준다.

창업 이래로 변함없이 유지되어 온 비즈니스에서 우버의 느긋한 태도는 긍정적인 놀라움을 주었지만 많은 전통적인 택시회사들에게는 위협적이었다. 우버와 우버의 기사들은 협박을 받아왔지만 택시 산업의 지평을 바꾼다는 그들의 미션을 달성하기 위해 확고한 자세를 취했다.

동시에 우버가 실제로 하고 있는 일에 대해 깊이 생각할 때 우버의 비즈니스가 얼마나 자연스럽고 자명한 것으로 느껴지는지는 정말로 놀라울 정도다. 현대의 테크놀로지와 함께 수십억의 사람들이 중개인, 즉 택시 회사의 필요를 없애주는 스마트폰을 가지고 다니고 있다. 우버는 이 사실을 활용하여 50개국의 300여 개 도시에서 대부분 자가 소유의 차를 운전하는 수십만의 기사들로 된 국제적인 네트워크를 만들었다. 부정적인 여론과 성폭행이나 폭행에 대한 주장도 제기되었지만, 내가 부른 우버 차가 여러 차량들 사이를 뚫고 다가오고 있는 것을 보는, 이 놀이같은 느낌은 거의 중독적인 일상의 기쁨이다.

한델스방켄: 놀랍도록 선진적인 금융

한델스방켄*Handelsbanken*은 스웨덴과 스칸디나비아에서 가장 큰 4개의 은행들 중 하나다. 많은 고객들이 은행과의 직접적인 접촉을 피하는 때에 은행에 도전하고자 하는 경쟁사들이 여기저기서 불쑥 나타났다. 한델스방켄은 미래에 대한 색다른 시각을 가지고 있었는데 이는 놀랍도록 보수적인 방식이었다. 이로 말미암아 한델스방켄은 우버, HBO, 모빌아이*Mobileye*, 오픈가든*Open Garden*, 마라그룹*Mara Group*, 제록스와 같은 부류의 기업들과 나란히 상을 수상하기도 했다.

한델스방켄은 유럽 은행권에서 자본 비율과 수익

이 가장 높은 은행 중 하나로 그들의 비즈니스 모델은 현대적으로 살짝 비튼 보수적인 것이었다. 이 은행은 지난 45년 동안 다음의 세 가지 원칙을 따라왔다.

1. 고객 서비스는 고객 만족으로 전환되어야 한다.
2. 고객들이 원하는 것을 중심으로 은행을 만들라.
3. 절약하고 원가를 의식하라.

다른 대형 은행들이 콜센터를 만들 때 한델스방켄은 이것이 고객들을 위한 가치에 보탬이 될 것이라고 생각하지 않았기에 이와는 반대로 고객들에게 그들의 개인 매니저 휴대폰 전화번호를 주고 언제라도 전화할 수 있게 허용해주었다. 고객들이 하는 모든 은행 업무는 이제 그들의 개인 매니저를 통하면 된다. 고객 지원, 대출 신청, 기타 은행 업무들을 처리하는 중앙 집권화된 부서는 없는 것이다.

고객 중심이라는 이 은행의 기조는 모든 직급에서 지켜진다. 한델스방켄의 CEO인 페르 보만*Pär Boman*은 고객들과 만나고 그들이 원하는 것을 파악하기 위해 지점에서 책상에 앉아 일정 시간을 보낸다.

한델스방켄은 또 스위시^{Swish}라고 불리는 스웨덴의 매우 인기 있는 모바일 결제 시스템 서비스를 지원하는데, 이는 전자상거래 기업인 클라르나^{Klarna}와 같은 기업들과 경쟁할 수 있는 독자적으로 존립할 수 있는 라이벌 서비스라 할 수 있다. 현대 은행 산업에 대한 이러한 접근법 때문에 독일의 투자은행 버렌버그^{Berenberg}는 한델스방켄을 '유럽의 은행산업의 청사진'이라고 부르게 되었고 잉글랜드 은행^{Bank of England}의 최고 경제학자인 앤디 할데인^{Andy Haldane}은 그들의 비즈니스 모델을 '미래로 되돌아가기'라고 불렀다.

기프가프: 피플파워가 놀라운 돌파구를 찾은 모바일 통신 사업 브랜드를 구축하다

2009년, 한 소셜 미디어 컨퍼런스에서 O2의 브랜드 전략 최고 책임자인 가이 톰슨^{Guy Thompson}은 위키피디아^{Wikipedia}나 페이스북^{Facebook}과 같은 플랫폼을 통해 영감을 받게 된다. 그는 이러한 플랫폼들이 열어준 새롭고 인터렉티브한 방법이 어떻게 모바일 통신 사업 시장의 모든 것을 바꿀 수 있을 것인지를 상상했다. 그 결과 기프가프가 탄생했다. 기프가프는 보통은 직원들이 처리하던 많은 일들을 어느 정도 사용자들이 하는 형태로 운영되는 모바일 네트워크다.

기프가프는 O2 네트워크로 운영되는 독립적인 모바일 가상 네트워크 운영 사업자다. 시작부터 그 이름은 이중의 의미를 통해 놀라움을 주었다. 기프가프라는 브랜드 네임은 '상호 증여'의 의미를 가진 고대 스코틀랜드어에서부터 파생되었지만 그 음은 대화를 묘사하는 것으로 해석될 수 있었다. 이 두 뜻을 합치면 소셜 모바일 네트워크에 대한 완벽한 묘사가 된다.

이 다음으로 놀라운 것은 기프가프가 고객들로 하여금 고객 서비스에 대한 책임을 지도록 독려하고, 이들에게 현금이나 포인트 또는 자신 기부로 전환될 수 있는 내부 통화를 제공함으로써 보상을 하는 방식이다. 그 목표는 대형 네트워크들의 콜센터들보다 더 나은 가치, 더 훌륭하고 더욱 효율적인 서비스를 제공하는것이었다.

이러한 방식으로 O2는 회의적인 고객 그룹의 마음을 끄는 브랜드를 탄생시켰다. 이들은 자신들의 비용을 증가시키지 않고도 고객들을 위한 진정한 가치를 창출할 수 있었다. 단순화와 투명성, 보상에 집중하는 것을 통해 고객들과의 강력한 유대를 형성해왔다. 그리고 이러한 충성스러운 고객들이 더 많은 사람들을 끌어들일 때 이 브랜드는 지속적으로 성장하고 주류 소비층으로 더욱 확장할 수 있다. 콜센터를 두지도 않고 비싼 광고 캠페인도 하지 않는 기프가프는 대형 네트워크 회사들은 할 수 없는 방식으로 가격 경쟁을 할 수 있게 되었고, 이를 통해 절약한 돈은 소비자들에게 전달될 수 있었다.

이 모든 것이 놀라운 전략이며 모든 차원에서 진행되는 브랜드 활동을 보여준다. 특히 4D 브랜드 마인드 스페이스에서 관계적 차원 및 자아적 차원의 '사람'축에서(6장을 참조하라).

기아자동차: 세상을 놀라게 하는 힘

'예상을 뛰어넘는, 흥미진진하고 가슴 설레는 경험을 제공함으로써 세상을 놀라게 하는' 힘. 기아차의 안내 책자에 등장한 이 단어들은 기아자동차의 슬로건, '세상을 놀라게 하는 힘*The Power of Surprise*'을 정의해준다.

기아는 자동차 산업에서 가장 큰 놀라움을 준 기업들 중 하나다. 기아의 예상치 못한, 미래 지향적이고 스마트한 품질과 디자인은 대부분의 자동차 회사들을 능가하는 수준이었다. 기아의 고객 지향적인 태도는 이 브랜드의 놀라움 요소를 움직이는 원동력이다.

기아는 신뢰를 설명할 때 품질과 지속가능성이라는 단어를 사용하는 것을 좋아한다. 그러나 기아를 정말로 놀랍게 만드는 것은, 기아의 브랜드 슬로건이 주장하듯, 고객 경험에 있어서의 놀라움이다. 기아는 놀랍도록 인간적이고 개인적이며 혁신적인 방법으로 고객들에게 그 자신을 선보인다.

알리바바 그룹: 놀라운 열정

> 돈money과 부wealth는 각기 다른 두 개의 개념이다. 돈
> 은 가지고 있지만 이 돈을 자신이나 다른 사람들의
> 행복 수준을 끌어올리는 경험으로 바꾸지 않는다면
> 우리는 그저 많은 심볼이나, 매우 다채로운 색상의
> 종이 조각들을 산더미 같이 소유하는 데 그칠 가능
> 성이 매우 크다.
>
> 마윈Jack Ma, 알리바바 설립자 겸 CEO, 2009년

마윈이 자신의 주방에서 알리바바를 설립했을 때
어떤 은행도 그에게 돈을 빌려주려 하지 않았기에 그
는 17명의 동료와 함께 돈을 모아야 했다. 오늘날 알리
바바그룹은 전자 상거래 부문에서 세계적인 선두 기업
이다.

2005년, 그의 회사가 열 번째 창립 기념일을 맞이
할 무렵 마윈은 알리바바 기업의 성공을 되돌아보며
15,000명의 직원들에게 편지를 썼다. 그가 성공한 이
유는 무엇인가? 순전히 운으로 성공한 것인가, 아니면

반복할 수 있는 방법으로 성공한 것인가? 그는 알리바바 그룹이 다음과 같은 핵심 가치를 바탕으로 설립되었다고 설명해왔다.

1. **고객 우선.** 이 회사의 최우선 사항은 사용자들 빛 유료 고객들을 위한 이익이다.

2. **팀워크.** 알리바바는 직원들에게 팀으로 일할 것을 요구한다. 알리바바는 직원들이 의사 결정에 의견을 보탤 수 있도록 격려하고 모든 직원들이 팀 목표에 전념할 것을 요구한다.

3. **변화 수용.** 알리바바가 속한 산업은 급속하게 발전하고 있다. 따라서 알리바바는 직원들에게 유연하고 혁신적으로 새로운 상황과 관례에 적응할 것을 요구한다.

4. **진실성.** 신뢰는 시장의 핵심 요소로, 알리바바의 직원들은 최고 수준의 진실성을 유지하고 그들의 약속을 이행한다.

5. **열정.** 고객에서 서비스를 제공하건 혹은 새로운 서비스나 제품을 만들건 알리바바는 직원들에

게 열정을 가지고 행동하라고 촉구한다.

6. **약속.** 알리바바는 중국 및 세계의 중소기업들이
   가진 니즈를 이해하고 해결하는 데 전적으로 집
   중하고 실행한다.

알리바바는 또 매우 간결하고 강력한 미션과 비전
을 가지고 있다. 알리바바의 미션은 '어디에서나 비즈
니스를 쉽게 할 수 있도록 하는 것'이며 이들의 비전은
세 부분으로 나뉜다. 알리바바는 세계에서 가장 큰 전
자 상거래 서비스 공급자가 되고 세계에서 가장 좋은
고용주가 되기 위해 102년을 이어갈 기업을 구축하는
것을 추구한다.

왜 102년인가? 이 기업은 1999년에 설립되었으므
로 102년이 되면 3세기에 걸치는 셈이 된다. 마윈은
장기적인 관점을 견지하고 영속적인 지속가능성을 선
택해왔다. 나는 또한 알리바바가 완전히 새로운 경쟁
자들과 혁신가들을 지지하고 이들이 능력을 발휘할 수
있도록 도와주는 점도 좋아한다. 알리바바의 도움을
통해, 서구의 기업들이 취한 옛날 방식을 사용하여서

는 세계적으로 공급자를 찾고 판매하는 것이 불가능했을지도 모르는 기업들이 시장에 진입할 수 있게 되었다. 내 생각으로는 이것이 진정한 미래 브랜드다.

스톡홀름 맥도날드: 놀라운 '캔 화폐'로 구매할 수 있는 햄버거

2015년 여름 기간에 진행한 캠페인을 통해 스웨덴 맥도날드는 매우 창의적인 아이디어로 스톡홀름을 놀라게 했다. 그것은 현금이나 카드 등과 같이 재활용 캔으로도 햄버거 가격을 지불할 수 있도록 하는 것이었다.

그렇다면 빅맥의 가격은 얼마였을까? 캔 10개였다. 이 캠페인은 홀연히 그리고 일시적으로 놀라움을 제공하는 방법을 보여주는 현지 사례라 할 수 있다. 이러한 식의 제안을 영원히 이행해야 할 의무는 없다. 단 한 번이라고 하더라도 그것을 한다는 사실만으로도 충분하다. 그저 놀라움을 줄 수 있는 브랜드라는 것을 보여주는 것만으로도 사람들의 '좋아요'를 받을 수 있을 것이다. 이슈나 카테고리에 상관없이 모든 브랜드가 이를 할 수 있다. 약간의 창의력만 있다면 말이다.

노르웨이 노르딕 초이스 호텔 (그리고 오너인 페터 스토달렌): 최고 책임자들부터 실천하는 놀라운 성공 문화

2015년 〈포브스Forbes〉 잡지는 버진의 리차드 브랜슨, 테슬라의 일론 머스크 같은 사람들과 함께 세계 최고 '조만장자trillionaire' 중 하나로 노르딕 초이스 호텔Nordic Choice Hotel의 오너인 페터 스토달렌Petter Stordalen을 거명했다.

그는 강인하고 약간 광대 같은 캐릭터로, 일레트릭 블루 색상의 헬리콥터를 타고 클라리온 호텔 알란다 에어포트Clarion Hotel at Airport의 지붕 위에 착륙하여 자일을 타고 빌딩 벽면을 따라 내려가는 것과 같이 놀라운 스턴트를 하며 호텔을 오픈한다. 말뫼Malmö에서는 4억 달러가 든 클라리온 호텔 & 콩그레스 말뫼Clarion Hotel and Congress Malmö를 런칭할 때 제트 스키를 타고 제임스 본드 James Bond 스타일로 도착하기도 했다. 예테보리Gothenburg 에서 클라리온 호텔 포스트Clarion Hotel Post를 오픈할 때는 하얀 점프 슈트를 입고 거대한 디스코볼을 타고 지붕 에서 내려 오면서 드럼을 치기도 했다.

스토달렌은 고객 경험 브랜딩에 대한 분위기와 수 위를 정하고 그의 직원들에게 유사한 스타일로 경험 의 상세한 부분들을 제공하도록 하는 데 성공적인 역 할을 한다. 노르딕 초이스 호텔 그룹 하의 4개 호텔 체 인에 속한 호텔에서는 항상 긍정적인 놀라움의 요소가 있다. 2015년 기준 31,000개의 룸과 13,000명의 종업 원을 보유하고 900만 명의 투숙객들이 다녀간 스웨덴, 노르웨이, 덴마크, 발트해 국가들에 있는 184개의 호 텔에는 콤포트 퀄리티Comfort Quality, 퀄리티 리조트Quality Resort, 클라리온 & 클라리온 콜렉션Clarion and Clarion Collection 등과 같은 브랜드들과 10개의 독립 호텔들이 포함 된다.

페터 스토달렌은 어느 곳에 있든 그의 직원들에

게 동기를 부여하고 고객 경험을 위한 모델을 구축했다. 그 자신은 축구 팬이 아니었지만 직원 커뮤니티 내에 심고자 했던 충성도를 구축하기 위해 축구 팬들과 그들이 응원하는 팀에 대한 충성도를 벤치마킹하기도 했다.

더 넓은 관점에서 생각해 본 브랜딩

이 후기를 통해 나는 더 큰 그림 안에 모든 것을 한데 모아보고자 한다. 이제는 외부로 시선을 돌려 더 멀리 내다보는 것이 가능하다. 철학적으로 그리고 심원하게 시작하는 것은 대부분 비즈니스 종사자들의 경험으로부터 너무 크게 우회하는 것일 수 있다. 처음에 그리고 이 책을 쓰는 동안 내내 나는 브랜딩이, 비즈니스에서 종종 사용되는 군사 용어를 차용하자면 전략이라기보다는 전술에 관한, 실천적인 활동이라는 점을 강조했다. 이 책을 마무리 하는 단계에서 나는 좋은 비즈니스가 어떻게 서로 대립하는 우주 세력 간의 장대하고도 계속되는 우주 전쟁이 되는지에 대해 강조하고자 한다.

다음과 같은 상황을 한 번 생각해보자. 1940년대부터 1970년대까지 활동한 유명한 시카고의 건축가들인 찰스와 레이 임스*Charles and Ray Eames*가 만든 한 강렬한 비디오는, 인간이 우주의 어느 곳에 위치하는지에 대한 시각적이고 정서적 경험을 제공한다. 나는 이 비디오를 꼭 한 번 보라고 추천하고 싶다. 웹사이트 주소는 책의 마지막에 있는 참고문헌에서 찾아볼 수 있다.

이 비디오는 미시간 호수*Lake Michigan* 근처의 시카고에서 피크닉을 하는 장면에서 시작한다. 누워 있는 사람을 위에서 바라보며 1평방미터의 크기, 1미터 높이에서 시작하여 10배속으로 이동하며 우주 외곽 속으로 여행을 떠나 더 멀리 이동하게 되는데, 매 10초마다 10배씩 영역이 확대되면서 대기권 밖으로 벗어나고, 태양계의 내행성과 외행성을 통과하고, 우리가 속한 은하계를 벗어나, 아주 작게 빛나는 마치 단일 행성들처럼 보이는 다른 은하계 성단을 지난다. 여기에서 다시 방향을 바꾸어 피크닉 현장으로 돌아와 자고 있는 그 사람의 손을 향해 여행을 계속한다. 매 10초마다 10제곱의 속도로 가깝게 가며 피부층을 통과해서 모세혈관과 단세포로, 단일 탄소 분자에 있는 단일 원자 핵과 그 안에 있는 양성자 중 하나를 향해 이동한다.

가장 주목할 만한 것은 우리가 양방향으로 가는 여정 모두에서 어두움, 텅 빈 공간, 아무것도 없는 상태를 경험한다는 점이다. 우주 밖으로 가건 그 안으로 들어오건, 어두움과 공허함, 텅 빈 상태는 단연 우리가 사는 전 우주에 있어 지배적인 부분이다. 우리 인간들, 우리의 물리적인 세계 전체, 그리고 우리 머리 속의 상상 세계는 전체 중 작고 작은 부분을 대변할 뿐이다.

무無에 대한 이 광대한 우주적 관점 속에서 우리 인간들은 아주 작은 존재에 불과하지만 그럼에도 상당한 자신감을 내비친다. 우리보다 더 고차원적인 생명을 어디선가 찾지 않는 한 자신이 우주의 주인이라는 것이 보편적인 견해다. 우리는 번창하지 못한 인간의 지위를 가지고자 했던 다른 존재들과의 경쟁을 통해 실질적으로 이 행성의 주인 자리를 차지해왔다. 성공으로 가는 우리의 길은 사물을 보는 지성, 그리고 대부분 상상으로 만들어진 컨텍스트에서 우리의 삶을 살 줄 아는 환상적이고도 상상력이 풍부한 지성으로 만들어진 상상력과 문화에 의해 인도된다. 이 안에 브랜딩과 이어지는 연결점이 있다. 유발 노아 하라리*Yuval Noah Harari*의 책,《사피엔스*Sapiens: A Brief History of Humankind*》는 인간과 인간의 발전, 역사, 그리고 이 행성에서 우리의 미래에 대해 더 깊은 통찰력을 제공한다.

브랜딩에 대한 나의 접근법은 네 가지 차원이라는 보편적인 아이디어에 바탕을 둔다(6장을 참조하라). 기능적 차원은 우리의 실제 생활을 대변하고, 관계적 차원은 모든 인간들 사이의 연결을 대변하며, 자아적 차원은 개인적으로 우리에게 중요한 것을, 그리고 정신적 차원은 우리 행성에서의 더 큰 이슈들을 대변한다.

이 행성에서 생존하고 살아가는 우리의 능력은 기능적 차원에 속한다. 여기에는 세부적인 사항들을 챙기는 것들과 더 큰 이슈들, 즉 기후와 온도 변화, 지속 가능성, 안보와 안전, 음식과 물 등에 대한 위협들을 실질적으로 다루는 것은 물론이고, 소비자, 사용자, 노동자, 개발자로서의 우리의 역할이 포함된다. 관계적 차원은 우리 모두를 집합적으로 함께 연결하는 것이다. 이는 우리가 커뮤니케이션을 하고 공유하며 참여를 독려하는 방식에 관한 문제다. 자아적 차원을 통해서는 우리는 개인의 더 깊숙한 내면을 살핀다. 우리를 차별화하는 것, 우리의 삶에 대한 우리의 내면적이고 개인적 시각이 포함된다. 내가 종종 지적하듯, 마지막 정신적 차원은 종교에 대한 문제가 아니라 더 큰 전체상에 관한 문제다. 모든 것은 지구에 사는 모두를 위해 더 나은 삶을 건설하고자 하는 우리의 공통적인 비전과 관련되어 있다.

이 모델은 철학적이면서도 원형적이며 훨씬 더 큰 관점, 즉 지구 정복에서 호모 사피엔스*Homo sapiens*에게 중요하게 작용해왔던 문화적이고 우주적인 기회와 다시 연결된다. 정복은 때로는 밝고 계몽적이고 긍정적인 힘을 통해 달성되기도 하고 때로는 더 어둡고 더 공허하며 더욱 자기 파괴적인 힘과 에너지를 통해 달성되기도 한다. 이 둘은 모두 우주, 안팎에 걸친 우리 우주의 일부다.

우리 세상에는 정말로
무슨 일이 일어나고 있는가?

이는 우리의 주된 걱정거리다. 게다가 우리는 자신의 미래에 대해 걱정을 하는 지구상의 유일한 생명체일 가능성이 높다. 내 생각에 이 거대한 질문에 대한 대답은 또한 '우리는 왜 결코 진짜로 행복하지 않은가?'라는 질문에 대한 대답이기도 하다.

우리는 우주의 두 대립적인 주요 세력들, 즉 어둡고 공허하며 자기 파괴적이고 의심하고 부정적인 세력과 밝고 계몽적이며 진보적이고 긍정적인 세력에 의해 개인적으로 그리고 문화적으로 분열되어 있다. 문제는 부정적인 세력이, 우리의 우주가 (내부와 외부 모두) 행성 폭발과 블랙홀, 세포 사멸이라는 세포의 죽음 등과 같은 현상에 의해 입증되듯 대체로 공허하고 어두우며 춥고 심지어는 파괴적이라는 사실로부터 이익을 얻는다는 사실이다.

긍정적인 세력은 활동을 중단한 적이 없었다. 반대로 이 세력은 더욱 매력적이고 긍정적이고 빛이 가득하며 따뜻함, 생명, 성장의 힘을 대변한다. 우리의 역사를 통틀어 빛과 어둠의 양분이 모든 종교에 연료를 공급했고, 초기에는 실리적이고 바람직한 사회적 상호작용을 부추겼던 메시지에 근간을 제공했다. 그러나 역사에는 주요 종교들이 더 암울한 의제를 가진, 지배적이고 교묘하게 조종하는 사람들에 의해 악용되었던 시간들이 가득하고, 이는 종교가 대규모 전쟁과 대량 파괴를 정당화하는 위협적이고 부정적이며 끔찍하고 사악한 힘의 도구가 되었던 시기들을 초래했다.

우리 문화에서, 문학과 오락에서도 긍정적인 세력과 부정적인 세력 사이의 전쟁과 같은 나눔은 계속 되풀이되는 지배적인 주제가 되어왔다. 스타워즈Star Wars는 대립하는 두 우주 세력들의 이야기를 다룬 많은 사례들 중 하나다. 제다이Jedi 기사, 오비완 케노비Obi-Wan Kenobi, 루크 스카이워커Luke Skywalker가 긍정적인 세력을 대변한다면, 어두운 다스 베이더Darth Vader는 명백히 부정적인 세력을 대표한다. 스타워즈가 이토록 오랫동안 엄청난 성공을 거둔 오락물이 된 이유 중 하나는 우리 모두가 말 그대로 우리 안에 이 두 세력 사이의 전쟁을

담고 있고 우리의 잠재의식은 직감적으로 스타워즈 이
야기와 동질감을 느끼기 때문이다.

브랜딩은 우주의 긍정적인 힘을
지원하는 일이다.

브랜딩에 대한 나의 정의는 '사람들 머리 속의 인지를
관리'하는 것이다. 물론 이는 잘못된 의도를 가진 사람
들에 의해 오용될 수 있지만 우리 삶의 긍정적이고 밝
고 진취적이며 발전적인 측면을 강화하는 데 사용될
수도 있다. 오늘날 우리가 살고 있는 연결된 세계에서
이는, 우리가 역사상 그 어느 때보다도 개인적으로 지
식을 나누고 더 많은 사람들과 동질감을 느낄 수 있는
기회를 가지고 있다는 것을 의미한다.

이제 우리는 절반쯤 왔다. 페이스북은 10억 명 이
상의 사람들을 연결하고 있지만 세계 인구의 43%만
이 인터넷에 정기적으로 접속할 수 있다. 이는 나머지
57%의 사람들, 즉 42억 명의 사람들은 정기적으로 인

터넷에 접속할 수 없다는 것을 의미하기도 하지만, 많은 선진국들에서 80% 이상의 인구가 온라인으로 연결된다는 사실은 미래에는 전 세계가 이 수준, 혹은 그 이상의 수준에 이를 수 있다는 것을 의미할 수 있다.

이 책을 통해 내가 펼친 아이디어들은, 우리를 둘러싼, 그리고 우리 안에 있는 어둡고 공허하며 에너지를 빨아들이는 공간에서 빛과 긍정적인 에너지의 원천이 됨으로써 이를 돌파하려는 목적을 가진 브랜딩이 어떻게 긍정적인 힘이 될 수 있는가에 관한 것이다. 네 가지 차원 중 정신적 차원은 모든 브랜드들과 그 오너들을 위한 특별한 탐구 과제를 담고 있다. 즉 이는 우리가 사회에서 얼마나 잘 하고 있는지, 브랜드가 사람들의 삶에 어떤 긍정적인 영향을 미치는가 하는 문제들에 대한 탐구다.

나는 브랜딩이 긍정적인 힘이 되어 사람들이 더 나은 삶을 살 수 있도록 돕는 책임을 가지고 있고 또한 이러한 긍정적인 에너지에 대한 사람들의 니즈를 만족시켜줄 수 있는 기회도 가지고 있다고 믿는다. 자칫 물질주의적인 소비로 그칠 수도 있었던 것의 정신적 측면은 마케팅에서 측정 가능하고 실제하는 것이 되기 시작했다. 이는 오늘날 이러한 연결된 세상에서 우리가 더욱 분별력을 기를수록 지속될 것이고, 제품이나 서비스, 방문 장소, 경험 등과 관련하여 우리의 선택에 훨씬 더 큰 역할을 할 것이다. 우리는 제품이 기능적으로 제공하는 것을 기대하기 보다는 브랜드로부터 긍정적인 에너지를 요구하게 될 것이다. 사람과 브랜드 사이의 심리적인 유대, 즉 관계 브랜드에 대한 아이디어는 수잔 푸르니어*Susan Fournier*가 〈소비자와 그들의 브랜드: 소비자 조사에서 관계 이론 정립하기*Consumers and their brands: Developing relationship theory in consumer research*〉(Fournier, 1998)라는 과학적인 논문을 출간했을 때 시작되었고 그 이후로 지속되어 왔다.

전 세계적으로 브랜드와 기업, 국가와 종교는 플러스 성장과 건실한 비즈니스를 유지하면서도 사람과 환경을 위해 우리가 어떻게 좋은 일을 할 수 있는지를 보여줘 왔다. 기업을 위해 좋은 것과 인류를 위해 좋은 것 모두를 해내는 능력을 가지는 것이 오늘날 불가능한 것으로 보이지 않는다. 스칸디나비아, 특히 스웨덴에서 이것이 가능하다는 증거를 보여주었다. 스웨덴은 더 좋은 경제와 더 적은 배출을 성공적으로 통합시켰다.

스웨덴에는, 다수의 다른 경쟁사들보다 배출을 줄이는 노력을 포함하여 지속가능성에 대한 더 큰 책임을 지면서도 성공적이고 성장하고 있는 브랜드나 기업들의 사례가 많이 있다. 이러한 마음가짐을 비즈니스에 통합시킨 세계적인 스웨덴 기업들로는 H&M, 이케아 등이 있다. H&M은 지속 가능한 원자재 수급과 더 나은 작업 환경 등을 통해서 지속가능성에 전념하는 동시에, H&M 환경보호 자각행동 기금회H&M Conscious Foundation를 통해 지속되는 긍정적인 변화를 추진하는데도 전념해왔다. 지속가능성을 향한 IKEA의 움직임에는 '사람과 커뮤니티를 위한 더 나은 삶'을 구축하는 것에 덧붙여 100% 재생 에너지 목표, '자원과 에너지 독립'을 추진하기 위해 지속 가능한 원료 수급 등이 포함된다.

이 모든 것은 사람들 사이의 유대를 강화하고, 브랜드는 경험과 관심사를 공유함으로써 이러한 유대를 위한 촉진제의 역할을 한다. 브랜드는 관계 사이에 고리를 만들고 지극히 개인적으로 우리가 우리의 동료 인간들과 동질감을 느끼고 공감할 수 있도록 도와주면서 우리를 함께 묶어준다. 이를 통해 우리는 더 나은 세계로 이어질 수 있다.

나는 이 책을 읽고 공부하는 모든 사람들이 이러한 긍정적인 미래에서 자기 스스로 할 수 있는 역할을 찾기를 희망한다.

관계 브랜드와는 대조적인 트랜잭션 브랜드

트랜잭션 브랜드와 관계 브랜드는 브랜딩에 대한 내 관점의 근간을 구성한다. 이 두 유형의 브랜드 사이에 존재하는 극적인 차이를 이해하기 위해서, 여기서는 관계 브랜드와는 대조적인 트랜잭션 브랜드에 대한 세부적인 사상을 제공함으로써 관계 브랜드가 아닌 것을 명확하게 파악하는 데 도움을 주고자 한다. 이 노트를 통해서는 트랜잭션 브랜드의 배경과 역사적인 맥락, 즉 마케팅, 판매, 커뮤니케이션, 혁신, 행동 등에 있어 트랜잭션 브랜드들의 동인과 특성에 대한 개요를 서술하고자 한다.

트랜잭션 브랜드의 세계

산업주의와 함께 모든 것이 바뀌었다. 대량 생산의 도입은 노동자들의 사회 생활과 국가 경제 또는 정치 이상을 바꾸었다. 무엇보다도 산업주의는 소비자들의 삶을 바꾸었다. 거의 개인화되어 있던 수공업의 세계는 반복 생산과 규모의 경제라는 세계로 바뀌었다. 우리가 매일 소비하고 사용하는 것의 대부분은 대량 생산의 수단을 통해서만 가능해졌다.

동시에 산업주의의 대량 생산은 소비자들에게 산업주의 시대의 새로운 원칙, 즉 수용_acceptance_을 가르쳤다. 규모의 경제를 따른 생산 방식이 요구하는 제품(또는 서비스)에 순응할 것을 수용하는 것이다. 포드 모델 T_T-Ford_에 대한 헨리 포드_Henry Ford_의 유명한 말, 즉 '당신이 원하는 컬러라면 어떠한 것도 가능하다. 검정색이기만 하다면.'이라는 말은 마음 가짐을 바꿀 필요성을 나타낸다.

물론 이제 자동차 회사들은 수많은 선택 옵션들을 제공하는데, 이는 차량의 색상에 국한되는 것이 아니라 수백 가지의 장치와 스타일 옵션 중에서 원하는 고를 수 있는 고급 개별 주문형(폭스바겐 인디비주얼*VW Individual*과 같은)과 같은 것도 있다. 이러한 과잉 옵션은 어디에서나 찾아볼 수 있는데 심지어는 치약(예컨대 콜게이트*Colgate*)도 많은 다양한 향과 치아 상태별로 다양한 유효성분을 포함한 제품을 제공한다. 그러나 이러한 옵션의 제공은 여전히 산업에 의해 주도되고 생산자의 방식에 따라 제공된다.

대량 생산은 트랜잭션 브랜드를 필요로 했다

대량 생산은 또 새로운 문제를 발생시켰다. 처음에 과잉 생산은 구미가 당기는 것이었다. 생산량이 늘수록 가격을 낮출 수 있기 때문이었다. 화물 운송업체, 유통업체, 슈퍼마켓, 할인 소매점 등과 함께 지역 보관소와 창고를 포함한 새롭고 다양한 대량 유통 시스템이 구축되었다. 그리고 유통 체인 전체를 통해 세일즈를 일으키기 위해 매스 마케팅이란 분야가 탄생했다.

이러한 매스 마케팅은 본질적으로 소비자에게 제품을, 나중에는 패키지 서비스까지도 강요하는 것이었다. 이러한 매스 마케팅을 위한 수단으로 새로운 유형의 브랜드가 탄생했다. 이러한 브랜드가 매스 커뮤니케이션을 통해 촉진되는, 내가 지금 트랜잭션 브랜드라고 부르는 것이다. 이 모든 것은 공장에서부터 소비자에 이르기까지 규모의 경제라는 개념을 따른다. 메시지는 단순화 되고 기계적으로 반복된다. 생산이 기계화 되는 것처럼 광고도 그렇다.

실제로 소비자들은 트랜잭션 브랜드들의 단순한 브랜드 메시지에 세뇌가 되었다. 세뇌의 메시지를 실어나르는 매스 미디어는 고도로 성공적인 것으로 판명되었고 1달러를 투자하면 3달러 이상의 세일즈 증가로 이어졌다.

매스 마케팅은 과잉 생산의 문제를 해결했을 뿐만 아니라 사실상 소비자 수요와 생산 증가에 대한 니즈도 창출했다. 그리고 유통 채널에 있는 모든 사람들이 이 혜택을 맛보았다. P&G나 유니레버*Unilever*, 네슬레*Nestle*와 같은 거대 기업들은 이렇게 강력한 새로운 투자 메커니즘의 기반 위에 구축되었다. 매스 마케팅은 소비자들을 연구하고 측정하는 새로운 도구를 개발했고, 소비자 태도와 패턴, 선호의 영향을 표적으로 삼고 예측하고 통제하기 위해 사회 인구 통계학에 기반을 둔 복잡한 세그멘테이션*segmentation* 모델을 개발하기도 했다.

그리고 브랜딩과 매스 마케팅, 매스 커뮤니케이션, 소비자 광고 등에 대한 이러한 투자는 우리 시대의 가장 큰 비즈니스 중 하나가 되었다. 트랜잭션 브랜드들은 주로 TV 광고를 사용하면서 세뇌를 하는 데 수십억 달러를 소비했다. 비록 다른 매스 미디어들도 트랜잭션 브랜드 구축의 물결 속에서 이익을 보긴 했지만 이는 결국 TV가 선두 미디어로 자리를 잡는 데 도움을 주었다. 나머지는, 흔한 말로 모두가 아는 역사가 되었다. 이는 지금도 여전히 진행 중이지만 전과 같은 강도는 아니다. 2008년 인터넷 광고는 집행된 예산이라는 면에서 서구의 많은 국가들에서 TV를 제치고 선두 미디어가 되었다.

대부분의 트랜잭션 브랜드가 개발되는 데는 20~40

년이 걸렸지만 관계 브랜드는 같은 수준의 브랜드 자산에 도달하는 데 단 5~15년 정도로 프로세스의 속도를 높였다. 이는 많은 기업들이 이제 트랜잭션 브랜딩 대신 관계 브랜딩을 선택하는 확실한 이유가 되었다. 즉 더 신속하고 더 비용이 적게 들기 때문이다. 관계 브랜드는 광고에 의해 구축되는 것이 아니기 때문에 미리 지급해야 하는 비용에 대한 필요도 덜 하다. 대신, 관계 브랜드는 블로그를 통해 상호작용을 하고 활발한 브랜드 커뮤니티를 형성하는 자부심이 강한 사용자들의 인터넷 활동, 소셜 이벤트, 공동 브랜딩, 구전 등을 통해 구축된다. 이러한, 그리고 다른 소셜 활동들은 단순히 옛날식 미디어와 유사한 커뮤니케이션 채널에 그치는 것이 아니라 물론 이를 지원하기도 하면서 동시에 브랜드의 필수 요소가 되었다.

이 두 브랜드 유형은 계속해서 공존할 것이고 아마도 영원히 공존할 것이다. 관계 브랜드가 새롭게 탄생한 유형이라고 해도 둘 중 어느 것도 본질적으로 더 나은 것은 없다. 사실 〈비즈니스 위크*Business Week*〉에 매년 게재되는 인터브랜드*Interbrand*의 브랜드 가치 평가와 같이 고전적인 트랜잭션 브랜드 컨설팅사들의 평가를 보면, 금전적인 가치로 따질 때 트랜잭션 브랜드와 관계 브랜드는 서로 어깨를 나란히 한다. 관계 브랜드가 광고에 대대적인 투자를 하지 않았다는 점을 생각하면 이는 특히 흥미롭다. 이들이 한 투자는 통상 트랜잭션 브랜드가 한 투자의 일부에 지나지 않는다.

이 두 브랜드 유형은 각각의 장단점을 가지고 있고 둘 중 어느 유형도 유일한 생존자로 두각을 나타내고 있는 것은 아니다. 브랜드 빌더로서 우리는 어느 길로 갈지를 선택해야 한다. 그 대답은 대개 기업을 얼마나 바꿀 의향이 있는지, 관계 브랜딩을 기업 문화로 얼마나 받아들일 수 있는지에 달려 있다. 이는 물론 경영진의 태도와 성격에 따라 다르며 각기 다른 기업들의 고유한 전통에 달려있기도 하다.

트랜잭션 브랜드의 특성

트랜잭션 브랜드의 첫 번째 전형적인 특징은 제품이나 서비스에 극도로 집중을 한다는 점이다. 브랜드는 제품 품질, 성능, 디자인, 용도 등에 붙이는 보통 신뢰 마크라고 부르는 것이 된다. 이는 트랜잭션 브랜드로서는 절대적으로 자연스러운 것으로, 트랜잭션 브랜드에서 가장 중요한 것은 제품이나 서비스를 촉진시키는 것이기 때문이다. 신제품의 실패는 트랜잭션 브랜드로서는 심각하다. 제품이 잘못되었으면 전체 브랜드를 떨어뜨린다. 이런 이유로 트랜잭션 브랜드의 제품들은 최종적으로 출시되기 전까지 샘플 제품 사용, 포커스 그룹 인터뷰, 스트레스 테스트 등 여러 번의 테스트를 거친다. 대표적인 트랜잭션 브랜드로는 코카콜라, 포드, 맥도날드, 말보로, BMW 등이 있다.

일반적으로 트랜잭션 브랜드에 있어서 브랜드 자산의 모든 것, 즉 브랜드의 가치는 제품에 연결되어 있다. 제품이 실패하면 브랜드도 실패한다. 그러므로 통상 트랜잭션 브랜드 스크립트에서 절대 벗어나지 않는 것이 가장 중요하다. 이 때문에 트랜잭션 브랜드는 매우, 매우 상세한 브랜드 매뉴얼을 가지고 있다. 이러한 매뉴얼은 너무나 상세해서 트랜잭션 브랜드의 기업들은 어떤 비즈니스 스쿨 출신이냐에 상관없이 모든 비즈니스 스쿨 출신의 젊은 인력들을 영입해서 브랜드 매니저로 키울 수 있다. 이 점은 내가 몇몇 트랜잭션 브랜드 기업들과 일할 때 나를 놀라게 하곤 했는데, 이 놀라움은 브랜드 커뮤케이션, 혁신, 행동 등의 실행상 모든 것이 그들의 종합적인 브랜드북에 상세하게 규정되어 있다는 사실을 깨달을 때까지 이어졌다. 그러나 이 역시 브랜드가 제품이고 제품이 브랜드라는 점을 생각하면 논리적인 것이었다.

트랜잭션 브랜드의 논리는, 소비자들에게 흥미로운 것은 제품 뒤에 있는 기업이 아니라 제품 그 자체라는 사실이다. 그리하여 트랜잭션 브랜드가 가장 선호하는 단어들 중 하나는 관련성relevance이다. 소비자들과의 관련성을 말하는 것이다.

P&G는 기업 브랜드로부터 관계 브랜드를 매우 성공적으로 구축한 기업에 대한 좋은 예다. 이들은 전

통적으로 생활용품 구매에 대한 책임을 지는 엄마들을 찬양하는, '엄마는 항상 최고로 좋은 것을 안다Mother always knows best'와 '어머니의 날Mother's Day'과 같은 주제들을 다룬 '엄마' 캠페인을 위해 페이스북을 위주로 영리하게 소셜 미디어를 활용했다. P&G는 페어리Fairy를 비롯하여 자사의 제품 브랜드들을 의인화하려고도 했지만 이는 그들의 제품 브랜딩 방식 때문에 허용되지 못했다.

또 다른 예로는 포드Ford가 있다. 이들의 초점은 여전히 상당 부분 제품에 맞추어져 있지만 포드는 포드 몬데오Ford Mondeo와 같이 제품 브랜드 속에 기업 브랜드를 더 많이 끼워 넣어왔다.

트랜잭션 브랜드 판매하기

우리는 이미 트랜잭션 브랜드에 대한 마케팅이 산업주의에서 성장하였고 자체적인 산업, 즉 매스 마케팅과 매스 커뮤니케이션 미디어 세계를 탄생시켰는지에 대해 논의한 바 있다. 이제 판매에 대해 논의하도록 하자. 세일즈맨들은 트랜잭션 브랜드를 어떻게 판매하는가? 마케팅이 산업주의에 의해 영감을 받은 것이라면 판매는 정치에서 영감을 받은 것이다.

나는 보통 전형적인 트랜잭션 브랜드의 세일즈맨은 정치인과 매우 흡사한 면이 있다고 생각한다. 즉 이들은 실제 연단이나 가상 연단에 서서 문자 그대로 청중을 내려다 보면서 연설을 하는 사람들인 것이다. 사실상 청중audience은 트랜잭션 브랜드 마케터들이 주로 사용하는 용어다. 이들은 자신의 제품이나 서비스를 선택하는 데 따르는 혜택에 대해 경험이나 지식이 적은 보통 사람들인 우리를 설득하려고 노력한다. 안타깝게도 그 노력은 항상 청중과의 거리감에서도 나타나고, 자사의 제품에 대한 자신감에서 발생한 '위에서 내려다 보는'태도를 통해서도 드러난다. 그런데 이는 오늘날과 같은 세계에서는 심각하고 매우 큰 실수다. 청중들에게 연설을 하기 보다는 개인들과 대화를 나누는 것에 대한 새로운 중요성을 다룬 탁월한 문건인, 〈클루트레인 선언서The Cluetrain Manifest〉(Levine et al., 2001)에서 닥 썰스*Doc Searls*와 데이비드 와인버거*David Weinberger*가 표현한 바와 같이, 이는 '메시지를 받고 싶어하지 않는 획일적인 무리들에게 메시지를 전달하는 것'으로 존중의 부족을 보여준다.

진정한 트랜잭션 브랜드 빌더들에게 이 말은 아마도 굉장히 터무니없는 말처럼 들릴 것이다. 이들은 아마도 이렇게 물을 것이다. '자신의 주장을 밀어붙이고 경의를 불러일으켜야 할 때 우리가 자신이 없다면 어떻게 판매할 수 있겠는가?' 만약 이게 사실이라면 이는 식상하고 슬픈 일이다. 우리는 두 유형의 브랜드 사이에 있는 크나큰 태도의 차이를 이해한다. 그렇기에 트랜잭션 브랜드에서 관계 브랜드로 전환하는 것이 그토록 어려운 것이다.

트랜잭션 브랜드에서의 혁신

혁신은 하나의 제품(또는 서비스)에 매우 집중하는 트랜잭션 브랜드로서는 특히 더 까다로운 일이다. 브랜드가 제품이고 제품이 브랜드라는 사실과, 이러한 트랜잭션 브랜드 제품들 중 일부는 세간의 주목을 크게 받고 고유의 특성을 가지고 있다는 점을 기억하라.

코카콜라와 같이 잘 알려진 예를 한 번 생각해보자. 제품의 아주 작은 변화도 소비자들을 자극할 수 있다. 예전에 코카콜라가 맛을 바꾸었을 때 소비자들은 '이것은 코카콜라가 내야 하는 맛이 아니다'라고 저항했다. 그 새로운 맛은 거부되었고 코카콜라는 원래의 맛으로 다시 돌아가야 했다. 어떤 새로운 제품도 코카콜라에게는 어려울 것이며, 이 이름 하에서는 어떠한 혁신도 의문스럽지만 코카콜라는 여전히 혁신에 공을 들이고 있고 이 점이 가장 놀라운 부분이다. 한 특정 브랜드가 그 브랜드에 긴밀하게 연결된 완벽한 제품을 가지고 있을 때 왜 혁신을 통해 그에 도전하려고 하는가?

그러나 유사한 상황에 있는 트랜잭션 브랜드들이라면 대개는 그렇게 할 것이다. 그 대답은 약간은 편집중적이다. '우리가 항상 노력하지 않는다면 다른 누군가가 우리에게 도전하려 들 것이다.' 우리의 트랜잭션 브랜드가 제품에 매우 집중하고 그리하여 기대되는 혁신의 유형에 관해서 매우 까다로운 태도를 취한다면 이러한 혁신에 대한 욕구는 더 만만해지지 않을 것이다.

이는 통상 새로운 빅 아이디어*big idea*여야 한다. 빅 아이디어보다 못한 것은 흥미롭지 않을 것이다. 그리고 제품이 곧 어느 정도는 브랜드기에 혁신에 관한 작업은 엄청난 기밀유지 하에 진행되어야 한다. 문을 잠군 실험실에서 개발하고 최고로 엄격한 비밀 엄수 계약서를 작성한 포커스 그룹*focus group*에게 테스트한 후 전 세계 곳곳에서 모든 매대에 동시에 까는 과정이 필요한 것이다.

아마도 이 말이 과장처럼 들릴 수도 있고 실제로 그럴 수도 있지만 여기서 요점은 트랜잭션 브랜드에 있어 혁신 작업은 정신적 스트레스로 가득차 있다는 점이다. 대규모 R&D 부서가 있다고 해도 새롭게 만들어진 아이디어는 좀처럼 그 브랜드의 히어로 제품^{hero}^{product}를 대체할 수 있을 정도로 훌륭하지 않고 심지어는 보완할 수 있는 정도도 못 되는 경우도 발생한다. 전형적인 트랜잭션 브랜드가 취하는 방식은, 매우 좋은 새로운 아이디어나 새롭게 인수한 것이 있을 때 이를 기존 브랜드 하에 끼워넣어 그 브랜드조차 파괴하는 위험을 시도하기 보다는 새로운 트랜잭션 브랜드를 만들어 그 아래에 둔다.

맥도날드는 비만을 부추기는 것으로 비판을 받을 때 자신들의 메뉴에 추가할 더 건강한 신메뉴를 개발하는 데 많은 연구 개발 에너지를 쏟아야 했다. 그러나 맥도날드 브랜드가 빅맥 햄버거(건강하지 못한 것으로 인식되는 메뉴)와 너무나도 긴밀하게 연결되어 있다는 사실은, 이러한 건강한 새 메뉴를 위한 혁신을 통해서 맥도날드 브랜드의 브랜드 포지셔닝을 바꾸기는 어려울 것이라는 사실을 의미한다. 맥도날드는 여전히 햄버거를 사랑하는 사람들에게 사랑을 받는 브랜드다. 브랜드에게 이 이상 좋을 것이 무엇이 있겠는가!

트랜잭션 브랜드는 관계 브랜드가 될 수 있는가?

나는 자주 이 질문을 받는데, 내 대답은 '이론적으로는 가능하지만 실제로는 훨씬 더 어렵다'는 것이다. 경영 스타일, 기업 문화, 신념 체계의 차이는 이 두 유형의 브랜드 문화에서 매우 크게 나타난다. 이러한 차이는 타 브랜드 유형으로 전환하는 것을 어렵게 만든다. 코카콜라 중역들과의 개인적인 대화에서 나는 코카콜라가 관계 브랜드 아이디어를 과감하게 실행에 옮기고 있고 코카콜라 캔에 사람들의 이름을 새겨주며 제품을 개인화하는 시도를 하고 있다는 사실을 파악했다.

또한 코카콜라가 매우 큰 규모의 야심찬, 그리고 꽤 성공적인 소셜 미디어 프로그램을 운영하고 있다는 점은 흥미롭다. 심지어는 코카콜라는 자신들이 어떻게 소셜미디어와 PR 프로그램을 관리하는지를 설명하는 비디오를 인터넷을 통해 공유하기도 한다. 대부분의 트랜잭션 브랜드는 이 상황을 알고 있고 유사한 방법으로 관계 브랜딩 아이디어를 과감히 시도하고 있지만 완벽하게 효과를 발휘할 것이라는 환상을 가지지는 않는다.

옮긴이

최경남

이화여자대학교 교육학과를 졸업하고 고려대학교에
서 국제통상을 전공했다. FCB 한인 광고전략, 금강
기획에서 다수의 광고를 제작했으며, 이후 영국에서
가장 오래된 요리학교로 땅뜨 마리 요리학교*Tante Marie
CulinaryAcademy*를 졸업했다. 현재 엔터스코리아에서 전
문 번역가로 활동하고 있다. 주요 역서로는 『세계를 뒤
흔들 대격변이 시작되었다!』, 『만사 불여튼튼 세일즈』,
『세일즈맨이여, 가면을 벗어라』, 『코끼리를 쇼핑백에
담는 19가지 방법』, 『사람들은 왜 소비하는가』, 『광고
불변의 법칙』, 『마케팅이란 무엇인가』, 『PR이란 무엇
인가』 외 다수가 있다.

감수

현호영

한국예술종합학교 미술원 디자인학과에서 디자인을 공부했고 이후 런던대학교와 리즈대학교의 대학원의 석사, 박사 과정에서 UX 디자인과 브랜드 경험에 대해 연구했다. 베스트셀러《UX 디자인 이야기》의 저자이며《디자인 씽킹 바이블》,《단순함의 법칙》등 여러 도서를 번역 및 감수했다. 현재 디자인 연구소의 대표로 재직하며 여러 종류의 기업들과 함께 고객 중심의 브랜드 디자인 및 인터랙티브 마케팅 프로젝트를 진행하고 있다. 세계 3대 인명사전 마르퀴스 후즈후에 등재되었다.

유엑스리뷰는 국내 최초의 사용자 경험 분야 전문 콘텐츠 기업입니다.

디자인, 경영, 심리학, 테크놀로지 등 경험과 관련된 다양한 주제의 책을 만듭니다.

많이 팔기 위한 책보다 많이 읽히는 책을 만들겠습니다.